U0505334

浙江省社会主义学院学术成果经费资助出版

# 民粹主义挑战下西方左翼的突围

The Breakthrough of the Western Left under the Challenge of Populism

## 尚塔尔·墨菲左翼民粹主义霸权策略理论研究

Chantal Mouffe on Left Populist Hegemony Strategy

孙月冲 著

上海人民出版社

# 目　录

# 导　论

## 第一节　研究缘起

以2016年特朗普主义兴起和英国脱欧公投为标志，民粹主义的崛起成为人们观察当今世界政治的风向标，民粹主义也被《牛津词典》评为2017年度词汇。民粹主义政治的兴起及引发的激烈争论使得国内外学术界对于民粹主义的争论呈现出井喷的趋势。越来越多的西方学者开始以民粹主义来界定当下世界政治的特征，类似的术语包括民粹主义年代(age of populism)、民粹主义时代(the populism era)、民粹主义时刻(the populist moment)、作为一种时代精神的民粹主义(the populist zeitgeist)等①，这些术语都旨在强调民粹主义政治的困扰构成当下时代区别于以往时代的最主要特征。如何审视和评价当今的民粹主义政治思潮和政治力量，成为学术界纷争的重要来源。

民粹主义政治的兴起对于传统西方左翼政治构成挑战，要求左翼学者做出分析和研究。国外马克思主义学界在这一轮研究热潮中没有缺席，后马克思主义代表人物墨菲所提出的左翼民粹主义霸权策略成为其中的重要代表。墨菲提出，当下西方民粹主义兴起的重要背景是社会的两极化和各方面矛盾的激化，其背后原因又在于统治世界长达三十多年的新自由主义霸权，因而左翼要积极介入对新自由主义霸权的抗争，正视民粹主义作为一种政治动员工具的可塑性，以左翼价值观引导民粹主义中潜藏的政治进步和解放力量，避免右翼势力对于民粹主义政治话语的

---

① 以上术语分别参见 Ivan Krastev, The Age of Populism: Reflections on the Self-enmity of Democracy, *European View*, Volume 10, 2011; Gerbaudo, Paolo, The Populist Era, *Soundings*, 65(2017); 民粹主义时刻是墨菲在《为左翼民粹主义而作》(*For a Left Populism*)中所使用的术语；Cas Mudde, The Populist Zeitgeist, *Government & Opposition*, Volume 39, Issue 4, Fall, 2004.

垄断。这也涉及对于历史上三波民粹主义思潮历史演进的思考。

第一波民粹主义思潮产生于19世纪下半叶的俄国和美国，而作为第二波的拉丁美洲的民粹主义运动也一再引发世界的关注，但21世纪以来西方发达资本主义国家中民粹主义的普遍兴起，即第三波民粹主义，才使得民粹主义从一个地域性现象上升为世界关注的焦点，民粹主义也成为影响各国国内政治和国际政治的重要变量。2008年全球金融危机及其引发的各国社会矛盾的激化在整个世界引发了民粹主义浪潮，国外政治格局逐渐呈现出左翼民粹主义与右翼民粹主义相抗衡的局面。拉丁美洲和巴西的左翼民粹主义降温而右翼民粹主义兴起，西方发达国家则呈现右翼民粹主义持续高涨，左翼民粹主义逐渐登上政治舞台的局面。民粹主义常常被指责为宣扬排外性仇恨话语，并带有反多元主义的非理性倾向，从而被认为构成当今民主政治的重要挑战。但近些年欧美民粹主义兴起与新自由主义全球霸权之下工人阶级和弱势群体的反抗密切相关，而主流左翼政党的僵化及左翼政治话语的衰落，进一步导致左翼政治的拥护者流向民粹主义势力。

民粹主义似乎在2016年“突然”进入大众的视野，但它其实是全球化时代的经济、政治、文化危机集中爆发的体现，是新自由主义全球霸权之下各国所普遍存在的一系列问题的反映，例如金融资本主义对于全球的掠夺所造成的地区发展不平衡；互联网时代带来的数字鸿沟对于社会不平等的激化，各种合法的与非法的移民的几何级数的增长，对于传统的社会结构、福利国家制度、社会伦理、治安、习俗等的冲击，都引发了人们的普遍担忧及保守主义思潮的兴起。民粹主义思潮正是这些问题日益恶化之后的结果，而围绕着民粹主义的争论又进一步撕裂了西方社会，加深了社会的认同危机，毒化公共沟通协商的氛围及阻碍集体行动的可能性，从而导致危机进一步深化的恶性循环。可以说，在所谓“历史已经终结”盛行三十多年之后，民粹主义时代已经构成对资本主义自由民主的严峻挑战，也为新一轮的左翼反资本主义斗争提供了历史机遇。

面对风起云涌的民粹主义思潮和运动对西方左翼政治的挑战和机遇，墨菲认为左翼需要正视这一政治局势。民粹主义的产生有广泛的社会不满情绪做支撑，代表了欧美工人阶级对于新自由主义霸权和西方民主政治的不满，应该直面其合理成分而不是简单地将其视为一种反动政治。在后马克思主义霸权理论框架基础之上，基于对拉美和欧洲左翼民粹主义运动的实践介入和理论分析，墨菲构建了一种受到普遍关注的民粹主义解释路径,宣扬以社会平等和人民主权为导向的左翼民粹主义。左翼民粹主义霸权策略是墨菲后马克思主义霸权理论的发展与延伸,是后马克思主义的当下存在形式,墨菲的理论是对拉美和欧洲的左翼民粹主义运动的反思和理论升华,并试图以此回到实践和指导左翼运动,阿根廷前总统基什内尔夫妇,近几年崛起的西班牙和希腊等国的左翼政党都自称是墨菲、厄内斯特·拉克劳(Ernest Laclau)的门徒。墨菲的民粹主义思想已经成为指导当下左翼运动的重要理论来源。

墨菲思想的重要特征是其现实指向,她注重关注西方社会的政治态势的演变,不断思考如何分析和指导左翼的政治规划,而民粹主义时代来临这一现实促使墨菲转向对民粹主义政治的思考。2008 年全球金融危机后,以各种"占领运动"为代表的西方左翼民粹主义运动开始兴起,随后在运动中崛起了一批带有民粹主义特征的左翼政党。墨菲在 2013 年前后第一次将这些运动和政党界定为左翼民粹主义,并引发了左翼学者的讨论和论争,从而使得左翼民粹主义在西方开始成为一个独立的研究对象。墨菲意识到,要想在当下推动左翼政治的复兴,就必须正视民粹主义中潜藏的革命力量。随着墨菲在 2016 年的英文著作《我们能党:以人民的名义》(*Podemos: In the Name of the People*)①以及 2018 年《为左翼民粹主义而作》等著作的出版,墨菲的左翼民粹主义霸权策略理论逐渐完善和成熟,它某种意义上标志着后马克思主义的民粹主义转向的确立。

墨菲提出了自己理论创作的出发点和目标,"作为一个政治学者,我在理论创作的时候总是将自身置于形势之中(in the conjuncture),而不是仅仅反映和描述形势"。②墨菲认为这也是对西方马克思主义思想传统的继承。早期西方马克思主义有一个重要概念叫做形势(conjuncture),这是卢卡奇等人对十月革命成功经验的总结,是《历史与阶级意识》中的重要内容。正如列宁在十月革命前后所强调的,对于资本主义来说,再严重的政治经济危机也不是只有一条出路,并没有铁的规律决定了资本主义统治会自动崩溃,危机只是提供了一个权力的空场和行动的时机,对于

---

① Podemos 是 2013 年以来兴起的西班牙左翼民粹主义政党,Podemos 这个西班牙术语的中文意思是"我们能",取这个党名的寓意就是"我们人民有力量",因而 Podemos 就是"我们能党"。

② Chantal Mouffe, *For a Left Populism*, Verso, 2018, p.9.

包括共产党在内的任何政治力量来说，行动时机面前大家的机会是平等的，关键是谁能够抓住这一稍纵即逝的时机主导当下的政治形势。所以列宁有句著名口号是“先投入战斗，然后再见分晓”，说的是在革命斗争的关键时期，政治形势瞬息万变，革命党本身是一个行动主体而成为形势的一部分，在适当的时机发动合适的政治行动可以影响政治形势的走向。这其实也是马克思主义政治理论中的一个重要内容①。

当然，鉴于民粹主义政治中存在的非理性风险，学术界对于如何引导民粹主义的态度是复杂的。民粹主义理论家大致有一个共识，民粹主义反映了很多真实存在的社会问题，但是其提出的解决办法则具有潜在的危险性。其潜在危险在于，一方面，大众运动往往有逐渐走向激进的倾向，理性的声音容易受到掩盖和排斥，崛起的往往是更加激进更加暴力的主张；另一方面，民粹主义容易被野心家利用和操纵，所谓的人民的呼声往往反映的是野心家的想法，他们把自己的意见灌输或强加给人民。有鉴于此，研究者对于民粹主义就产生了两种相对立的态度，一种认为民粹主义本质上是一种宣扬仇恨的邪恶政治，是应该被警惕、被压制的社会心理和运动；另一种则认为，社会心理并不是非黑即白，民粹主义真切地反映了社会中的某些问题和人民的呼声，它可能导致政治紊乱，也可以被有效引导来成为社会变革的积极力量。墨菲主张的正是后者，她认为左翼应该摒弃对于民粹主义的妖魔化态度，勇敢地介入民粹主义运动，将民粹主义引导为革命政治中的积极力量，为左翼政治理念服务，从而真正践行马克思主义的“改变世界”的革命精神。在这个过程中，墨菲提出了走向左翼民粹主义的号召，其思想也开始产生重要的社会影响力。

墨菲在很大程度上继承了西方马克思主义的这种政治介入精神，在《为左翼民粹主义而作》中提出与阿尔都塞等马克思主义者类似的理念。墨菲不仅是理论家，同时也希望以自己的理论来影响和指导实践。其理论创作是一种“观察现实—理论总结—指导现实”的过程。面对西方社会的“民粹主义时刻”，如何介入民粹主义政治运动就必然成为墨菲霸权理论在当下主要关注的对象。墨菲的民粹主义解释范式开始获得重要的学术影响力和政治影响力，成为西方左翼思潮和国外马克思主义的最新学术成果。考察和研究墨菲左翼民粹主义思想，分析墨菲思想演变的脉络，

① 参见祁涛：《论结构的历史与情势的历史——〈路易·波拿巴的雾月十八日〉的历史线索及其哲学遗产》，《哲学研究》2018 年第 3 期。

梳理墨菲在新的时代背景下对后马克思主义霸权理论的发展，吸收墨菲民粹主义思想的有益理论元素，成为当下需要我们分析和探究的重要课题。

因此，墨菲左翼民粹主义霸权策略的研究具有很强的理论和现实价值。

理论价值：

第一，通过梳理墨菲转向民粹主义的理论历程，分析后马克思主义的思想演变脉络及其发展逻辑，探究后马克思主义思想的当代价值。

后马克思主义是国外马克思主义思潮中的重要流派，也是试图不断追踪西方当下政治而实现理论突破的西方左翼思想。在1985年提出后马克思主义并引发左翼学术界关注之后，墨菲始终试图不断完善和发展其早期思想。随着墨菲转向民粹主义研究并提出左翼民粹主义霸权策略，学术界普遍认为，左翼民粹主义已经成为后马克思主义思潮在当下的主要呈现和载体。梳理墨菲的思想演变历程，有助于更好地分析后马克思主义的演变历程，推动对后马克思主义的研究走向深入。

第二，墨菲的左翼民粹主义解释路径已经引发广泛关注，相关研究有助于推动深化对民粹主义理论的研究。

随着西方民粹主义浪潮的兴起，近几年国内外对于民粹主义的研究也渐入高潮。学者对于民粹主义提出了不同的解释范式，形成不同的看法和态度。相对于大多数学者对于民粹主义的排斥或贬低态度，墨菲对于民粹主义政治力量的兴起更为乐观。基于对西方正在兴起的左翼民粹主义政党的观察和对话，墨菲提出警惕妖魔化民粹主义的倾向，并推动以左翼价值观来引导民粹主义，对政治激情、爱国主义、领袖理论等传统左翼排斥的概念作出辨析和阐释。这种强调民粹主义可塑性的解释范式具有独特性，对于丰富民粹主义的研究具有理论启发性。

第三，通过国外马克思主义学者围绕着墨菲左翼民粹主义的论争，透视马克思主义与民粹主义的百年论争，并推动对马克思主义解放政治视域下的民粹主义分析路径的思考。

民粹主义是当下西方政治的重要力量，如何审视民粹主义是当代学术研究的重要难题，也是马克思主义学者需要研究和介入的重要课题。墨菲并不是书斋中的学者，希望能够以其后马克思主义思想来介入当下的世界政治斗争和解放斗争。墨菲左翼民粹主义策略的形成和兴起与现实政治形势密切相关。在当今民粹主义回潮的世界形势中，正视其中所蕴含的力量，并尝试驯服其来为左翼的政治规划服务，这是对于左翼斗争和国外马克思主义者的内在要求。墨菲并非否认民粹主义政治的潜在风险性，但她提出要正视民粹主义政治的巨大影响力，左翼需要积极介入其中并努力引导。这是一种积极的现实主义心态。也是具有现实感和革命精神的马克思主义者的重要体现，围绕着左翼是否介入及如何介入民粹主义政治的命题也引发论争。国外马克思主义学术界围绕着左翼民粹主义政治的可行性的讨论，既有助于深化马克思主义理论框架下的民粹主义反思，也是在新的时代背景下对于国外马克思主义的一种理论创新。

现实价值：

第一，为防范化解民粹主义政治风险提供理论指导。

习近平总书记近些年多次提出了防范化解重大风险的要求，2019 年底在就十九届四中全会的《决定》起草情况向全会作的说明中，又提出《决定》起草的三个重要背景和考虑，强调“这是应对风险挑战、赢得主动的有力保证”①。世界民粹主义浪潮的兴起构成了中国发展的重要外部风险，特别是新型肺炎疫情以来，一些西方右翼政客炒作煽动民族民粹主义，将西方社会的逆全球化风险上升到新的层面。墨菲左翼民粹主义思想是马克思主义学界对民粹主义分析的重要代表。墨菲立足于对西方右翼民粹主义的批判，思考如何以左翼的进步价值观来引导民粹主义，化解民粹主义中潜藏的盲目排外、反全球化和反多元主义的风险，可以为我们思考如何防范化解意识形态安全风险提供重要借鉴。

第二，有助于了解西方民主政治的困境与民粹主义产生的制度原因，为批判西方民主制度及确立对中国特色社会主义制度的信心提供外部参考。

民粹主义的兴起是西方代议制民主弊端充分呈现的产物。研究者普遍认为，民主化时代部分群体的经济、政治诉求得不到既有体制的充分满足，这些诉求容易以民粹主义的形式表现出来，而某些政客或人物又可能利用这种社会形势来推波助澜以达成某些政治目的。民粹主义反映了某些真实存在的西方社会问题和矛盾，在基层具有较大的影响力，但它往往

① 习近平：《关于〈中共中央关于坚持和完善中国特色社会主义制度　推进国家治理体系和治理能力现代化若干重大问题的决定〉的说明》，《人民日报》2019 年 11 月 6 日。

诉诸一些简单化的、煽动性的解决方案，容易走向一种极端化的情绪。民粹主义的兴起在某种意义上是欧美“拉美化”倾向的表现①，也反映了西方民主政治的内在危机。墨菲对西方民主政治的批判分析，为我们充分认识西方民主政治的发展困境，确立对于中国特色社会主义民主制度的信心，提供了有价值的他者之镜。

第三，有助于理解西方发达资本主义社会的最新发展及其全面危机，推动观察和思考西方左翼政治的困境及其突围。

墨菲的左翼民粹主义策略的形成与欧美资本主义发展密切相关，对墨菲理论的分析有助于透视发达资本主义当下和近期的走势。冷战结束以后，随着西方左翼政治话语的衰落，新自由主义意识形态主导了世界政治经济，资本的全球扩张得以获得前所未有的畅通环境。2008 年全球金融危机就是新自由主义霸权的直接体现和后果。左翼民粹主义的兴起是对任性的国际金融资本寡头的直接反抗，也是国际资本与国际无产阶级政治对抗的最新呈现。但保守僵化的西方“主流”左翼政党不愿意承认民粹主义兴起背后的社会危机，反而极力漠视和贬低他们的合理诉求，从而使得右翼民粹主义越来越吸引弱势群体的支持，并将其不满引向更弱势的外来移民或劳工。鉴于“主流”左翼的无力和右翼民粹主义的威胁，墨菲的左翼民粹主义正是希望将民粹主义引导为反抗金融寡头的斗争，从而推动西方左翼政治的复兴。对墨菲思想的研究成为考察西方左翼政治兴衰的重要切入点，也是观察新自由主义意识形态的兴衰与西方资本主义未来命运的理论参考。

## 第二节　对墨菲左翼民粹主义霸权策略的研究现状

西方民粹主义长期以来主要表现为带有排外性质的右翼民粹主义。以 2008 年全球金融危机及其引发美国占领华尔街和欧洲诸国的愤怒者运动为起点，具有民粹主义特征的各种反新自由主义左翼运动和政党开始兴起。随着墨菲在 2013 年最早用左翼民粹主义来标识这一波左翼运动，更多学者开始就左翼与民粹主义结合的可能性展开激烈争论，西方左翼民粹主义作为独立研究对象进入学术界视野。学术界在 2005 年前后

① 本书第三章围绕着墨菲对欧美的“拉美化”趋向的分析做出了论述。

集中讨论了拉克劳的民粹主义理论①,随着墨菲成为左翼民粹主义的主要倡导者,关于墨菲民粹主义理论的研究以及后马克思主义思想的理论演变也开始展开。尽管部分研究者并没有对拉克劳和墨菲的民粹主义思想做出明确区分,但越来越多的学者开始将墨菲作为独立研究对象。国内学者也逐渐加入这一波研究。

## 一、国外研究现状

1. 关于墨菲民粹主义思想的研究

第一,普遍强调墨菲、拉克劳民粹主义解释路径的重要性。美国普林斯顿政治学教授简-沃纳·米勒(Jan-Werner Müller)和佐治亚大学政治学系荷兰学者卡斯·穆德(Cas Mudde)是当下西方民粹主义研究的两个代表性的中青年学者,他俩都将拉克劳、墨菲的研究路径视为民粹主义理论研究中的代表性学说。2016 年米勒在《什么是民粹主义》一书中,提出了拉克劳、墨菲民粹主义理论的重要影响力。2015 年穆德指出,主要是由墨菲和拉克劳的追随者所推动的左翼民粹主义运动和政党的崛起见证了公共论辩中民粹主义的中性化②。而在 2017 年《民粹主义:简要导论》中,穆德区分民粹主义的五种重要解释路径,唯一以人名命名的路径是他所称的"拉克劳式路径"(the Laclauan approach),穆德指出,在拉克劳和墨菲的民粹主义理论中,"民粹主义不仅被视为政治的本质,也被作为一种解放力量"③。随着墨菲近几年成为左翼民粹主义的主要鼓动者,部分学者也开始单独关注墨菲的主张,雅各布·汉布格尔(Jacob Hamburger)认为在左翼民粹主义的论题上,没有谁比墨菲阐释得更明确和更连贯,希腊、西班牙、法国等国的左翼民粹主义政党都受到其理论的指导,尽管她的理论仍然有一些地方有待继续完善④。

---

① Oliver Marchart, In the Name of the People: Populist Reason and the Subject of the Political, *Diacritics*, Volume 35, Number 3, Fall 2005; Ben Stanley, The Thin Ideology of Populism, *Journal of Political Ideologies*, 2008(13).

② Cas Mudde, The Problem with Populism, *The Guardian* (2015), http://works.bepress.com/cas_mudde/108/.

③ Cas Mudde, Cristobal Kaltwasser, *Populism: A Very Short Introduction*, Oxford University Press, 2017, p.3.

④ Jacob Hamburger, Can There Be a Left Populism, https://www.jacobinmag.com/2018/03/left-populism-mouffe-fassin-france-insoumise.

第二，对墨菲、拉克劳民粹主义思想的具体概念和逻辑的研究走向深入。阿尼巴尔·高纳(Anibal Gauna)在《超越拉克劳的民粹主义解释》中指出，拉克劳2005年在霸权理论基础上确立的民粹主义解释路径，将民粹主义这个当时在主流社会科学中的边缘性概念推向了中心地位，展现出其身为学者兼革命家具备的政治洞察力，而墨菲的加入则进一步确立了左翼民粹主义理论的形成。部分学者对拉克劳的民粹主义概念提出了批评，认为拉克劳、墨菲的民粹主义概念过于宽泛，使该概念失去了确定性和分析价值，例如悉尼大学的西蒙·托米(Simon Tormey)在《对民粹主义的再思考》中认为，"在政治和社会理论领域中，拉克劳的民粹主义作为一种政治逻辑的概念化影响最大"①，但是，拉克劳、墨菲使用演绎原则来构建自己的模型，饱受含糊性的折磨而失去了这一概念的分析效应。米勒指出拉克劳、墨菲的民粹主义解释路径是种语言学上的花招，它对于民粹主义的解释所想要表达的是对大众运动的同情，从而推动弱势群体对于当权者的抗争，但代价则是这个概念失去了其所有确定性和分析价值。②

第三，将墨菲、拉克劳的民粹主义思想视为马克思主义与民粹主义百年论争的延续，并且就民粹主义是否属于一种反资本主义的力量展开论辩。汉布格尔等学者通过分析左翼政治与民粹主义之间的张力，认为墨菲的民粹主义主张在很大程度上是马克思主义与民粹主义百年纠葛在当今的延续，并集中体现在拉克劳、墨菲与斯拉沃热·齐泽克(Slavoj Žižek)的长期论争之中。齐泽克早在2006年就在《反对民粹主义诱惑》长文中批判拉克劳，随着墨菲转向民粹主义，齐泽克接连撰写两篇文章《民粹主义诱惑》(2017年)、《左翼对右翼民粹主义的回答应该是"我也是"吗?》(2018年)，将墨菲称为"左翼民粹主义的主要理论提倡者"，将拉克劳称为"左翼民粹主义理论之父"，尽管他对于民粹主义的评价更为积极，但坚持认为它最终将会失败，因而解放政治的重兴要抵制民粹主义诱惑，去寻找一种新的政治动员形式。黑克托尔·西拉(Héctor Sierra)在《左翼民粹主义是一种可行的策略吗?》(2018年)一文中也站在相似的立场来批判他们的主张忽视了经济的作用，是一

① [澳]本杰明·莫菲特、西蒙·托米：《对民粹主义的再思考：政治、媒介化和政治风格》，宋阳旨译，《国外理论动态》2016年第10期。

② Jan-Werner Muller, The People Must Be Extracted from within the People: Reflections on Populism, *Constellations*, Volume 21 No 4, 2014.

种难以撼动资本主义统治的改良主义主张①。

2. 关于墨菲民粹主义思想与后马克思主义思想关系的研究

第一,大部分学者承认墨菲左翼民粹主义对于早期后马克思主义的继承性。在强调墨菲、拉克劳思想连续性的同时,从异质性、提喻法等概念出发分析其思想的微妙变化。长期追踪拉克劳、墨菲思想动态的戴维·豪沃思认为提喻法理论是墨菲、拉克劳得以确立民粹主义理论的重要支撑,在他编写的名为《后马克思主义、民粹主义与批判》的拉克劳读本,试图对拉克劳、墨菲的思想发展作出简要梳理,并尝试在墨菲的前期思想中寻找民粹主义元素,提出在墨菲的《论政治的回归》(2000)、《论政治的本性》(2005)等著作中"涉及对民粹主义政治的激进思考"②。拉塞·托马森(Lasse Thomassen)在《霸权、民粹主义与民主》中认为,民粹主义是拉克劳、墨菲霸权理论的自然延伸,可以(暂时)将左翼民粹主义视为拉克劳、墨菲理论和政治工作的总结,他们理论中的张力是因为政治本身就存在张力。③

第二,一些学者则试图探讨墨菲、拉克劳后马克思主义与民粹主义思想之间的张力,并探讨民粹主义转向的不同理论历程能否反映出拉克劳、墨菲思想的差异性,尽管拉克劳与墨菲对于两个人思想的差异性一向是三缄其口,对于学术界的相关研究也并不回应。最早提出两个人思想差异的大概是马克·安东尼·温曼(Mark Anthony Wenman),他在《拉克劳或墨菲? 区分差异》中提出,后马克思主义思想在学术界的影响力成功掩盖了两人思想的差异性,他认为两人的思想差异早在后马克思主义刚刚形成时就开始形成,并指出两人思想的差异就在于对提喻法概念的不同态度。④这一差异直接导向了两人随后对于民粹主义的不同认识和态度。随后齐泽克在《抵制民粹主义的诱惑》(2006)中也提出了两人思想差异的可能性,在对拉克劳民粹主义思想的批判基础上,他提出更认同墨菲的激进民主政治思想,而随着墨菲完成转向民粹主义,2018 年齐泽克似

---

① Héctor Sierra, Is Left Populism a Viable Strategy?, http://socialistreview.org.uk/441/left-populism-viable-strategy.

② David Howarth ed., *Ernest Laclau: Post-Marxism, Populism and Critique*, Routledge, 2015.

③ Lasse Thomassen, Hegemony, Populism and Democracy: Laclau and Mouffe today, *Political Theory an International Journal of Political*, 2016(02).

④ Mark Anthony Wenman, Laclau or Mouffe?, Splitting the Difference, *Philosophy & Social Criticism*, Vol.29, No.5, 2003.

乎已经放弃了对于两人思想差异的判断。在2018年的一篇文章中，齐泽克将拉克劳称为“左翼民粹主义理论之父”，并将墨菲称为“左翼民粹主义的主要理论提倡者”。①

## 二、国内研究现状

国内对于墨菲思想的研究仍然集中于其后马克思主义理论，对于墨菲的竞争性民主理论的研究也逐渐走向深入，并涉及对其民粹主义思想中的某些概念或元素的分析。另外，随着学术界对民粹主义研究的兴起，部分学者也开始研究西方左翼民粹主义思潮和运动。在拉克劳、墨菲的民粹主义转向的启发下，一些研究后马克思主义的学者试图对于马克思主义视域下的民粹主义研究做出推进，阐释马克思主义与民粹主义两种政治力量之间的论争或互动历史。相关研究可以分为以下几个方面。

1. 关于墨菲、拉克劳后马克思主义的发展及其民粹主义转向的研究

第一，从最早在论及后马克思主义或拉克劳的主题中对民粹主义偶有涉及，到近些年开始走向深入或专题研究，个别学者还涉及拉克劳、墨菲的左翼民粹主义思想与后马克思主义思想的学术关系命题。孔明安认为其民粹主义理论赖以确立的异质性概念是霸权理论最具革命性的地方。②张炯和郑端以某个概念为主线对后马克思主义的逻辑线索做了分析。③④彭玉峰、汪行福以提喻法为线索分析后马克思主义的思想演变脉络，并对拉克劳、墨菲的思想的差异进行探讨。⑤

第二，一些学者开始运用墨菲、拉克劳的民粹主义思想来解释当今世界的民粹主义政治现象。如果说马克思主义学界主要关注墨菲、拉克劳思

---

① Slavoj Žižek, Should the Left's Answer to Rightist Populism Really Be a "Me Too", 2018, https://thephilosophicalsalon.com/should-the-lefts-answer-to-rightist-populism-really-be-a-me-too-part-i/.

② 孔明安：《现代政治的霸权运作及其批判——拉克劳的霸权逻辑到齐泽克的否定性基础上的批判》，《教学与研究》2013年第1期。

③ 张炯：《等同链条、内在分野与大众认同——拉克劳论“民粹主义”的三个结构性维度》，《现代哲学》2018年第1期。

④ 郑端：《从概念到命名：论拉克劳对辩证法及物化理论的批判》，《宁夏社会科学》2018年第4期。

⑤ 彭玉峰、汪行福：《从〈霸权与社会主义战略〉到〈民粹主义理性〉——论拉克劳思想的民粹主义转向及其理论逻辑》，《马克思主义与现实》2017年第2期。

想演变的脉络及其具体概念，政治学界则更注重他们的民粹主义解释路径的理论指导意义。赵聚军认为，当代的民粹主义研究大体可以归纳为三种代表性的概念界定：作为政治行动策略（以拉克劳、墨菲为代表）、作为意识形态（穆德为代表）和作为政治话语的民粹主义（这一派又受到拉克劳的重要影响，如豪沃思），并且认为墨菲、拉克劳为代表的概念界定是“政治学和社会学相关研究中关于民粹主义最有影响力的界定”①。金晓文认为在对拉美民粹主义现象的理论解释中，第二代理论中影响最大的是以后马克思主义为代表的话语体系解释。不过，金晓文认为，后马克思主义版本的民粹主义解释路径虽然具有一定合理性和借鉴意义，“但却缺乏较强的说服力”。②

第三，关于墨菲对后马克思主义的发展完善及其近些年的思想探索的研究也逐渐展开，对于墨菲的话语理论、主体理论、政治哲学、多元主义民主理论等的研究都有所涉及。杨植迪认为，多元主体思想是拉克劳、墨菲的后马克思主义理论得以确立的重要基础；③李淑梅、莫雷从重构社会认同与多元主体身份的确立角度，对他们的政治哲学的运作机理做出了分析。④对墨菲的竞争性民主理论的研究也开始兴起，朱彦明、张力伟、孙亮等对墨菲的竞争性民主理论做出了分析。⑤⑥⑦武宏阳对墨菲的政治哲学作了集中阐述，提出墨菲近些年的思想探索，既代表西方左翼理论的自我救赎，也是西方马克思主义历史逻辑的延续，同时也简单提及墨菲对右翼民粹主义的批判。⑧同时不断有硕士博士论文对墨菲霸权理论中的主体

① 赵聚军：《福利民粹主义的生成逻辑及其政策实施——基于拉美地区和泰国的经验》，《政治学研究》2015 年第 6 期。

② 金晓文：《拉美反建制主义的周期性探析》，《国际政治科学》2018 年第 3 期。

③ 杨植迪：《从阶级主体到多元主体身份——拉克劳与墨菲的主体身份思想研究》，《河南师范大学学报》（哲学社会科学版）2018 年第 5 期。

④ 李淑梅、莫雷：《社会认同观的转变与激进的民主政治——拉克劳、墨菲的政治哲学思想研究》，《哲学研究》2017 年第 10 期。

⑤ 朱彦明：《驯服激情：墨菲关于理性主义民主政治的反思》，《中国社会科学报》2015 年 6 月 12 日。

⑥ 张力伟：《在对抗与冲突中重建政治——评尚塔尔·墨菲的多元主义政治概念》，《北华大学学报》（社会科学版）2018 年第 5 期。

⑦ 孙亮：《从“敌对”走向“争胜”：查特尔·墨菲对“理性共识”民主模式的批判》，《福建论坛》（人文社会科学版）2016 年第 7 期。

⑧ 武宏阳：《民主的批判与政治的回归——尚塔尔·墨菲政治哲学研究》，人民出版社 2015 年版。

思想、意识形态思想、女权主义、激进多元民主理论等进行研究。

2. 关于马克思主义视域下的民粹主义研究

第一,21世纪之前国内对民粹主义的理解主要是关于俄国民粹派的论争,即将民粹主义思想理解为"主张从小农经济直接进入社会主义"①,而关于民粹主义的争论是封建社会能否直接向共产主义过渡的跨越卡夫丁峡谷问题,例如胡绳提出民粹主义是一种盲目反对资本主义的激进思想,而中国的国情下党内容易出现民粹主义的倾向,并提出能否杜绝民粹主义倾向是社会主义建设成功与否的关键,这一说法在当时引起学术界的热烈的讨论。不过,无论胡绳的观点有多么大的争议,他所指称的都是俄国民粹派意义上的狭隘民粹主义概念。②与此同时,对当下流行意义上的民粹主义概念的提出及研究也开始兴起,这最早始于1994年《战略与管理》杂志举办的"社会转型与民粹主义"研讨会,及之后的时殷弘、王小东(笔名石中)、王逸舟、孙立平等人的相关文章,他们试图区分出狭义与广义的民粹主义概念,将局限于俄国民粹派的争论扩展到与精英主义相对立的民粹主义概念,③总体基调是在反思革命和激进主义的意义上批判民粹主义。这使得国内关于民粹主义的研究开始超出关于俄国民粹派的狭窄定义。

第二,一些学者开始进入马克思主义与民粹主义的论争史研究。关于俄国民粹派的历史与理论,列宁等人对民粹主义的批评,马克思、恩格斯与民粹主义者的论争等内容都有较深入研究。试图梳理出马克思主义视域下民粹主义概念,从而使得相关的探讨能够获得比较一致的研究基础和理论领域,林红、郭中军、费海汀等学者都指出关于俄国民粹派的论争对国内民粹主义研究的塑造和影响,列宁对俄国民粹主义的批评在国内对民粹主义的研究和评价中占据主导地位,提出马克思主义视域下的民粹主义研究还有待深入,需要拓宽研究视角从而与西方学者更好地交流和对话。④⑤⑥其中马龙闪、刘建国的《俄国民粹主义及其跨世纪影响》是国内关于俄国民粹派研究的代表性作品,阐述了民粹派的起源、发展和

---

①②　胡绳:《毛泽东的新民主主义论再评论》,《中国社会科学》1999年第3期。

③　石中:《在平民与精英之间寻求平衡》,《战略与管理》1994年第5期。

④　林红:《民粹主义——概念、理论与论证》,中央编译出版社2007年版。

⑤　郭中军:《价值观与经验现象民粹主义概念的尴尬及其重构》,《复旦学报》(社会科学版)2019年第1期。

⑥　费海汀:《民粹主义研究:困境与出路》,《欧洲研究》2017年第3期。

衰落、民粹主义与马克思主义的历史理论纠葛以及民粹主义传统对苏联社会主义建设的影响等。①周凡则试图发掘与民粹主义的论争对于马克思主义发展之间的关联，并通过梳理马克思、恩格斯与俄国民粹派的争论，“为审视当代后马克思主义结合民粹主义逻辑的努力提供深远的背景”②，从而将拉克劳、墨菲的民粹主义研究纳入马克思主义视域下的民粹主义研究③。

3. 关于西方左翼民粹主义运动和政党的研究

2016 年后掀起的研究热潮主要将民粹主义与右翼挂钩，个别学者也开始关注左翼民粹主义。相关研究集中表现在以下几个方面：

第一，对西方民粹主义左翼与右翼竞争总体图景的描绘。学者根据政治形势的变迁得到不同的结论，林红认为，西方民粹主义呈现出左翼与右翼对立的两极格局，而在特朗普等右翼民粹主义占优后，民粹主义发生右翼压倒左翼的“失衡的极化”④；也有学者持有相反的认识，认为呈现出单极化向两极化的转变，由右翼民粹主义独大到左翼强有力崛起⑤。总体上，尽管学术界多认为右翼民粹主义是主流，但基于当下形势要断言左翼和右翼的竞争格局已经终结还为时尚早。

第二，在对西方经济政治形势的分析中涉及左翼民粹党的崛起原因。部分学者从欧美主流左翼的理论现实困境及其选民流失来分析民粹主义的兴起。林德山根据对欧洲主流左翼政党纲领中普遍存在的理论与实践的断裂的分析，探究其所引发的激进左翼阵营民粹化倾向；⑥蒋锐则从左翼和右翼民粹党诉求的趋同，分析欧洲社会的内部矛盾激化及普遍的不

---

① 马龙闪、刘建国：《俄国民粹主义及其跨世纪影响》，广西师范大学出版社 2013 年版。

② 周凡：《在马克思主义与民粹主义之间——对恩格斯与特卡乔夫论战的反思（上）》，《学术研究》2015 年第 4 期。

③ 周凡编：《后马克思主义：批判与辩护》，中央编译出版社 2007 年版。

④ 林红：《失衡的极化：当代欧美民粹主义的左翼与右翼》，《当代世界与社会主义》2019 年第 5 期。

⑤ 彭枭：《当代欧洲民粹政党的兴起：基于“供需机制”的解释》，《国际观察》2019 年第 6 期。

⑥ 林德山：《欧美民粹主义盛行的根源、影响及应对》，《人民论坛・学术前沿》2019 年第 17 期。

满情绪，并对于西方社会民主党困境及其突围举措作出分析。①部分学者则在对于欧元区经济发展状况的分析中涉及对欧洲左翼民粹主义兴起原因的讨论，特别是对欧元区内部经济发展不平衡，即核心国与边缘国的经济分化和冲突来分析南欧国家民粹主义的兴起。②

第三，对西方国家的国别研究涉及左翼民粹主义兴起演变内容。包括论述法国“黄马甲运动”得失来探讨民粹主义浪潮中精英民主体制的迟钝或失灵③，对美国民粹主义高涨中桑德斯现象的分析，例如周琪认为，桑德斯引领的左翼民粹主义成功将很多左翼议题带入美国主流政治议程，推动了社会主义在美国的脱敏，严管华尔街金融寡头、经济不平等、全球化得失等命题“也将成为美国左翼运动在未来持续下去的重要推动力”④，另外，随着南欧几个主要的左翼民粹主义政党的兴起并先后执政，对于这些政党兴起背景、历史沿革、政党纲领、成功经验、政治影响的研究也在兴起，包括李春霞在对西班牙“我们能党”的纲领和实践的研究，涉及对该党民粹主义风格的简单分析。⑤田野在对意大利五星运动党的崛起原因的分析，着重强调该党如何运用新媒体技术及互联网民主来争取选民。⑥

## 三、国内外研究述评

第一，国外学术界普遍认识到墨菲、拉克劳的民粹主义思想的学术价值，国内部分学者也开始关注他们的相关思想，既有研究为分析墨菲左翼

① 蒋锐:《民粹主义对欧洲社会民主主义的影响》,《人民论坛·学术前沿》2019年第17期。

② 参见高锦:《欧元区核心国与边缘国分化及对我国“一带一路”战略的启示》,《现代经济探讨》2015年第4期;贾春梅:《欧元区经济分化研究》,辽宁大学2018年博士学位论文。

③ 周穗明:《西方多元文化主义理论述评——对右翼民粹主义政治思潮崛起之源的一个政治哲学解析》,《国外理论动态》2019年第7期。

④ 周琪、付随鑫:《从桑德斯现象看美国左翼民粹主义运动》,《学习时报》2016年5月16日。

⑤ 李春霞:《西班牙“我们能”党的民主理论与实践研究》,辽宁大学2019年硕士学位论文。

⑥ 田野、李存娜:《全球化冲击、互联网民主与混合民粹主义的生成——解释意大利五星运动的兴起》,《欧洲研究》2019年第1期。

民粹主义理论的产生背景，墨菲后马克思主义的理论演变脉络，都提供了一些理论支援。不过既有研究仍然主要集中于对拉克劳民粹主义思想的分析，对于墨菲相关思想的系统研究还没有真正展开。

第二，相关研究者意识到墨菲的左翼民粹主义思想对于其早期的后马克思主义的继承性，但是仅仅停留于一种简单的判断或者结论，既没有对墨菲的思想演变历程做出详细的梳理，也没有从概念、方法、研究目的等方面对墨菲思想的延续性做出分析。对墨菲的后马克思主义与左翼民粹主义思想之间的继承、沿革与创新问题的解释，对墨菲、拉克劳的民粹主义转向对于后马克思主义研究的意义，仍然有待进一步地深入分析。

第三，学术界对于西方民粹主义思潮和运动的研究有热度，但相关的研究集中于右翼民粹主义，对于左翼民粹主义的研究并不集中，而国内的相关研究则刚刚开始。墨菲已经成为西方左翼民粹主义思潮的典型代表，并且开始积极介入对西方左翼民粹主义政党的理论指导。分析墨菲与西方左翼民粹主义运动之间的互动，了解国外马克思主义者围绕着最新的西方左翼政治的论争，还有待深入阐释。关于左翼民粹主义理论与西方民粹主义运动之间的复杂关系以及左翼民粹主义与右翼民粹主义的论争等问题都有待深入研究。

## 第三节　研究思路与结构

本书以墨菲的左翼民粹主义霸权策略为主要研究对象，从墨菲理论建构的时代和思想背景、理论的主体内容、理论的评价三个部分来展开，得出研究墨菲理论的时代意义和价值。同时基于对墨菲理论的分析和借鉴，就西方左翼民粹主义思潮和运动的前景，以及当代马克思主义如何审视和引导民粹主义力量等问题做出分析和判断。

本书分为五章，每章的主要内容如下：

第一章对墨菲理论生成的相关时代背景、思想渊源及墨菲转向民粹主义的理论历程作出梳理和分析。集中阐释新自由主义霸权下西方社会在经济政治文化领域的全方位危机及其所导致的民粹主义兴起，并对作为墨菲思想来源的葛兰西、施密特和拉克劳的相关思想做出概述，通过梳理墨菲思想的演变过程，就墨菲后马克思主义的民粹主义转向的过程和逻辑做出分析和阐释。

第二章从三个方面分析左翼价值与民粹主义政治之间的张力及其调和。墨菲从理性与非理性、民主与民粹、人民性与民族性三个方面，对于左翼价值与民粹主义话语的兼容性做出分析，并回应学术界对于民粹主义政治的诸多质疑和贬低，提出一种与理性主义、民主多元和进步爱国主义相兼容的民粹主义模式，并就民粹主义动员模式的可塑性，以及引导民粹主义为左翼进步价值观服务的可能性做出充分论证。

第三章对历史上三个经典的民粹主义思潮和运动做出梳理和分析。墨菲的理论建构中涉及对撒切尔右翼民粹主义，拉美左翼民粹主义和欧美左翼民粹主义“占领运动”的分析，通过对于这些历史思潮和运动的经验总结和教训反思，墨菲试图得出一种成功的民粹主义策略所赖以成功的普遍经验，并为得出一种有效的左翼民粹主义策略提供经验支撑。

第四章就左翼民粹主义霸权策略的三个具体步骤展开论述。墨菲将左翼运用民粹主义策略建构霸权的逻辑分为三个方面，首先是左翼如何运用民粹主义话语来以人民的名义代表全社会，其次是左翼通过争夺意识形态霸权来掌握群众，最后是左翼通过打造一种“运动型”左翼民粹党来建构新型民主代表制，从而通过建制内与建制外斗争的结合来成功建构左翼霸权。

第五章是对墨菲左翼民粹主义策略的评价。包括墨菲理论在三个方面的贡献，墨菲理论在经济阐释、政治描述和政治主体打造三个方面的不足和缺失，并基于这些贡献和不足，阐释墨菲理论的现实影响及其在后疫情时代的发展前景。

结语部分是分析马克思主义如何引导民粹主义为反资本主义斗争服务，通过简要梳理马克思主义与民粹主义的百年思想交锋，分析这两种思潮和政治动员模式的关联与张力，围绕着西方马克思主义关于墨菲理论的辩论，探讨马克思主义与民粹主义链接的可能性。

# 第一章

# 墨菲左翼民粹主义霸权策略的历史生成

世界政治已经进入民粹主义时刻是墨菲对于当下世界局势的基本判断，也是墨菲提出左翼民粹主义策略的时代背景。在《为左翼民粹主义而作》全书一开始，墨菲提出了其讨论左翼民粹主义问题的出发点，“左派迫切需要把握当前形势的本质和‘民粹主义时刻’(the populism moment)所代表的挑战”。①什么是民粹主义时刻，为什么世界会进入民粹主义时刻？墨菲认为它实际上意味着两个含义，一是世界上越来越多的国家和政客在竞选纲领、风格上表现出了某种家族相似，二是民粹主义越来越被学术界和媒体认为是能概括这种家族相似的通行术语。当然，相对于很多发展中国家的政治很早便带有民粹主义特征，西方各国进入民粹主义时刻尤其令人瞩目。

这就同时带来两个问题，一是为什么西方各国政治几乎在同一时间普遍开始带上某种民粹主义的特征，其内在的政治、经济、文化背景是否有某些相似或相关之处；二是将这些带有家族相似的政治现象统统界定为民粹主义是否具有合理性，毕竟民粹主义是一个严重污名化的词汇，几乎所有被标签为民粹主义的政党或政客都强烈反对自身的这个标签，而将之视为政治对手或“假媒体”的歪曲和污蔑。墨菲通过分析西方社会在不同方面的矛盾和危机来解释西方民粹主义政治兴起的时代背景，并根据对葛兰西、施密特、拉克劳的相关理论思想的发挥，提出左翼要介入和引导当下的民粹主义政治，吸收和运用民粹主义政治话语来重新建构左翼霸权。墨菲左翼民粹主义霸权策略的提出，既来自对民粹主义时刻来临后西方传统左翼政治面临的挑战和机遇的分析，也来自苏东剧变后墨菲对其后马克思主义霸权理论的某些理论困境的反思。

---

① Chantal Mouffe, *For a Left Populism*, Verso, 2018, p.1.

# 第一节　墨菲提出左翼民粹主义霸权策略的时代背景

墨菲左翼民粹主义霸权策略的直接斗争对象是新自由主义资本霸权。这一霸权在过去三十多年已经对于西方社会的政治经济文化造成严重的危害，而传统左翼对于新自由主义的这种主导地位却几乎是失语的。自由原则全面压倒了平等原则，导致大量受到伤害的弱势群体的不满，并将西方代议制民主视为一种为资本寡头服务的精英民主。墨菲一贯强调“对抗”在民主社会中的意义，由于苏东剧变之后“历史终结论”的盛行，资本主义自由民主制度被树立为某种不容批评的近乎完美的制度形式，在这种将当下制度完美化的时代氛围之下，社会不满和对抗在很大程度上被去除了合理存在的理由。

墨菲对于新自由主义霸权及其自我标榜为历史终结论的批判，几乎贯穿其过去二十多年的著作。由于强有力竞争对手的丧失及历史终结论流行所导致的盲目自大，西方社会已经在很大程度上丧失了自我反思和自我批判的能力。在这种情况下，任何对于既有制度的不满都很容易被歪曲和贬低，被轻率地打上共产主义、新纳粹、种族主义、恐怖主义等政治标签。民粹主义当然是各种不满力量中的一支，但民粹主义术语逐渐成为妖魔化各种抗争力量，将上述所有政治标签统一命名的最有用的政治术语。因而墨菲认为，民粹主义是傲慢的资本精英制造或召唤出来的强大竞争对手，各种反抗力量以民粹主义者的身份而实现联合，在某种程度上是被腐化的金融资本主义指认和塑造的。在这个意义上，如何正确对待这些反新自由主义寡头的民粹主义力量，避免这些力量进一步被右翼极端势力俘获和利用，就成为摆在左翼面前的新课题，也是墨菲提出左翼民粹主义霸权策略的出发点。

## 一、新自由主义霸权与金融寡头的统治

相当一部分研究者指出，西方民粹主义的兴起源于西方民主的衰败与危机，使得社会中下层的不满和愤怒难以通过既有的制度体系和主流媒体表达出来。但作为一个马克思主义者，墨菲认为民粹主义不满情绪的产生壮大，在根本上还是新自由主义导致的经济问题。尽管在 21 世纪

初兴起的西方右翼民粹主义势力背景复杂，但民粹主义持续高涨并且开始成为所有人都难以忽视的挑战，主要还是源于2008年全球金融危机之后西方社会两极化的加剧，而金融危机的发生可以追溯到20世纪80年代以来新自由主义霸权主导下的资本主义各种乱象，它集中表现为西方社会越演越烈的政治经济“寡头化”(oligarchization)趋势，“政治寡头化产生的背景在于一种新的资本主义运转模式，这种模式中金融资本占据了中心位置。”①它表现为极少数金融寡头成为全社会的主宰，一方面是社会各个领域的商品化程度的加深，使得资本以前所未有的方式支配着社会各个角落；另一方面，资本主义经济的金融化使得金融资本成为这一轮资本扩张的主要得益者和主导者，即虚拟的金融资本对实体的生产资本的全面挤压，使得西方资本主义社会中的财富更加集中于少数金融寡头之手。上层极少数寡头与广大受压迫的民众之间的分野和矛盾不断深化。

因此，对于新自由主义霸权及金融寡头统治的批判是墨菲分析西方民粹主义兴起根源的主要方向。事实上，墨菲对新自由主义的批判可以追溯到1985年的《霸权与社会主义策略》。这一批判也是墨菲过去三十多年理论创作的一条连贯线索。新自由主义也被称为新古典自由主义，以20世纪80年代英国撒切尔主义和美国里根主义的产生为标志，这一政治思潮和政治实践产生的直接原因是70年代西方社会的危机及其在冷战中的暂时不利局面，社会民主党主导的福利国家制度模式开始受到越来越大的批判，“到了70年代中期，战后的社会民主主义模式陷入严重困境，并开始受到一种‘合法性危机’的困扰。”②

法兰克福学派的“合法性危机”理论是对于资本主义发展困境的一个合理概述。在资本主义民主制度中，左翼与右翼政府之间存在着不同的政策方向，左翼的社会民主党方案主张增加税收和提高福利的政策，而右翼自由主义方案则主张削减税收及降低福利的政策，西方各国的政策大体随着左翼与右翼的交替上台而来回摇摆，在国家收入与国家福利开支之间实现某种微妙的平衡。但是在实际的政治操作中，减税和提高福利是受到普遍欢迎而更容易实行的政策，加税及减少福利则是受到普遍反对而难以实施的，这就导致左翼和右翼各自的主张都难以有效的贯彻，结果就是西方国家的财政危机，以及难以通过不同政党的轮换来缓解其导

① Chantal Mouffe, *For a Left Populism*, Verso, 2018, pp.17—18.

② Ibid., p.26.

致的合法性危机，这种危机在 20 世纪 70 年代达到顶峰。新自由主义思潮正是对于这种危机的回应，要求倡导一种公民自立的意识，减少政府承担的社会保障责任，将官僚主义严重而负担过重的部分国企私有化，从而实现政府减员增效的改革目的。应该说，新自由主义的兴起其实仍然是西方传统政治中的左翼与右翼动态平衡的典型形式，确实在一定程度上帮助西方国家渡过了 70 年代的难关，并迎来对于苏联社会主义模式的意外胜利。

不过，问题就在于新自由主义从一种暂时性的政策性回调演变为一种统治性的思潮和实践，“这一模式从上世纪 80 年代之后就在很多国家实行，直到 2008 年全球金融危机显示出严重局限之前都没有面临任何严重的挑战。”①随着西方国家在冷战中的历史性胜利，新自由主义被美化为西方胜利的功臣，演变成一种西方社会的制胜秘诀，并借助西方的政治经济思想霸权地位，开始被作为全世界主导型的治理模式而推广，以所谓“华盛顿共识”为标识而要求成为所有国家都需要看齐的标准发展模式。“新自由主义的教条已经被塑造为西方自由资本主义社会的‘常识’，包括财产权的不可侵犯，市场化包治百病的德性，干预市场逻辑带来的极大风险等，这些‘常识’也对于传统左翼产生了深刻影响。”②在这种情况下，新自由主义构成对于传统左翼的平等诉求的严峻挑战，西方的福利国家制度走向严重的衰退。新自由主义长期统治导致西方社会的经济政治文化危机，墨菲将新自由主义霸权及其金融寡头的长期统治所导致的后果归结为以下几个方面。

第一，新自由主义霸权导致西方社会经济两极化的不断加剧。冷战结束之后，依赖以计算机和网络为代表的新技术革命的支撑，通过新自由主义全球化而在全世界收割剩余价值，西方国家迎来了新一轮的经济飞跃。资本在全球投资和办厂的过程同时伴随着西方金融资本主义的快速扩张和实体经济大量转移到发展中国家，资本巨头实现了财富的巨大增长，但西方国家的制造业外流却导致大量蓝领工人阶级的失业，或者被迫进入更不稳定的服务行业，相当一部分成为不稳定的零工。社会经济发展和财富增长的果实几乎全部被金融寡头及新兴网络巨头拿走，而在劳工阶级群体中，除了少数在金融行业和网络新经济中的白领获利较大之

① Chantal Mouffe, *For a Left Populism*, Verso, 2018, p.12.

② Chantal Mouffe, *The Democratic Paradox*, Verso, 2000, p.6.

外，中产阶级及以下阶层的可支配收入几乎没有增长，统计显示，“在进行通货膨胀调整后，美国男性的平均工资增长已经停止半个世纪”①，从新自由主义初露端倪的 1979 年到 2013 年，美国人均国民收入增长了 85%，但对于没有读过大学而一般从事蓝领工作的白人男性而言，按购买力计算的平均收入下降了 13%。另外，新自由主义的长期统治造成西方福利国家制度的衰败，这导致依赖福利保障的弱势群体生活状况的进一步恶化。②

第二，新自由主义霸权对西方自由民主的破坏。新自由主义霸权导致的经济后果与政治后果是相辅相成的，西方民主的破坏使得劳工阶级通过民主制度来限制资本的能力进一步下降。墨菲认为，新自由主义霸权之下，资本任性的自由成为所有选举的基础性前提，选票本身不能带来任何有利于弱势群体的选择，而资本霸权的不断加强，又使得民主选举所能带来的政治影响进一步弱化。

第三，新自由主义霸权对于西方社会大众心理的塑造和伤害，使得不满和绝望情绪不断蔓延，为民粹主义情绪的兴起营造社会氛围。新自由主义导致的金融危机的后果不只体现在经济上，其深远后果还在于它代表了西方社会普遍心理的一个重要转折点，相当一部分西方民众逐渐丧失了对更美好未来的信心。二战以来的几代西方年轻人都普遍相信他们的未来将会比父辈更美好，而金融危机之后的年轻一代“发现他们将成为三个世代中生活状况比他们的父辈更糟糕的唯一一代”③。这种信心的丧失或许是金融危机造成的更严重后果。在美国，这种信心的丧失导致美国中下层白人对于既有体制的不满，成为特朗普崛起的直接背景。美国普林斯顿大学经济学家安妮·凯斯（Anne Case）和安格斯·迪顿

---

① [美]安妮·凯斯、安格斯·迪顿：《美国怎么了：绝望的死亡与资本主义的未来》，杨静娴译，中信出版社 2020 年版，引言，第 xix 页。

② 美国民粹主义的兴起与白人种族主义相互交织，因为黑人等少数族裔在过去几十年中的社会保障水平有所完善，他们的生活境遇相对有所改善，而大量白人蓝领阶级，特别是白人男性劳工，面临着失业或收入下滑的风险，而社会保障体系重点照顾的对象是赤贫阶层或少数族裔，这就使得白人男性劳工成为新自由主义统治之下的最主要受伤害者，特朗普的支持者主要是这一类人群，并试图将他们的愤怒引导向少数族裔或外国人。

③ Inigo Errejon, Chantal Mouffe, *Podemos: In the Name of the People*, Lawrence & Wishart, 2016, p.31.

(Angus Deaton)的新著《美国怎么了:绝望的死亡与资本主义的未来》对这一状况进行了集中的刻画,他分析道,美国制造业的空心化及蓝领工人阶级的大衰败导致"绝望的死亡",越来越多的中青年白人死于自杀、吸毒和酗酒,稳定工作的永久丧失和人生价值的迷茫导致劳工阶层的普遍绝望心理,这远远不是简单的收入数据能够体现的,"不仅在劳动力市场上,也在婚姻、养育子女、宗教、社会活动和参与社区等方面。经济学家往往只关注人们的实际收入……想了解四分五裂的生活如何逼迫人们结束自己的生命,或者走上其他形式的绝望的死亡之路,我们就需要关注他们生活的更多方面"①。

墨菲认为,作为社会民主主义遗产的福利国家制度是西方文明的象征,它是西方社会稳定的经济支撑和社会心理支撑。在 20 世纪 80 年代,福利国家制度被左翼视为各种政治斗争和理论阐述的基本前提,左翼所设想的各种政治目标主要是如何超越不够完美的福利国家制度;而到了今天,特别是 2008 年全球金融危机之后,福利国家制度已经摇摇欲坠,成为需要左翼努力维系的历史成就,如何保住既有的成果反而成了左翼斗争的重点,而传统的左翼政党并没有承担起这一使命。正如大卫·哈维(David Harvey)认为的,新自由主义对于任何能够限制资本任性自由的群众的有组织运动感到极端恐惧,因而他们试图将各种类型的大众斗争妖魔化为共产主义、法西斯主义或威权民粹主义等西方社会的负面政治术语,通过操纵社会对大众运动的担忧心理,"为民主治理设置很大限制,转而依靠不民主和不负责任的机构做出关键决定"。②这直接导致了新自由主义霸权之下的左翼衰败及民主危机。

## 二、传统左翼的衰败与西方民主的危机

冷战结束之后,随着左翼政治话语的衰败及左翼与右翼的政治平衡的打破,在失去了社会主义模式的压力和制约之后,新自由主义寡头逐渐失去了自我变革的意愿和能力,伴随着西方社会各种问题和矛盾的涌现,对掌握权力的精英的不满开始汇聚成一种日益可见的威胁,这就导致双

---

① [美]安妮·凯斯、安格斯·迪顿:《美国怎么了:绝望的死亡与资本主义的未来》,杨静娴译,中信出版社 2020 年版,第 161 页。

② [美]大卫·哈维:《新自由主义简史》,王钦译,上海译文出版社 2010 年版,第 79—80 页。

方越来越难以对话和沟通。左翼与右翼政治的力量失衡导致西方民主的协商和博弈机制走向衰败。墨菲将西方民主当下的危机称为“有选票无选择”(We have a vote but we don't have a voice),并对于当下的资本主义自由民主提出了严厉的批评,她指出,冷战结束之后新自由主义霸权的傲慢直接败坏了西方代议制民主及其纠错能力。

民主衰败在学术界的表现是墨菲指认的“后民主共识”(post-democratic consensus),或者说西方当下的民主模式已经体现为一种强求同一的“共识式民主”,成为对民众不满和抗争的无形压制,它不容许民众对作为社会“共识”的当下民主模式提出任何质疑,墨菲甚至认为,“这种强求理性共识的政治是一种潜在的极权主义”。①对于共识式民主的批判散布在墨菲过去二十多年的著作之中,并随着欧洲民主政治形势的演变而不断发展。墨菲早在 1993 年的《政治的回归》中就集中批判了资本主义自由民主的“共识的幻象”,而在《民主的悖论》和《论政治的本性》中做了继续发挥。

墨菲提出左翼民粹主义策略也源于对于西方传统左翼政治的失望,左翼的衰败使得西方右翼力量失去制衡,右翼的一家独大就导致民主制度的败坏。苏东剧变之后,西方左翼已经基本上放弃传统左翼的价值和诉求,也抛弃了其传统的依靠力量和阶级,在很大程度上已经成为新自由主义意识形态的同路人,“资本全球化打着‘现代化’的幌子,迫使社会民主党接受了金融资本主义的不合理指令,以及接受后者对国家干预和再分配政策施加的限制。”②在这种历史终结论霸权主导之下,社会中的任何对抗形式被认为失去了合理性,政治完全演变成了针对具体经济问题的技术专家型社会治理。而以著名左翼思想家吉登斯和哈贝马斯为代表的共识式民主,是“主流”左翼的“共识”理念在政治学理论领域内的典型反映。这种共识式民主在很大程度上主导了左翼对于民主政治的看法。

左翼学者的新学术路径代表了左翼斗争精神的沦丧,事实上,他们通过对共识式民主的论证和宣扬而参与了民主衰败的过程。墨菲认为,西方当代的两种“主流”民主理论可以总结为聚合式民主与协商式民主,“他们要么从经济学的视角出发,提出一种聚合模式;要么从道德的视角出

① Inigo Errejon, Chantal Mouffe, *Podemos: In the Name of the People*, Lawrence & Wishart, 2016, p.37.

② Chantal Mouffe, *For a Left Populism*, Verso, 2018, p.17.

发，提出一种协商模式。"①聚合模式对政治持有工具性的看法，将民主政治视为不同个人和群体之间经济利益博弈的平台；协商模式则认为民主政治的前提首先在于通过自由协商而达成合理的道德共识。除了批评聚合模式将政治还原为经济竞争，从而完全抹去了不同的政治价值和文化之间竞争的维度，墨菲着重批判了哈贝马斯的协商模式对于意见分歧的压制，这种自我背反性的内在逻辑是什么？为什么所谓的"协商"并非通向相互妥协，而是走向了强者对于弱者的更强有力的压制？它既包括在社会的阶级结构上资本家阶级对于劳工阶级的压制，也包括在国际交往合作中西方国家对于非西方文明的强制，哈贝马斯坚持认为源于西方文明传统的某些道德共识的普世性，并要求非西方文明认同这种全人类"共识"，这实际上反映了一种"除了'西化'之外，别无选择"②的傲慢。

共识式民主的产生是西方社会全胜时期自信心膨胀的产物，这一自大心理在 2001 年的"9・11 事件"和 2008 年全球金融危机中受到连续的打击。一个越来越明显的特征是，共识式民主实现的并非社会的和谐或和解，也并非某种帕累托增进，而是变成了赢家通吃的形式。这种强求共识的政治思潮和民主实践也最终成为金融资本寡头谋求自身优势的武器，无论是在国内不同群体的博弈还是国家之间的竞争。它意味着资本巨头对于能够制约资本的其他力量的全面胜出，将那些竞争能力低下的阶层或国家淘汰。具体而言，墨菲认为西方左翼的衰败和民主的危机主要体现在以下几个方面：

1. 苏东剧变之后传统左翼话语的总体衰落，导致传统的左翼与右翼博弈而动态均衡的政治竞争格局消失，政党纲领和政策的趋同化导致民主选举的意义严重削弱，围绕着阶级概念的整套左翼话语都在政治动员中失去了道德魅力。尽管西方社会的阶级不平等问题或阶级冲突更为严重，但阶级斗争话语在受压迫的中下层阶级中总体上失去了吸引力。

2. 在可预见的将来，民主制度的有效实践始终停留于主权国家的层面，民众主要借助国家的力量来压制资本的任性，但新自由主义全球化进

① ［英］尚塔尔・墨菲：《链接权力关系——马库思・米尔森与尚塔尔・墨菲的对话》，茅根红译，《现代哲学》2008 年第 5 期。译文有改动，茅根红将这两种民主模式分别翻译为集合模式与商议模式。

② ［英］尚塔尔・墨菲：《论政治的本性》，周凡译，江苏人民出版社 2016 年版，第 71 页。

一步削弱了主权国家的权力，跨国企业、非政府组织、网络巨头等新型权力主体的崛起，使得政府的权力受到严重限制，人民大众借由代议制民主能够起到的干预作用严重缩减。

3. 网络时代的兴起与自媒体时代的来临使得社会舆论进一步撕裂，并导致大众抗争力量的进一步分化，同时，主流媒体的议题设定、舆论引导力和公信力等都受到严重冲击，传统媒体从一种独立于建制、监督建制的第四权力，越来越被视为附庸于建制和资本寡头的“假媒体”，而自媒体的崛起为政客与“人民”的直接沟通提供了前所未有的便利条件。如果说古希腊的演讲式广场政治是城邦直接民主的重要实现形式，自媒体则为一种新型的数字广场政治提供了条件，它第一次使得喧嚣的民意似乎能够直接表现出来，从而构成对于西方传统代议制民主的新型挑战。

资本主义自由民主制度在西方社会正在受到侵蚀，而随着“主流”左翼不再愿意代表工人阶级发声，“右翼民粹主义通常是唯一围绕人民主权主题而动员的政党”①，对于当下民主政治不满的各种力量逐渐汇聚在右翼民粹主义的旗下。包括左翼在内的“主流”政党对人民主权原则充满怀疑，这种民主赤字使得极右翼成功地宣称自己代表了被政治精英抛弃的人民。在西方历史传统中，马克思主义一度是被压迫的民众关于未来理想社会的美好想象和设计的思想来源，从而能够提供一种能够替代资本主义自由民主制度的另类选择，而随着苏东剧变之后西方左翼的总体衰落，西方“主流”左翼力量已经被新自由主义同化，他们不再被视为包括工人阶级等弱势群体的代言人。右翼民粹主义在一定程度上僭取了马克思主义曾经的社会功能，在社会危机不断激化而越来越多选民不满之下，作为“另类选择”的民粹主义开始兴起。

## 三、作为“另类选择”的民粹主义兴起

面对西方社会经济两极化及社会矛盾的激化，相当一部分选民认为西方民主政治已经成为精英的分赃游戏，迫切希望能够有代表自身利益的反精英反建制势力的兴起，作为对这种腐朽的精英政治的另类选择的民粹主义就在西方各国纷纷出现。民粹主义政治的兴起也导致西方政治

① Chantal Mouffe, The “End of Politics” and the Challenge of Right-wing Populism, in *Populism and the Mirror of Democracy*, ed by Francisco Panizza, Verso, 2005, p.53.

格局和政治风格的演化，主流政党尽管在表面上对民粹主义政党的批判不断加码，但在与民粹主义势力的对立和斗争中也开始逐渐带有某些民粹主义特征。金融危机成了新自由主义霸权的重要转折点，“2008 年全球金融危机使得新自由主义模式的内在矛盾凸显，并兴起了一系列反建制的右翼与左翼运动对新自由主义霸权的责难”。①随着新自由主义危机的加深这种反建制运动的兴起开始蔓延整个西方。

面对西方民主的衰退和选民的不满，在西方主流政党之外，一些边缘性的势力开始出现或兴起，这些势力的一个重要特点就是高举“另类选择”(alternetive)②的旗帜，将所有主流的左翼或右翼政党，都指责为替精英服务的精英政党，提出自身才是人民利益的代表。尽管由于民粹主义概念在西方社会的污名化，基本上没有任何政党自称为民粹主义，这些政党由于普遍带有反精英反建制特征，被媒体或学术界归类为民粹主义势力。西方政治进入“民粹主义时刻”，这意味着传统的西方左翼与右翼政党的区分模式开始走向衰退，而民粹主义政党与传统左翼和右翼建制派的分野和对立日益明显。墨菲进一步认为，一种新的趋势正在兴起，民粹主义话语也开始逐渐侵袭传统政党，左翼民粹主义与右翼民粹主义的对立和纷争正在成为西方政治竞争的主导模式。

作为一种另类选择的民粹主义的兴起也意味着一种新的时代精神的来临。墨菲认为，面对着西方社会占据主导地位的“政治终结”的时代精神的衰败和危机，强求共识而压制不满的时代氛围被人们厌弃，“这种后政治的时代精神为右翼民粹主义的兴起创造了有利环境。”③正是因为一种历史终结的“时代精神”的存在，主流学界和媒体总是认为所有合理的反对声音或诉求都已经得到了表达。对于这种精英间的后政治共识的不满，使得在掌权精英与受压迫人民之间的对立越来越明显，从而使得新的势力开始采用民粹主义话语在上述两者之间划出清晰的政治边界，一些

---

① Chantal Mouffe, *For a Left Populism*, Verso, 2018, p.5.

② alternetive 可以翻译为另类选择或替代性选择，德国的一个右翼民粹主义政党就叫做另类选择党。民粹主义所针对的对象在某种意义上就是新自由主义霸权，后者的典型口号就是撒切尔夫人所说的除了资本主义自由民主外“别无选择”(There is no alternative)，因而民粹主义试图提出一种新的替代性选择。

③ Chantal Mouffe, *Agonistic*: *Thinking the World Politically*, Verso, 2013, p.141.

右翼民粹主义政党成功地僭取了“人民代表”的位置。或者像穆德所指出的，尽管西方主流学界将民粹主义视为一种不合时宜的时代错误，但由于民粹主义是一种贬低竞争对手的方便话术，各种政治势力都喜欢揭露对手的民粹主义特征，这反而使得民粹主义话语成了西方民主政治的主流，严格意义上来说，“作为一种时代精神的民粹主义”①已经崛起。

基于不同的政治经济形势，民粹主义兴起的形式在不同国家或地区的表现也不同，墨菲提出了北部欧洲与南部欧洲的区别，这又涉及欧洲内部相对发达的北部欧洲与相对落后的南部欧洲国家之间的矛盾。在英法德等为代表的经济地位强势的北欧，右翼民粹主义的势力更为强大，而南部欧洲则是左翼民粹主义占据相对优势。这与欧盟内部的经济结构和经济分工有关系，各种产业和人才向竞争力更强、工资更高的以德国等为代表的北部欧洲汇聚，而产业竞争力更弱的国家则是资本和人才的大量流失，导致的后果就是南部欧洲财政收入的困难和赤字的膨胀，而金融危机直接引爆了南部欧洲的主权债务危机。这种危机虽然在欧盟内部不同程度地存在，但在西班牙、意大利和希腊为代表的南欧国家中尤其严重，这导致他们不得不实施财政紧缩政策而大幅度削减了社会福利保障，从而引发了选民的普遍不满。不过，尽管不同国家分别面临着不同的社会问题，这些不满有不同的形式，但民主制度的僵化也是不满激增的普遍原因，正如墨菲指出的，“北部欧洲与南部欧洲的情况不同，但民粹主义的先后兴起源自欧洲国家共同具有的深刻的民主代表性危机”。②既然既有的代议制民主制度路径及政治话语难以有效表达他们的不满和诉求，就为民粹主义这种另类选择的兴起提供了基本的政治环境。

另外，右翼民粹主义在东欧普遍具有较强政治影响，对于“主流”政党形成挤压，或者造成各种政党普遍民粹主义化来迎合选民。例如在匈牙利，已经执政多年的欧尔班总理被认为是典型的右翼民粹主义者，从而与欧盟总部经常就各种议题形成激烈的冲突，但欧尔班在国内也面临着更为极端的、民族主义情绪强烈的极右翼民粹主义的尤比克党的挑战。在德国内部也呈现出类似的分化，原东德地区的排外性就远远强于西德地

---

① Cas Mudde, The Populist Zeitgeist, *Government & Opposition*, Volume 39, Issue 4, Fall, 2004.

② Inigo Errejon, Chantal Mouffe, *Podemos: In the Name of the People*, Lawrence & Wishart, 2016, pp.101—102.

区，右翼民粹主义的势力在原东德地区也更为显著。部分原因在于，整个东欧地区在二战之后都存在某种受害者心理，因而没有经历系统化的去法西斯主义的思想洗涤阶段。从匈牙利尤比克党的崛起，我们清晰地看到，一个极端而小众的右翼民粹党，是怎样借助反对经济精英的左翼政治话语而成功地跻身主流，并越来越成为弱势群体信赖的力量。这意味着民粹主义是一种中性的政治动员方式，通过对人民话语的高扬来实现其原本的诉求和价值，在这个意义上，我们感知到右翼民粹主义政党如何成功吸引到劳工阶级的支持和拥护。①

面对着工人阶级选民大量流向右翼民粹主义，西方“主流”左翼对于这种局势是非常担忧和警惕的，他们希望能够动员和引领选民来抵制民粹主义的诱惑。不过，墨菲认为，“主流”左翼的失败不在于左翼价值观的失败，而在于左翼斗争精神的堕落和衰败，他们所害怕的并非右翼的民粹主义运动，实际上是对于任何形式的大众运动都感到难以适应，僵化保守的西方“主流”左翼在很大程度上已经失去引领社会运动的能力。主流左翼坚持一种“后政治”的立场，将政治视为一种由技术专家处理的一般行政事务，而将任何需要诉诸政治激情的政治动员打上了非理性的标签。正是由于“主流”左翼对于马克思“改变世界”理念的排斥，民粹主义这个术语就成为他们用来贬低所有抗争性的社会运动的最贴切指称，也成为他们推卸自身政治责任的最有用的话术。

由于主流政党总体上对于“人民”这种话语保持高度警惕，将人民自动地等同于乌合之众，这导致他们对“以人民的名义”相关的政治话语的妖魔化，从而进一步导致对于群众运动和大众斗争的恐惧，并将不满的群体进一步推向反面，从而导致社会的进一步两极化，这不利于西方民主政治的有序运转。其典型就是希拉里在 2016 年总统选举中对特朗普的支持者的评价，尽管相关的研究和调查表明，特朗普的铁杆支持者的比率大约稳定在美国选民的 30%，但这并不妨碍希拉里将这三分之一的美国选民称为“一箩筐烂人”(a basket of deplorables)，这进一步塑造了特朗普的支持者的心理预期，即掌权的精英根本不屑于理解和倾听“人民”的呼声，这也被认为是民主党在选举中失败的重要教训。既然西方当下的民主政治意味着对于反对声音的压制，那么反对声音终究会表现出来，“正

① 参见张莉：《民族主义与民粹主义：意识形态的构建还是政治策略的选择——以匈牙利民族民粹主义政党尤比克党为例》，《国外社会科学》2018 年第 2 期。

是因为缺乏一种关于可能的另类选择的民主辩论，导致很多国家中的政党成功地自称代表‘人民的声音’”。①

民粹主义势力掀起的抗争是对赢者通吃的新自由主义的直接反叛。基于西方社会的各种危机及民粹主义时刻的来临，墨菲认为左翼需要真正去了解和回应那些民粹主义势力的不满和诉求，并在这一过程中重建左翼政治的霸权，从而提出了左翼民粹主义霸权策略，这一策略的提出也是基于她对葛兰西、施密特和拉克劳的相关理论的批判性继承和发挥。

## 第二节　墨菲左翼民粹主义霸权策略的理论渊源

墨菲的左翼民粹主义霸权策略来自对许多既有思想的批判性吸收，其中最重要的是葛兰西、施密特和拉克劳三位，墨菲在《以人民的名义》和《为左翼民粹主义而作》等著作中，反复论及对其思想产生重要影响的这几位学者或思想家。葛兰西本来就是墨菲后马克思主义霸权理论的主要思想来源，墨菲在建构左翼民粹主义策略时重新发掘了葛兰西相关思想的价值，特别是他的“民族-人民的”文化霸权理论；对于施密特的研究和吸收贯穿于墨菲过去二十多年的著作，墨菲在其新思想的建构中再次强调了其影响；而作为思想合作者，拉克劳率先转向民粹主义研究，成为墨菲左翼民粹主义策略的许多重要论述的思想来源。

### 一、葛兰西“民族-人民的”文化霸权理论

墨菲最早是作为葛兰西主义的研究者和倡导者进入学术舞台的，1979年的《葛兰西与马克思主义理论》的出版使得墨菲开始成为葛兰西研究学派的重要人物。随着墨菲和拉克劳将他们的后马克思主义霸权理论的思想渊源称为是后结构主义＋葛兰西，他们的理论也常常被归结为一种新葛兰西主义的传统。在建构左翼民粹主义霸权策略的过程中，墨菲对于葛兰西的思想进行了重新发掘，关注和吸收了之前较少涉及的领域，通过对葛兰西的“民族-人民的”文化霸权理论的发挥，探索如何通过

① Chantal Mouffe, The “End of Politics” and the Challenge of Right-wing Populism, in *Populism and the Mirror of Democracy*, ed by Francisco Panizza, London, Verso, 2005, p.51.

民粹主义话语模式来建构左翼霸权。

在葛兰西对意大利的无产阶级如何建构文化霸权的论述中，包含着如何审视和处理意大利的政治传统和民族文化传统的阐释。葛兰西认为，无产阶级的文化霸权建构，不能仅仅局限于阶级话语，而是要通过对于民族-人民的(national-popular)话语的运用在国家共同体中打造一种集体意志，从而建构无产阶级的文化霸权。无产阶级只有通过确立一种“民族-人民的”文化才能够在最广泛的范围内建立革命联盟，即需要建构一种大众文化和大众信念来反对一种脱离群众的精英文化，而一种大众文化只能是符合民族心理和情感才可能是人民的。葛兰西的这一分析视角正是一般的马克思主义者常常忽略或者刻意回避，但又大有作为的一个意识形态-权力空场，这成为墨菲阐释左翼民粹主义策略的重要思想来源。事实上，这一思想也为其他的葛兰西主义者所重视，英国文化马克思主义者斯图亚特·霍尔也认识到大众文化支配权及其对主体的塑造在霸权争夺中的作用，他指出：“大众文化(popular culture)是文化权利斗争中输赢的关键，它一定程度上既是霸权的起点，也使得霸权得以继续维系。”①墨菲在论述中也涉及对于这些相关学者的分析和引用。

葛兰西提出“民族-人民的”理论是想要通过确立一种大众信念来打造集体意志，即如何通过形成“民族-人民的”集体意志来建构一个有战斗力的行动主体问题。对于葛兰西而言，政党就是现代社会中集体意志代表的形式，无产阶级政党是这种集体意志的组织者，而集体意志的稳固程度也意味着无产阶级政党的成熟程度，集体意志的问题主要是在于无产阶级如何形成一个具有广泛代表性的政治领导力量的问题，即如何在有着思想和利益冲突的社会各个阶层和群体之间确立统一的集体意志。在任何时代的任何国家中，大众信念或集体意志的打造都离不开常识的力量，大众信念的打造过程很大程度上就是对于社会常识的塑造，即谁能够成为塑造常识的主导者，能够将自身的意识形态成功地确立为民众观察和理解社会的潜意识，谁就是社会的统治性力量，这也是当代资本主义民族国家中资产阶级统治权的秘密所在。

什么是常识(common sense)？字面意思就是一种大众所共同拥有的认知，即在一个特定的共同体的特定时间段中，人们会普遍将某些习

① Stuart Hall, Notes on deconstructing “the popular”, in Raphael Samuel ed., *People's History and Socialist Theory*, Routledge, 1981, p.239.

俗、道德、知识等视为理所当然的真理性存在;或者说是在一个既定的时空中,政治共同体中的主要群体或阶层所共同分享的具有相对稳定性的对于什么是人及生活意义的总体看法。常识是普通老百姓认识世界和理解世界的基本出发点或朴素感情,并使得他们形成类似的善恶标准和行为模式。但是,看似作为民众自发情感和自发本能的常识其实是被塑造的,葛兰西指出,“常识是一些毫无联系的概念的杂乱无章的汇集。在常识中,人们能找到自己喜欢的任何东西”①,将这些杂乱认知整合为一体的就是背后的统治阶级意识形态,对于常识的塑造是剥削阶级确立起统治地位的最重要的领域。葛兰西强调,常识是既有的统治力量的意识形态霸权的体现,它的形成具有某种强制性,人们总是先天处于一种既有常识的强制性同化之下,其世界观从一开始就是被其所处的外部环境所机械强加的,无论这种强制性塑造机制是家庭、教会还是学校。因此,葛兰西是在批判或贬义的含义上来使用常识概念,而对于我们通常所使用的褒义或描述性的常识概念,葛兰西用健全认知(good sense)概念来指代,即葛兰西在某种意义上是区分了庸人认知与健全认知(common sense vs. good sense)。

葛兰西认为,常识是由各种并非连贯一致的概念、假设和信念组成,但这并不妨碍其在打造共识和集体意志中所扮演的重要作用。关于常识的这种自我矛盾属性,也许我们可以从美国独立战争的历史中做出解释,美国国父托马斯·潘恩的小册子《常识》在美国独立战争中扮演了重要作用,这本在美国《独立宣言》发表前夕出版并风行的政治宣言,很快成为《独立宣言》文本的思想基石。《独立宣言》充满了对自由、人权、平等这些“常识”的宣扬和推崇。但美国独立战争的领导人中有相当一部分是奴隶主,他们一边颂扬“人人生而平等”等原则,并根据这些原则来质疑英国本土统治者的合法性,一边又毫无愧疚感地奴役黑人种族,即使这种“常识”的悖谬性已经无法掩盖,也并没有影响北美的白人群体形成一种“民族-人民的”集体意志,直到20世纪60年代种族隔离制度仍然在自诩为自由灯塔的美国南部大行其道。

常识的这种自我矛盾性质就很容易引发有批判思维的人的质疑,因而传统霸权总是通过一种强制机制来避免人们的反思和怀疑。葛兰西以

① [意]安东尼奥·葛兰西:《狱中札记》,曹雷宇等译,中国社会科学出版社2000年版,第337页。

宗教为例做出了说明，“宗教和常识不能构成智识秩序，因为即使在个人意识中两者也不能归结为具有同一性和一致性的东西”①，宗教在历史上往往是塑造社会常识的重要力量，宗教的教义和规矩也能成为常识中各种元素的重要来源，为了确立自己的思想统治地位，中世纪天主教会采取各种方式来垄断对于《圣经》的解释权，不允许将《圣经》从拉丁文翻译为各国的民族语言，并且总是通过受到自己严格教育和控制的教士来塑造教徒的思想模式和生活模式，并且以严厉的处罚将各种异端思想消灭在萌芽状态。但天主教的某些做法同样具有借鉴意义，因为天主教会竭力防止教士与教徒的脱离，使得教士与教徒在日常生活中有效地融为一体，“在防止‘正式’形成两种宗教，一个‘知识分子’的宗教和‘普通人’的宗教的斗争中，罗马教会一直是最富活力的。”②因此，在知识分子精英和普通民众之间的分离往往是一种意识形态霸权出现危机的重要一步，这使得既有的以常识为主要载体的文化霸权之中存在着裂缝，并蕴含着某种自我怀疑和自我批判的潜在可能性，成为打破既有常识并确立一种新的健全认知的基础。马克思强调无产阶级革命需要重新塑造一种常识或者大众信念，这就涉及无产阶级政党的知识分子精英如何深入人民群众，将无产阶级的指导思想大众化的问题。

在这一理论问题上，葛兰西使用的精英概念，不同于其同时代的以帕累托的精英统治理论和米歇尔斯的寡头统治铁律为代表的精英主义，这两种精英论的区分类似于“脱离群众的精英以及觉悟到自己必须与民族人民大众保持有机联系的知识分子”③之间的区别。正如葛兰西所指出的，精英与人民群众的关系是一种领导而非统治的关系，或者说是一种先知先觉与后知后觉的关系。当然，人民大众不可能都掌握一种系统的哲学体系，而需要基于既有的常识来形成一种新的健全认知，无产阶级知识分子要认识到既有常识的相对稳定性，而不是试图在群众的常识之外重新创造一个全新的知识体系，并以此强行地灌输给民众，这种精英主义的思路肯定是要失败，而是要用符合人民的思维习惯和认知的语言来说服他们。因而，一方面是如何形成来自人民群众，并与人民群众有血肉联系

① ［意］安东尼奥·葛兰西：《狱中札记》，曹雷宇等译，中国社会科学出版社2000年版，第236页。

② 同上书，第239页。

③ 同上书，第167页。

的知识分子精英；另一方面，知识分子精英对于大众信念的重新建构，离不开对于一个民族的历史文化传统的运用和发掘，这就在某种意义上涉及民族自豪感的问题，或者说民族认同的重要来源就是在于对于本民族的优良传统的认同和民族文化的自豪。这成为墨菲后来着重阐释的，左翼民粹主义策略需要形成一种理性爱国主义话语的重要思想来源。

当然，由于葛兰西的“民族-人民的”文化霸权生成论的相对含糊的论述，加上阶级话语与人民话语间的某些张力，这一思想长期以来也存在着很大的争议，正如《狱中札记》的英文版编者所指出的，“‘民族-人民的’观点是葛兰西思想中最有趣同时也是受到最广泛批判的概念之一。”①葛兰西上述思想所引发的争议反映出左翼引入人民话语过程中的难题，对于葛兰西思想中张力的解释，成为墨菲对“民族-人民的”的文化霸权生成论的吸取和发挥的方向之一，也是墨菲建构左翼民粹主义霸权策略所必须解决的理论难题。墨菲的分析和发展主要表现为以下三个方面：

首先是关于常识在建构霸权中的作用问题。在墨菲的左翼民粹主义思想文本中，“常识”概念出现的频率非常高。葛兰西的相关分析路径成为墨菲思想的重要来源，正如墨菲在《竞争性政治》的导言中指出，“基于葛兰西对我的影响，我坚信‘常识’的塑造在文化领域扮演的中心地位”②，从而墨菲强调常识的塑造在打造集体意志中的重要性，某种意义上，新的常识的塑造就意味着“人民”被建构出来，同时，墨菲在不同文本中反复强调文化-艺术实践在打破历史终结的意识形态迷雾，推动一种新的霸权来替代新自由主义霸权中的必要性。

其次是关于民族文化与理性爱国主义的问题。葛兰西所说的“民族-人民的”文化霸权以民族性与人民性的统一为前提，这种统一性立足于对一个政治共同体的深厚的历史文化传统的发掘。常识是一个与民族的历史传统和文化习俗密不可分的领域，这就使得不管是成功的革命者，还是成功的民粹主义者，都必须是一个愿意深入了解本民族所固有的平民文化，而且深谙民族文化和民族历史的政治大师。墨菲认为，左翼民粹主义在动员大众运动过程中需要正确认识和有效运用民族传统文化。

---

① [意]安东尼奥·葛兰西：《狱中札记》，曹雷宇等译，中国社会科学出版社2000年版，第336页，译文有改动。

② Chantal Mouffe, *Agonistic: Thinking the World Politically*, Verso, 2013, Introduction xvii.

最后是精英与人民的关系问题。知识分子的作用在很大程度上就来自如何重新塑造一种大众信念，新自由主义霸权的衰败很大程度上来自其知识分子精英日益脱离群众，从而逐渐失去了对于常识的塑造权。对于墨菲而言，左翼民粹主义策略打造霸权的过程，在某种意义上就是如何在当代将马克思主义的解放精神大众化的问题，在这个意义上，当下“主流”左翼的教训就在于其沦为一种精英主义运动而脱离人民大众。

葛兰西的“民族-人民的”文化霸权理论的形成背景在于，为什么意大利共产党的革命失败了，而右翼的法西斯政党却取得了成功，墨索里尼在意大利这种成功的秘诀是什么？葛兰西指出，右翼势力也能够借助民众的反抗而兴起，“被统治阶级的‘自发’运动也常常伴随着统治阶级右翼的反动活动”①，而右翼的这种成功的重要秘密就在于其对意大利的民族性的重视。对于葛兰西而言，民族-人民的分析视角是为了无产阶级的文化霸权服务的，是无产阶级斗争的一种策略性的战术。与之类似的是，墨菲最早介入民粹主义的动机也是对于右翼民粹主义崛起的警觉，大量的工人阶级流向了右翼民粹主义，左翼如何能够从中吸取一些教训和经验并转变革命策略。正是因为对于葛兰西的“民族-人民的”文化霸权理论上述三点意义的发掘和发挥，墨菲强调其左翼民粹主义策略并非不忠于葛兰西，“我确信，如果葛兰西处于我们当下的时代，他也会得到与我们类似的结论。”②

## 二、施密特对西方自由民主的批判

墨菲对施密特的关注从20世纪90年代初期就已经开始，可以说，对于施密特思想的吸收构成墨菲过去二十多年思想创作的一条重要线索。由于施密特揭示出西方自由民主制度内部的一些难以克服的内在冲突，他某种意义上成为西方民主政治的一个思想幽灵，西方民主政治一再宣传已经克服和超越了施密特对自身的批判，但是这个幽灵却总是会在不经意间回来。施密特思想的新一轮回潮与新自由主义霸权下西方自由民主面临的困境密切相关，众多学者开始发掘施密特对于自由主义批判中

---

①　[意]安东尼奥·葛兰西：《狱中札记》，曹雷宇等译，中国社会科学出版社2000年版，第161页。

②　Inigo Errejon, Chantal Mouffe, *Podemos: In the Name of the People*, Lawrence & Wishart, 2016, p.40.

的有益成分。面对民粹主义的兴起和壮大，墨菲再次引入和发掘了施密特的思想，并构成其思考和解释民主政治与民粹话语在何种意义上能够兼容的重要思想来源。

墨菲对施密特思想的吸收也代表了部分学者的共识。由于施密特的思想被德国纳粹主义的崛起及反民主化运动所吸收，这些历史渊源和思想关系使得施密特长期以来被视为“危险的思想家”，其思想长期以来受到主流政治学界的排斥。到了 20 世纪 80 年代，施密特的思想开始经历一个“恢复名誉”的过程，越来越多的学者开始提出施密特的某些论述对当下民主政治的指导意义。正如霍尔姆斯在《反自由主义剖析》中所引述的，鉴于西方政治思想学界总体上走向了一种创造力的枯竭，“在目前的政治僵局中，左派只有向施密特学习才能受益”①，墨菲和齐泽克等当代西方马克思主义者是这一轮施密特思想复苏浪潮的代表之一。应该说，西方学者对于自由主义思潮的批判或反思从来就没有停止过，这种反思哪怕在福山《历史的终结与最后的人》之中也占据了大量的篇幅。霍尔姆斯指出，施密特的思想遗产远没有通常认为的那么不堪，“通过批判性地阅读施密特的作品，自由主义的研究者也可以学到很多东西”②，施密特揭示了自由主义所存在的很多问题与缺陷，尽管他提出了不切实际的或似是而非的解决办法。

鉴于新自由主义霸权之下西方民主政治陷入“有选票无选择”的困境，施密特对于西方自由民主的缺陷的揭露就显示出其历史价值。墨菲认为，施密特对西方民主的批判具有启发性，但他却得出要彻底抛弃西方民主的错误结论，因而既不能回避施密特对于自由民主批判的理论意义，“又要从施密特的批判路径出发得出一种相反的结论，并论证出一种多元民主的可行性。”③在《议会制民主的危机》(1923 年)和《政治的概念》(1928 年)等著作中，施密特对西方自由民主制度做出了集中批评。他认为，尽管在反对封建王权的战斗中，自由理念和民主理念基于共同的敌人而暂时结成了同盟，但这种历史性的偶然结合并不意味着两者之间的预

① 转引自[美]史蒂芬・霍尔姆斯：《反自由主义剖析》，曦中等译，中国社会科学文献出版社 2002 年版，第 51 页。

② 同上书，第 374 页。

③ Inigo Errejon, Chantal Mouffe, *Podemos: In the Name of the People*, Lawrence & Wishart, 2016, p.56.

定和谐，西方的民主理论家却试图用普世主义的修辞将这种偶然结合合理化，这就导致了西方民主制度中的某些难以解决的张力。

正如施密特在《议会制民主的危机》第二版序言的结论中指出的，西方自由民主制度在运行中的各种难题，“从深层次上源自于自由个人主义与民主同质性之间的不可避免的矛盾。”①施密特认为，民主制度的有效运转需要其成员之间的同质性，因而民主制度需要采取强制性措施来不断清除那些威胁其同质性的元素，这就与自由个人主义的个性或异质性要求形成永恒的张力。同质性与个性之间存在张力，始终要求成员认同共同体的某些理念而放弃某些个人自由和信念。另外，一个既定的政治共同体的形成是建立在对于外部成员的排斥基础之上，成员与非成员之间不可能实现彻底的平等，或者说居住于其中的外来成员不可能被平等地对待，因而人人平等的自由理念是外在于民主共同体的，它只能是一种伦理理想而不可能是一种政治组织形式。施密特也反对自由主义的理性主义理念，后者认为可以通过不同意见之间的自由交流来达到真理，似乎思想的交锋和竞争会达到某种预定和谐，从而政治论辩就像是一种市场中的很容易达成交易的商业谈判行为，施密特则认为这是一种乐观的幻想。对于施密特的这些批判，政治学家试图做出解释和反驳。他们认为，民主政治的同质性要求并不一定需要牺牲个人自由，可以将威胁政治共同体的各种对抗，例如宗教信仰、道德伦理等驱逐进私人领域，在此基础上只要基于一种公平的论辩程序就可以实现多元利益和诉求的和谐。

墨菲认为，施密特对于西方自由民主的批判的价值在于，他揭示了自由与民主两者之间难以消解的张力，“施密特正确地指出了自由主义与民主平等这两个理念之间存在着冲突，前者预设了普遍性及对‘人性’的参照为前提，后者则要求建构人民及在‘我们’和‘他们’之间划定界限。”②即民主只能在一个特定的政治共同体中由“人民”来实践，而“人民”的形成就预设了一种政治认同及政治边界的划分，而自由主义则要求超越任何共同体从而追求普遍性。施密特思想的重要标识就是其对于政治的党派性的界定，但他这种关于“政治就是区分敌我”的观念一直饱受争议。墨菲的基本主张是，施密特的主张基于对自由主义及其个人主义方法论

---

① Karl Schmitt, *The Crisis of Parliamentary Democracy*, The MIT Press, 1988, p.17.

② Chantal Mouffe, *For a Left Populism*, Verso, 2018, pp.14—15.

的批判，他们认为政治不需要具有党派性，而可以实现一种完全包容性的“我们”。这种新自由主义霸权下的政治幻想成为墨菲发掘施密特思想的重要背景，因为这种包容性的“我们”的形成总是以区分和排斥某些例外而形成，需要以区分“我们”和“他们”为前提。自由主义坚持认为自己主张的某些价值理念或原则是普世的，而将否认这种普世性的群体打上非理性甚至是反人类的标签，这相当于通过将“他们”歪曲为非人类，从而得出一种“我们”能够代表全人类的强势判断。可见，尽管自由主义试图去除掉“我们”与“他们”的对抗性话语，但他们的政治模式中其实离不开这种政治区分。

在新自由主义在成为一种主导性意识形态之后，已经在很大程度上失去了自我反思的能力，如果说在 20 世纪上半叶，丘吉尔为自由民主所做的辩护“民主是最不坏的政体”中仍然包含了一定的无奈和反思的成分，而到了“历史终结论”占统治地位的时期，“别无选择”已经确立某种新自由主义不容批评的舆论氛围，在从一种“最不坏”转变为“最完美”的思想氛围之下，自由主义存在的缺陷开始越来越不受制约，多元主义越来越走向其反面。西方社会的言论自由越来越成为一种美丽的神话，自由主义在建构一种民主共识和包容性民主等口号之下，走向了一元主义的反面。自由主义则走向了某种思想的一致，不断将越来越多的观点提升为一种不容置疑的社会思想规范，同时将任何敢于质疑这种思想规范的人打上邪恶的标签。在国际竞争领域，新自由主义也越来越显示出其帝国主义霸权色彩，在这方面，施密特对于自由主义的普世妄想的揭露再次引人注意，“施密特也告诫人们，任何把单一模式强加给全世界的企图都将带来灾难性的后果。”①

在这种形势下，并不完美的施密特理论也越来越成为上述新自由主义毒药的解毒剂，施密特这个“危险的思想家”显示出其价值。不过，鉴于施密特思想的争议性，墨菲指出，“对于我而言，卡尔·施密特既是一种思想灵感来源，也是一个持续的思想挑战”②，墨菲对于施密特思想的批判性吸收可以总结为以下两个方面。

---

① ［英］尚塔尔·墨菲：《论政治的本性》，周凡译，江苏人民出版社 2016 年版，第 65 页。

② Inigo Errejon, Chantal Mouffe, *Podemos: In the Name of the People*, Lawrence & Wishart, 2016, p.40.

一方面是吸收施密特的有益批判，特别是关于政治的党派性问题。政治需要区分我们和他们，并正视政治情感或政治激情的作用，这种政治区分和政治斗争在很大程度上就是对于自由与民主原则之间如何平衡的问题。自由主义政治学的问题在于掏空了政治的实质，“政治还原为一项工具性的活动和众多个人对其利益的自私追求……政治被还原为经济并被剥离了所有的伦理成分”①。因此，施密特学说的意义在于，自由主义的个人主义政治观走向了歧途，需要重新复活民主政治要求的公共领域及其对于某些同质性的塑造，有必要重新拾起诸如公共精神、政治共同体及其共同善、公民德性等观念，这些观念并非像自由主义所说的陈旧而过时的前现代社会遗存。主流政治如果刻意地排斥这些观念，他们就会通过其他形式而重新涌现，并且成为非理性的右翼民粹主义垄断的东西。所以左翼需要重新关注这些任何社会政治中所不可或缺的维度。

另一方面是要避免施密特的结论，即政治的党派性与民主政治不能兼容。施密特对于自由主义的批判走向了另一个极端，陷入了政治共同体的共同善与个人权利非此即彼的二元论的陷阱，似乎在共同体的价值与个人的权力保护两者之间不能共存。墨菲认为，政治的党派性特征需要受到自由主义理念的制约和驯化，关键在于如何将不同政治力量的冲突和斗争限制在一定的烈度范围之内，而非通向一种你死我活的敌我较量模式。这是墨菲竞争性民主理论所试图解答的主要命题，也是墨菲解释民粹主义与民主政治如何兼容的重要着力点。

## 三、拉克劳对民粹主义理性的分析

面对着21世纪初右翼民粹主义政党在西方国家的兴起，拉克劳转向了对于民粹主义的研究，并提出了如何打造一种理性民粹主义政治的分析。虽然拉克劳没有明确提出左翼民粹主义的概念，但鉴于其西方马克思主义者的身份，他被广泛认为是左翼民粹主义的代表人物，他对于民粹主义理性的分析也开始对于一些左翼学者和左翼政治家产生重要影响。尽管墨菲在最初并不认同拉克劳的相关论断，而是认为拉克劳对于理性民粹主义的论述过于乐观，但随着西方社会民粹主义浪潮的进一步兴起，她逐渐认识到拉克劳相关思想的理论价值。墨菲的民粹主义概念在很大

---

① ［英］尚塔尔·墨菲：《政治的回归》，王恒、臧佩洪译，江苏人民出版社2005年版，第149页，译文有改动。

程度上基于对拉克劳相关论述的发挥，她指出，“拉克劳发展了一种形式的民粹主义概念，可以作为分析民粹主义的最好出发点”①，这成为墨菲提出左翼民粹主义作为一种霸权策略的重要理论基础。墨菲将民粹主义理解为一种政治动员形式，一种能够建构主体身份的政治实践形式，而这种实践本身能够被左翼或右翼引导为不同的斗争方向。

拉克劳的民粹主义思想成熟于2005年出版的《论民粹主义理性》。拉克劳“所称的‘民粹主义理性’指的是建构‘人民’的逻辑”②，换句话说，拉克劳所要研究的问题是“人民”作为一个政治身份的建构过程中的理论逻辑，而“人民”被建构起来就意味着一场民粹主义运动的兴起。对于民粹主义的最基础定义就是高尚的劳动“人民”对于腐化的寄生“精英”的反抗，因而在有关民粹主义的理论纷争中，最重要的问题之一就是“人民”是谁。这也是对于民粹主义的不同认识和评价的主要来源，一种观点认为民粹主义运动中的人民是被少数野心家欺骗和煽动的乌合之众，另一种观点则认为人民是被动员起来反抗精英压迫及追求民主平等的力量。拉克劳对于民粹主义的解释也从这个问题着手，他认为上述关于“人民”的评价的两分法是一种理论陷阱，重要的不是去评价人民的革命性或反动性，而是去分析人民如何形成，人民为什么会形成，而人民被建构出来之后的政治价值和斗争方向本身是两可的，就看是进步力量还是反动力量能够有效引导人民去如何行动。

拉克劳认为，“政治实践并非是对于特定社会主体的内在本质的呈现，而是特定政治实践建构了社会主体”③，这意味着政治实践相对于主体具有某种本体论上的优先性，或者说某个群体(group)是政治实践所打造出的产物，因而实践相对而言就是比群体更为基础的分析对象。在这个意义上，不能从主体的性质或运动的意识形态来界定一场运动是民粹主义，而是要根据一种特殊的链接方式来定义。因而，对于民粹主义的界定和分析需要从分析那些政治实践着手，正是围绕着某些政治实践而在社会中形成人民与精英的分野与对抗，并形成民粹主义运动。这带来的

---

① Inigo Errejon, Chantal Mouffe, *Podemos: In the Name of the People*, Lawrence & Wishart, 2016, p.94.

② Ernesto Laclau, *On Populist Reason*, Verso, 2005, p.224.

③ Ernesto Laclau, Populism: what's in a name?, *Populism and the Mirror of Democracy*, ed by Francisco Panizza, Verso, 2005, p.33.

问题是特定政治实践又是源自什么，比政治实践更为基础的分析对象或分析单位又是什么？

拉克劳认为，“我们的指导线索是将‘需要’这个范畴作为社会纽带的打造中的基础形式”①，从“需要”(demand)到“人民”的生成的螺旋上升过程中体现出的逻辑，就是拉克劳所说的民粹主义理性。他将人民建构的过程中的这种逻辑分为三个步骤。

第一个步骤，由于既有体制难以满足人们的某些合理需要而在社会中激起广泛的不满和怨恨，从而使得人民与体制之间形成分野和对立。拉克劳对于主体的分析首先从主体的需要入手，这种需要主要体现为一种对象性的需要，而国家政权通常是人们寻求满足自身需要的对象。正如马克思所说，人是感性的、对象性的存在物，需要凭借现实的、感性的对象来表现自己的生命和存在，“他的欲望的对象是作为不依赖于他的对象而存在于他之外的；但是，这些对象是他的需要的对象，是表现和确证他的本质力量所不可缺少的、重要的对象。”②每个人都有各种各样物质的、精神的需要，而且他们正是在满足这些异质性需要的过程中体现出自己的独特个性。尽可能满足成员的合理需要是一个政治共同体得以维系自身的合法性的基本前提，这些需要包括诸如安全、健康、子女教育、物质供应、政治参与、社会公平等各个方面。在一个国家之内，如果既有的政府体制在满足公民需要的能力上出现短板，公民的合理需要越来越得不到满足，就会导致对于国家及其既得利益者产生不满和怨恨的个人或群体越来越多。这种怨恨和挫败情绪之间具有很强的传染性，这种情绪上的共鸣就使得社会中逐渐出现了越来越清晰的政治边界，在既有体制下感觉到被忽视和伤害的弱势群体(underdog)将国家的权力机构及其走狗视为压迫者，这样在弱势群体与统治阶级之间就出现了分野和对立，“民粹主义离不开在话语上打造出一个敌人：诸如旧政权、寡头阶层或建制等压迫力量”③，这种“我们”与“他们”的对立在最开始仍是心理上或话语上的，反映的更多的是平民对于体制的怨气和愤怒，它可以体现为各种朋友

---

① Ernesto Laclau, Populism: what's in a name?, *Populism and the Mirror of Democracy*, ed by Francisco Panizza, Verso, 2005, p.35.

② 《马克思恩格斯文集》第1卷，人民出版社2009年版，第209页。

③ Ernesto Laclau, Populism: What's in a Name?, *Populism and the Mirror of Democracy*, ed by Francisco Panizza, Verso, 2005, p.39.

间的抱怨、社交媒体上的怨言甚至是一些孤立个人实施的反体制抗争。

第二个步骤，这种心理上的不满情绪通过等同链条的打造而逐渐发展为一种现实中的政治团结和政治动员。随着这种对于精英或“体制”的社会怨恨心理和挫折感的蔓延，这种作为“受害者”的精神共鸣就使得人们逐渐团结起来，围绕着共同怨恨的对象而形成等同链条，“我们”在对“他们”的愤怒中开始形成并不断壮大，但这时候的“我们”仍然只是一个极其松散的联盟，等待着某些政治力量来组织和动员他们，如果当权政府不能通过满足人们的需要来化解这种社会不满情绪，而使得越来越多的民众有了反体制的想法或行动，在这种权力真空和政治诱惑下，各种国内外的政治势力开始纷纷登场，想要将这种在全社会蔓延的“心理力量”据为己有，这就形成一个不同的政治力量进行霸权斗争的领域，并形成各种小规模的抗争团体或组织。

第三个步骤，仅仅凭借着上述两个步骤还不足以形成一场真正的民粹主义运动，关键还是在于哪种力量或哪个政治人物能够将自己打造为“人民”的代表，从而尽可能将所有这些社会情绪和社会抗争团体组织起来，打造出一个具有战斗力和行动能力的强大的反体制运动。其中的难点在于，在一个治理相对有序的国家，只有中央政府才能够合法地代表全体人民，而不可能存在着另外一股能够代表人民的力量，否则后者就已经能够取代前者而攫取政治霸权。因而，在这种情况下，除了执政力量之外的任何既有的政治力量都具有局限性，有自己的特定的活动领域和政治诉求，这种特定的政治诉求与“人民”的诉求之间存在着张力，如何能够超越这种张力，使得自身成为“人民代表”，才意味着一场民粹主义运动的形成。拉克劳指出，以特殊代表普遍是民粹主义逻辑中的最关键一步，而如何以特殊来代表普遍也是所有民粹主义运动之中最值得分析之处。这就是拉克劳着重分析的“漂浮能指”(floating signifier)或“空的能指”(empty signifier)理论，即“运动中的一个特殊元素通过将自身表达为总体而赋予等同链条以一致性。这一元素就是我们所说的空的能指”①，即拉克劳所说的“人民”以某个能指来秀出自己(show itself)的过程，或者说各种反体制力量以这个能指来命名自身而建构相互之间的认同和团结，从而形成“人民”这个新的身份。

---

① Ernesto Laclau, Populism: What's in a Name?, *Populism and the Mirror of Democracy*, ed by Francisco Panizza, Verso, 2005, p.44.

拉克劳多次举波兰团结工会的例子来论证其所说的“民粹主义理性”，团结工会在最开始只是格但斯克造船厂的工人的小型组织，在抗议物价上涨和工资降低而形成的小规模工人占领工厂事件中形成，是基于特定的物质需要而形成的特定领域和地域的工会运动。在起始阶段，团结工会这个能指所指代的只有造船厂部分工人为了提高工资待遇而团结起来的组织。但由于波兰经济困难的不断加剧所导致的全国性的不满情绪不断高涨，在西方势力的推波助澜之下，对于波兰工人党的反抗运动开始在全国蔓延，而瓦文萨领导的团结工会基于各种内外偶然因素最终发展成为所有的反体制力量的代表，即团结工会这个能指本来是具有特定涵义的工会组织，但这个能指逐渐有了意义的剩余，成为一个能够指代其他群体或组织的漂浮能指，最终转变为一个能够替代所有的反抗力量的空的能指。在这个意义上，团结工会这个能指本来的内涵和诉求已经不重要了，它已经成为波兰体制的对立面的总的代表，其他人或团体成为团结工会的成员，并不是认同团结工会原本的狭隘内涵或诉求，而是围绕着反抗波兰工人党而建构起等同链条，团结工会成为这个等同链条“秀出自身”的空的能指。而在波兰剧变之后，由于波兰工人党这个斗争对象的瓦解，团结工会很快便失去了其代表总体的象征意义，在瓦文萨竞选总统大败之后，团结工会很快便势力瓦解并回到了其本来的地位，重新成为一个指代工会组织的特殊能指。

在某种意义上，拉克劳的民粹主义学说是早熟的，或者说是有先见之明的，除了在国外马克思主义学界引起了一定的反响，其影响力有限。随着民粹主义研究热潮的到来，拉克劳的民粹主义理论逐渐获得巨大的影响力，例如在《民粹主义：简要导论》(2017 年)中，穆德区分了民粹主义的五种重要解释路径，唯一以人名命名的路径是他所称的“拉克劳式路径”(the Laclauan approach)，穆德指出，在拉克劳和墨菲的民粹主义理论中，“民粹主义不仅被视为政治的本质，也被作为一种解放力量。”①可以说，拉克劳的民粹主义已经获得重要影响力，并被视为马克思主义解放学说的一种继承发展。拉克劳认为，传统上对于民粹主义的概念界定已经走进死胡同，因为他们往往根据谁是人民或者主体的本质出发，但人民主体的斗争方向和价值追求其实是等待被引导的，因而需要换一种相反的思

① Cas Mudde, Cristobal Kaltwasser, *Populism: A Very Short Introduction*, Oxford University Press, 2017, p.3.

路，人民是围绕着某些诉求而被建构出来的一种身份，可以成为左翼实现自身进步诉求的依靠力量。

拉克劳的民粹主义学说实际上是拉克劳、墨菲的后马克思主义霸权理论的发展。墨菲在对于拉克劳的民粹主义解释路径的接纳和发挥的基础上，提出了左翼民粹主义霸权策略，实际上意味着后马克思主义霸权理论的一次与时俱进的发展。墨菲后马克思主义霸权理论的民粹主义转向，既是基于对民粹主义时刻来临后西方社会经济政治变迁的思考，也是基于对其早年的后马克思主义理论的反思。

## 第三节　墨菲后马克思主义霸权理论的民粹主义转向

正如墨菲一再强调的，“后马克思主义的两个核心范畴是对抗（antagonism）和霸权”①，因而墨菲、拉克劳所提出的后马克思主义通常也被称为后马克思主义霸权理论。随着苏东剧变之后西方左翼政治的嬗变和衰退，特别是西方社会进入“民粹主义时刻”，墨菲后马克思主义面临着与时俱进的问题。既然民粹主义政治的崛起已经势不可挡，这股潮流到底是会引发威权统治还是推进民主的深化，取决于左翼和右翼如何介入和引导这些反新自由主义斗争。左翼必须勇于直面新的时代带来的挑战，采用一种新的霸权策略来建构左翼霸权。基于对其早期的后马克思主义霸权理论的批判性继承和发挥，在当下重新解释和发展“对抗”和“霸权”这两个核心范畴，墨菲提出了一种左翼民粹主义霸权策略，这种思想的演进在某种意义上也可以总结为墨菲后马克思主义霸权理论的民粹主义转向。

### 一、墨菲后马克思主义对霸权理论的阐释

在对左翼民粹主义霸权策略的阐释中，墨菲不断回顾其早期的后马克思主义霸权理论，并提出前者是在当下的民粹主义时刻背景下对于后者的批判性发展。在《以人民的名义》中，墨菲指出，后马克思主义立足于从后结构主义视角，理解和发展马克思主义的革命政治传统，或者说，“我

① Chantal Mouffe, *For a Left Populism*, Verso, 2018, p.88.

们立场的特殊性在于将后结构主义与葛兰西相结合”①，主要包括福柯、德里达、拉康等法国后结构主义者，而这些学者本身就与马克思主义解放哲学存在着剪不断理还乱的复杂学术关系，这些学者提出了一种将社会作为话语空间的模式来质疑本质主义，它延伸到政治理论中则是质疑天然的或先验的主体概念，其最终的理论依据则是追溯到精神分析对理性主体的质疑。因而后马克思主义霸权理论是后现代视角下葛兰西霸权理论的转型和复兴，从后现代主义的反本质主义路径出发，来消除葛兰西思想中的本质主义残余，即“一种阶级本质主义，认为政治身份认同来源于社会主体在生产关系中的特定地位，生产地位决定其主体意识”②，这并不是要否定阶级斗争话语本身的意义和价值，而是认为经济地位并不必然导致对于阶级身份的认同，而是需要外来力量的塑造，否则就容易形成一种认为工人会自动涌向革命斗争的等待主义。

墨菲、拉克劳的分析基于其话语政治理论。他们认为，人们通常将支配、从属、压迫等关系混为一谈，事实上并非如此。对主从关系的反抗并非这种主从关系本身的产物，处于从属地位的一方可能对于从属关系安之若素，例如直到今天大部分印度人对于不平等的种姓制度仍然逆来顺受，印度社会的普遍心理是将这种历史腐朽残余视为“正常”关系。因而，只有从属的一方开始将这种主从关系视为难以忍受的压迫关系之后，对抗才随之出现，即“我们需要区分‘从属’和‘压迫’，并且解释从属关系变成压迫性关系的具体条件”③。这需要一种外在力量及其新型话语模式的教育启发，使得他们逐渐认识到从属关系的不合理性并导向反抗，这种斗争才获得政治性并要求终结主从关系。例如在一个工厂中工人对于老板确实是从属关系或被支配关系，但工人不一定会将这种关系视为压迫关系从而起来反抗。以墨菲经常列举的女权主义的兴起为例，古代社会的“三从四德”伦理当然是男女之间的一种不平等的从属关系，但这不必然带来女性对于这种从属关系的不满和反抗，千百年来女性将这种从属关系视为天经地义甚至一种美德，而只有当男女平等这种新的观念和话

---

① Inigo Errejon, Chantal Mouffe, *Podemos: In the Name of the People*, Lawrence & Wishart, 2016, p.19.

② Ibid., p.16.

③ Ernesto Laclau, Chantal Mouffe, *Hegemony and Socialist Strategy—Towards a Radical Democratic Politics*, Verso, 2001, p.153.

语被新的政治力量广泛传播之后，女性才逐渐认识到这种从属关系的不合理，从而使得从属关系被意识到并被视为一种难以忍受的压迫关系。正是女权主义的觉醒才开始出现大量“娜拉出走”问题，继而通过集体行动来改变男女的不平等关系。

正如墨菲、拉克劳指出的，“本书是在话语结构内部的‘主体位置’的意义上来适用‘主体’概念”①，即个人因为接受某种话语模式而在其话语结构中找到了自己的主体位置，从而完成了主体身份的建构，而且这种身份是不固定的。例如资本家与工人这两种主体其实是来自于特定话语体系中的主体位置，工人和他的老板当然具有不平等的经济地位，但工人对老板的反抗意识建立于对某种话语结构的认同之上，他们受到这种话语结构的影响而确立了工人阶级和资本家阶级的对立的身份认同。但这种阶级身份认同的差异及其对抗关系并非绝对的，一个工人和他的老板可以同时作为民族成员的身份，在他们之间确立一种等同链条，在战场上出生入死相互扶持而反抗侵略者，这时候民族身份就压过了阶级身份。一个女工和她的女老板也可以因为对于性别平等话语的认同，而在反抗男权压迫中并肩战斗而结成友谊。同理而言，两个工人也可以因为不同的民族身份而在战场上你死我活，他们相互对于对方可以有一种“发自内心”的仇恨，尽管这种仇恨也来自对某种民族主义意识形态及其话语结构的认同，在这种话语结构中，他们两个的民族身份被塑造为一种敌对的状态。而这两个工人也可以因为对于生态主义话语的认同，而联合起来共同为人类的未来而斗争，这种斗争的对象可以指向资本家阶级，也可以指向其他对象，就看哪种意识形态或话语结构更能够让他们信服。这种通过话语政治来争夺群众的实践就是他们所说的霸权实践。

因而，霸权实践正是在上述身份塑造及其对抗关系中形成，作为一种政治实践的霸权斗争的前提是主体身份的不确定性，“霸权链接的两个条件是对抗力量的呈现及将他们区分的边界的不稳定性”②，在社会人群中存在着大量的流动分子(floating elements)，他们有可能被相反的阵营的话语模式所吸引，霸权实践正是在争夺这些流动分子的过程中体现，而霸权实践正是围绕着各种各样的对抗节点而展开。即霸权链接的前提是社

---

① Ernesto Laclau, Chantal Mouffe, *Hegemony and Socialist Strategy—Towards a Radical Democratic Politics*, Verso, 2001, p.115.

② Ibid., p.136.

会中身份的不确定性和开放性，正如一个背叛了自身的阶级出身而投入无产阶级革命斗争的贵族一样，他的身份认同发生了变化，重新建构了一种新的身份。在俄国革命中，农民阶级一度是沙皇政权的坚定拥护群体，1905 年革命中，正是由农民为主体的军队镇压了工人阶级的革命斗争，而 1917 年以农民为主体的军队对于沙皇政权的抛弃，成为二月革命得以成功的关键。对于从属地位安之若素而完全听命于地主老爷的农民，与不满地主压迫而起来抗争的农民邻居，他们的政治身份认同并不一样，并有可能在他们之间发生激烈的斗争。女权主义觉醒之后的女性与觉醒之前的女性，她们的政治身份认同其实也是不一样的。这些论述都反映了墨菲、拉克劳对于本质主义哲学的先验主体观的批判。

当然，墨菲、拉克劳基于话语政治理论的霸权学说并不是要否定辩证唯物主义，例如女权主义的兴起从根本上来说是现代化进程中女性经济地位上升的结果，但也不能否认女权主义话语政治在其中所起的作用，而且男性完全有可能在女权运动中扮演理论家或领导者角色。在这种话语政治理论之中，墨菲、拉克劳如何审视阶级斗争话语及其在历史上的作用，由于 19 世纪和 20 世纪上半叶的贫富悬殊的社会经济状况，为阶级斗争的话语准备了充分的条件，使得这一话语成为划分政治边界和实现大众政治动员的最有效话语，从而使得无产阶级革命成为推动人类社会进步的民主革命的重要载体。而随着西方社会福利国家制度的建成，在某种意义上建成了以中产阶级为主体的社会结构，传统的阶级斗争话语就难以适应新的政治形势，尽管仍然有诸如黑人、非法移民等社会边缘人数相对符合传统上的无产阶级形象，但这些边缘人群也很难成为阶级话语的有效依靠力量。在这种情况下，阶级斗争的话语仍然有一定的吸引力，但难以成为左翼实现政治动员的主要话语模式，20 世纪的工人运动必须改进其阶级斗争话语以纳入包括女权运动在内的新型对抗关系才能够成功，这种工人运动与新社会运动的链接本身是霸权斗争的领域。

简单来说，墨菲、拉克劳后马克思主义霸权理论可以从以下三个方面来理解和阐释。

首先“是什么”，墨菲与拉克劳将后马克思主义霸权理论界定为对马克思主义的继承和发展。一方面，他们认为后马克思主义并非是反马克思主义，而是基于对马克思主义霸权理论谱系的梳理和发展，并通过理论发展来继承和发扬马克思主义的解放精神，他们指出，相对于对马克思主义的教条式看法,“我们的路径是寻求恢复马克思主义文本的多样性,掌握那些存在异质性和张力的话语体系的内在连贯结构及其理论财富,确保马克思主义作为一种政治分析的理论话语而幸存”①。另一方面,后马克思主义所坚持的反本质主义哲学,是试图在西方社会经济社会格局转变之后,重新确定阶级话语的价值及社会主义的新策略,从而在福利国家制度建成后构建或巩固左翼霸权。

其次“为什么”,墨菲和拉克劳提出后马克思主义的时代背景及其目标是,在福利国家制度基本建成背景之下,西方国家阶级斗争话语的衰落及新社会运动的兴起,西方左翼如果固守原来的政治话语和政治策略,就有可能在与右翼力量的竞争中落败,因而需要一种新的政治策略来建构或巩固左翼霸权。而传统的左翼理论家不是基于新的社会实践来与时俱进并填补理论空白,而是忽略时代条件的演进而顽固坚守自身的理论话语,在这种情况下,“当下社会斗争的丰富性和多样性已经导致了理论的危机,后马克思主义理论的话语的提出正是试图填平革命理论与政治实践之间越来越大的落差”。②

最后“怎么办”,后马克思主义霸权理论的主要内容及核心方案是什么。霸权概念是对历史发展的必然性与偶然性之间关系的反思产物,“霸权概念出场的语境有断层的存在,是有裂缝需要填补,有偶然性需要被克服。霸权不是宏伟的同一性的打开,而是对于危机的回应”。③关于人类的主体性力量在历史的进展中的作用的分析本来是马克思主义的重要方面,这一理论领域在十月革命胜利之后需要做出更深入的阐释,列宁及布尔什维克的革命主动性在俄国革命的深入推进中发挥了巨大作用,葛兰西等西方马克思主义则进一步认识到这一点,并提出了更为系统的霸权理论。后马克思主义霸权理论正是对于葛兰西文化霸权理论的发展,通过赋予对抗以本体论地位来反对社会缝合的可能性和霸权的永远在场,“所有社会秩序都是暂时和不稳定的偶然性实践的链接,在特定时刻被视为自然秩序及常识的东西都是沉积性霸权实践的结果,当下的霸权秩序都能被旨在于建构另一种霸权形式的反霸权实践所改变,而非作为其存

---

① Ernesto Laclau, Chantal Mouffe, *Hegemony and Socialist Strategy—Towards a Radical Democratic Politics*, Verso, 2001, p.4.

② Ibid., p.2.

③ Ibid., p.7.

在基础的更深层的外在客观性的呈现。"①因而,通过链接各种的政治力量,左翼能够建构新的霸权并为追求平等和自由的激进民主方案服务。

墨菲和拉克劳的民粹主义理论也基于上述话语政治理论,出于对某种民粹主义话语模式的接受,社会中不满的人将自己认同为受到精英集团压迫的"人民"这一主体身份,这些人的职业或身份可能是老师、工人、服务员、非法移民、农民、退伍军人、学生等,以"人民"的共同身份而形成具有行动能力的集体主体,从而开启了一场民粹主义运动。当然,墨菲的后马克思主义霸权理论的民粹主义转向也不是瞬时就完成的,从后马克思主义霸权理论到左翼民粹主义策略,墨菲对于民粹主义的看法也在不断变化,有一个从怀疑到接纳的过程,而这一过程也与西方民粹主义政治的发展演变过程密切相关。

## 二、墨菲对民粹主义从质疑到肯定的转变

在《霸权与社会主义策略》中,墨菲和拉克劳对于民粹主义政治的评价并不高,他们对这一政治动员模式也并不赞同。拉克劳在21世纪初基于对阿根廷左翼民粹主义的反思而推出了《民粹主义理性》后,墨菲一开始并没有认同拉克劳的主张,而是认为基于拉丁美洲的政治经验并不适用于欧美政治,尽管她也开始有限地谈论民粹主义,但主要局限在批判欧洲排外主义的右翼民粹主义的主题。随着2008年全球金融危机后欧美左翼民粹主义运动的兴起,墨菲观察到左翼与民粹主义政治话语在实践中的联合,从而开始改变对民粹主义的消极态度,而开始思考如何积极引导民粹主义为左翼的进步议程服务。

可以说,墨菲对于民粹主义的态度经历了从怀疑到逐渐接纳的过程,这一转变过程可以分为以下几个阶段。

第一个阶段是墨菲对民粹主义政治的质疑及轻蔑时期。

墨菲认为西方社会已经基本上超越了民粹主义的阶段。民粹主义需要在人民与精英之间划出界线,在各种观念和利益之间存在差异的人之间建立等同链条,这种等同链条的首要条件是面对一个相同的敌人,对后者的不满和抗争是各种异质主体之间能够结成集体意志的关键。通过从话语上将社会区分为弱势群体与当权精英两大对立阵营,将当权的统治

① Inigo Errejon, Chantal Mouffe, *Podemos*: *In the Name of the People*, Lawrence & Wishart, 2016, p.19.

阶级指认为“人民”的共同敌人，是建构“人民”的基本步骤。但随着西方民主制度的成熟，资本主义社会中的统治阶层越来越隐身，西方社会中这个共同的敌人已经不可能被指认。

墨菲、拉克劳认为，西方现代政治以 1848 年欧洲大革命为分界点。前一阶段也就是资产阶级革命时期，即托克维尔分析的“旧制度与大革命”时期，由于受压迫的中下层阶级与封建贵族的政治对抗边界清晰存在，受压迫阶层很容易因为对当权阶级的反抗而结合为“人民”，他们将这一阶段称为“大众斗争”(popular struggle)的阶段，“1848 年欧洲大革命仍体现为人民与旧制度的两极对立，这是社会二元对抗以如此清晰边界而呈现的最后一次。”①而在 1848 年之后，由于西方国家民主革命的深入推进，资产阶级越来越借助于民主政治来确立自身统治的合法性，加上资产阶级更为重视社会保障体系的建设，并且通过民族主义意识形态的塑造来强化国家认同，社会观念和利益更为复杂和多元。随着各种对抗点关系的增值，传统的阶级对立的关系成为所有的对抗关系中的一种，即使是在工人政党最为成熟和稳固的德国，社会民主党在政党政治中也远不是压倒性的力量。社会更难以围绕着单个中心而建立起等同链条，在“人民”与当权精英之间的对立边界越来越模糊，大众斗争被民主斗争(democratic struggle)所替代。最终，社会的多元性和观念的分散在福利国家制度中达到顶峰。正是基于这种情况他们提出了以激进多元民主目标来整合各种左翼力量，不同的群体围绕着作为共同奋斗目标的激进多元民主而团结起来。

如果说当下世界上还存在着“人民”与“统治阶级”的清晰二元对立，那也只能存在于第三世界国家，在那里政治空间从一开始就表现为两个阵营的对立，各种社会斗争都很容易带上民粹主义的特征，运动的成员能够将既有的建制派当做斗争目标而团结起来，斗争的结果则是人民的建构，“与发达工业社会相反，第三世界国家由于帝国主义剥削及野蛮而中心化的支配形式，从一开始就赋予大众斗争以一个单一和清晰的敌人”②，第三世界的政治仍然停留于西方国家 19 世纪的阶段。可见，墨菲、拉克劳在 20 世纪 80 年代对于西方社会的未来进步是充满信心的，他

① Ernesto Laclau, Chantal Mouffe, *Hegemony and Socialist Strategy—Towards a Radical Democratic Politics*, Verso, 2001, p.151.

② Ibid., p.131.

们在某种意义上染上了进步主义的色彩，认为西方国家只会在福利制度不断完善的基础上而走向更为自由和平等的社会，西方的“成熟”的民主体制没有产生民粹主义政治的土壤。正是新自由主义霸权及其引发的福利国家制度的衰退打破了他们的盲目乐观心态，从而意识到西方社会并不能够对民粹主义政治免疫。

第二个阶段墨菲开始正视民粹主义政治的威力和风险。

随着西方右翼民粹主义政治的兴起，墨菲开始认识到西方民粹主义的巨大能量，并将右翼民粹主义视为左翼政治的重要威胁，但仍然对于左翼政治与民粹主义话语的结合表示怀疑。苏东剧变之后，墨菲对于新自由主义霸权所笼罩的西方社会感到担忧。在经济上，是福利国家制度开始受到质疑；在政治上，是自由民主走向保守和自满，自认为所有群体利益已经在既有的民主制度中得到表达和反馈，导致一些边缘性群体的诉求开始受到忽视。在这种情况下，作为民主政治投影的民粹主义就开始抬头。正如墨菲指出的，今天，“自由民主日益与‘实际存在着的自由民主的资本主义’相同一的时候……就会出现这样的危险，被排斥在外的可能加入原教旨主义运动，或者被吸引到反自由的、民粹主义的民主形式中去。”①

与此同时，左翼政治也进一步衰退和僵化。墨菲指出，在 1985 年我们所面对的是社会民主主义的霸权秩序，后马克思主义的目标是链接新社会运动中的多元诉求，完善福利国家制度并在此基础上追求一种将平等进一步延伸至各种社会关系的激进民主。当前的局势是以中左翼自居的社会民主主义向新自由主义霸权屈服，在除了自由资本主义之外别无选择的历史终结气氛中，任何反抗力量都被主流意识形态视为非理性的力量，“因此毫不奇怪的是右翼民粹主义政党在一些国家中不断攻城略地，因为他们是谴责‘中间共识’并试图占领被左翼所遗弃的阵地的唯一力量”②，从而得到很多对社会民主党感到失望的劳工阶级的拥护。因此，人民的不满和反抗以排外的右翼民粹主义的形式表现出来。在此情况下，后马克思主义霸权理论开始面临着某种困难，墨菲理论构思的目标被迫从激进民主倒退到重建或复兴民主，保卫社会民主主义的既有制度

① ［英］尚塔尔·墨菲：《政治的回归》，王恒、臧佩洪译，江苏人民出版社 2005 年版，第 8 页。

② Chantal Mouffe, *The Democratic Paradox*, Verso, 2000, p.7.

成果。

墨菲观察到右翼民粹主义崛起的风险，并对于左翼政治忽略这一风险提出了警告。这种对于民粹主义的复杂心态，也体现在对拉克劳的民粹主义思想的态度上，她最初对拉克劳的民粹主义学说并不认同。墨菲和拉克劳几乎同时间开始阐述民粹主义问题，相对于拉克劳对民粹主义理性的论述，墨菲的关注点则是讨论右翼民粹主义的非理性。即便在2011年被问到其竞争性多元民主理论与拉克劳民粹主义理论是否能够兼容时，墨菲的态度仍然没有什么变化，墨菲指出，如果将民粹主义理解为对人民的建构，那么她与拉克劳在这一理论问题上没有什么分歧，"我和拉克劳在这个问题上的差异体现在是应用上而非理论上"①，这种民粹主义路径在拉丁美洲体现得很充分，而在西欧则不尽然。墨菲仍然认为左翼民粹主义政治并不适用于西方社会。随着2008年全球金融危机后西方左翼民粹主义运动的兴起，墨菲的态度开始逐渐改变。

第三个阶段墨菲逐渐认识到左翼力量有可能引导民粹主义政治为自身进步议程服务。

通过观察和分析一些西方左翼民粹主义思潮和运动的崛起，与一些左翼民粹主义运动的领导人的对话，墨菲开始承认左翼政治与民粹主义话语链接的可能性，并开始在一些访谈和文章中提出左翼与民粹主义结合的问题。2010年后以反对新自由主义霸权为目的的各种"占领运动"蔓延全球，这些反建制社会运动被归类为左翼民粹主义运动，以街头抗议活动和大众论坛为主要形式，并没有组成强有力的组织来将斗争制度化。哈特、奈格里、齐泽克等西方马克思主义者对这场运动表示高度赞同，甚至把它们视为共产主义的复兴。但热闹了一段时间之后，这种表演性的左翼抗议运动很快归于沉寂。墨菲认为这种不以直接影响政府决策为特点的排斥制度化的斗争是无效的。到了2013年前后，从西班牙愤怒者运动中崛起的西班牙左翼政党"pedomos"（中文意为"我们能"），很快便在西班牙议会选举中崛起并成为议会第三大党，这个党因为高扬群众，批判腐化精英，同时采用一些爱国主义的口号和价值观，被认为带有民粹主义性质，西班牙"我们能"党的崛起被认为是西班牙右翼民粹主义政党影响

① Thomas Decreus and Matthias Lievens, "Hegemony and the Radicalization of Democracy. An Interview with Chantal Mouffe", *Tijdschrift voor Filosofie* 73.4 (2011), p.681.

力较小的主要原因。类似的迅速崛起的左翼民粹主义党还包括意大利的五星运动、希腊的激进左翼联盟等。这些左翼民粹主义运动的政治实践给予墨菲的理论创作以很大的启发。

## 三、墨菲左翼民粹主义霸权策略的提出及其内涵

基于对西方国家左翼民粹主义运动的观察，墨菲在2013年前后提出了左翼与民粹主义链接的号召，“左翼大众运动的目标是唤起政治激情来建构‘人民’，为的是形成一种进步的‘集体意志’。”①尽管传统西方左翼力量对于“人民”保持警惕，总是倾向于将“人民”视为高风险的乌合之众，但墨菲观察到西方民粹主义运动给新自由主义霸权带来的挑战，并认为人民的动员是冲击和瓦解既有新自由主义霸权的重要依靠力量，完全有可能被动员起来为左翼平等议程服务。墨菲将左翼的斗争目标界定为维系新自由主义霸权的各种权力结构，并以此来审视民粹主义政治的解放潜力，经过几年的反复观察和思考，墨菲最终提出了比较成熟的左翼民粹主义霸权策略，这一思想在2015年的《以人民的名义》中得到比较充分的阐述，并最终在2018年的《为左翼民粹主义而作》中形成较为完整和系统的论述。

在《为左翼民粹主义而作》中，墨菲对于其左翼民粹主义策略的内涵做出界定，“左翼民粹主义策略旨在将各种民主需求结合为一个集体意志，通过指认寡头政治这一共同政治对手而建构‘我们-人民’”②，因而关键是在于如何在高度异质性的不满群体之中建立等同链条，目标则是通过建构左翼霸权来推进激进民主的深化。在这个意义上，作为墨菲论敌的齐泽克所给出的定义在某种意义上更能够概括墨菲的论点，齐泽克将墨菲的左翼民粹主义界定为，“在保留民粹主义的基本配套内容（以‘我们反对他们’，以‘人民’反对腐败精英的抗辩式逻辑）的同时，它还会填充以左翼的内涵：‘他们’不是贫困的避难者或移民，而是金融资本、技术统治的国家官僚等等”③，即通过一种民粹主义话语策略尽可能地团结民众，为左翼反抗新自由主义霸权而斗争。

---

① Chantal Mouffe, *Agonistic: Thinking the World Politically*, Verso, 2013, p.123.

② Chantal Mouffe, *For a Left Populism*, Verso, 2018, p.24.

③ ［斯］斯拉沃热·齐泽克：《民粹主义的诱惑》，载［德］海因里希·盖瑟尔伯格编：《我们时代的精神状况》，孙柏等译，上海人民出版社2018年版，第295页。

墨菲左翼民粹主义策略的重要障碍是民粹主义概念的严重污名化。在这种情况下，墨菲解释了她为什么要倡导一种左翼民粹主义策略。这一术语的使用受到两个方面的质疑，一些人质疑民粹主义这一术语，包括在《人民的名义》中墨菲的对话者伊尼戈·埃雷洪，认为这一术语在欧洲被严重妖魔化，因而左翼与民粹主义的链接“可做而不可说”；另一些人则质疑左翼这一术语，认为左翼这一概念近些年的名誉已经被败坏，“随着通常被等同于左翼的社会民主党向新自由主义转变，左翼这个能指已经信誉破产而失去了所有进步内涵”①，因而他们提出应该采用诸如人道民粹主义（humanist populism）、进步民粹主义（progressive populism）、民主民粹主义（democratic populism）等术语。墨菲分别对于这两种质疑做出了回应和自我辩护。

一方面是关于民粹主义术语的妖魔化问题。

民粹主义概念的泛化和模糊，导致这个概念常常成为被用于贬低或谴责竞争对手的词汇。这使得民粹主义时代的政治表现出某种自我矛盾的特征，由于民粹主义越来越成为贬低和攻击对手的政治话术，这个政治术语在某种程度上成了集人类社会所有黑暗面于一身的政治恶魔。另一方面，由于民粹主义术语的流行及其承载的内涵越来越多，参与政治角逐的各种政治势力互相指责对方是民粹主义，又带来了民粹主义术语的去妖魔化，开始有一些政治力量不再忌讳民粹主义者的贬称。民粹主义的重要特征之一是用道德化的术语贬低对手从而抬高自身，因而站在道德高位贬低对手是民粹主义的人也走向极端，“当权派倾向于将任何对现状的质疑歪曲为‘动乱’或‘极化’而不予理会”②，其实也不可避免地带有民粹主义特征。民粹主义逐渐从一个极其贬义的边缘性攻击词汇转变为一个中性的被广泛使用的描述性词汇，从一种体现为煽动性、非理性和专制性的政治力量，转而有可能被视为一种任何力量都有可能采取的政治动员模式③。

---

① Chantal Mouffe, *For a Left Populism*, Verso, 2018, pp.82—83.

② Inigo Errejon, Chantal Mouffe, *Podemos: In the Name of the People*, Lawrence & Wishart, 2016, p.117.

③ 也许我们可以用一个形象点的比喻来解释民粹主义政治的中性化：就像那些在墙上写上“严禁乱涂乱画”来指责他人的人，其实也不自知地同时指责自身，有可能到最后由于乱涂乱画的人层出不穷，大家开始将墙上涂鸦当做一种绘画艺术。正如越来越多的人开始将民粹主义视为一种政治风格和政治动员模式。

因此，早在西方右翼民粹主义开始兴起的十几年前，已有部分学者提出了民粹主义概念去妖魔化的命题，包括拉克劳提出的“民粹主义理性”，穆德所说的“作为时代精神的民粹主义”等，只是墨菲的介入使得这种倾向开始产生巨大的理论和现实影响力。尽管墨菲没有选择诸如民主民粹主义等术语，但可以认为墨菲的左翼民粹主义是想要引导一种以自由、民主和进步为指向的民粹主义政治。面对着新自由主义霸权之下弱势群体与金融寡头之间对立和矛盾的深化，对于资本及其所控制的政治体系的不满和反抗越来越成为西方政治的主流，而且随着阶级斗争等传统话语模式的衰落，民粹主义话语越来越成为能够链接各种抗争力量的动员模式，左翼民粹主义策略正是试图积极介入和引导这种政治局势。

西方左翼民粹主义运动的兴起在一定程度上也遵从上述逻辑，在与西班牙“我们能”党的对话中，墨菲和埃雷洪分析了他们转向民粹主义的原因。对于欧洲的左翼而言，民粹主义长期以来都是一个相当负面和贬义的称谓，他们希望复兴民主的内涵，却屡屡被打上民粹主义的标签。随着越来越多左翼和右翼的不满政治力量被批判为民粹主义，相伴随而来的其实是民粹主义这个术语的中性化，民粹主义逐渐从一个批判性词汇慢慢地转变为一个描述性词汇。正如历史上民主这个概念曾经发生的转变，在19世纪，在主流政治看来，民主概念几乎就等同于暴民政治概念。而随着西方社会的危机加深，民粹主义力量诉求的合理性也原来越受到社会的关注和承认。

另一方面是关于左翼概念在今天的政治竞争中的有效性问题。

鉴于20世纪90年代以来左翼所盛行的“超越左与右”的话语，传统的左翼与右翼的区分在一定程度上已经失去其在过去代表的鲜明内涵，因此，“当下的问题在于去判断，我们是重新激活这一概念区分还是应该彻底抛弃而建构一种新的政治边界”。①在这一问题上，墨菲的对话者埃雷洪认为左翼与右翼的区分并不必然需要坚守，他认为这一区分至少在西班牙的政治光谱中已经失去了意义，而在整个西方政治思潮的层面，左与右的区分已经成为当权精英阶层排斥质疑声音的概念工具，后者实际上在坚持一种中间共识的基础上，“将左与右的区分定义为中左翼与中右

① Inigo Errejon, Chantal Mouffe, *Podemos: In the Name of the People*, Lawrence & Wishart, 2016, p.122.

翼的对峙,从而将任何敢于质疑这种中间共识的声音或势力贬称为极端左翼或极端右翼。"①如果再坚守传统的左与右的区分就会陷入当权者的预设话语陷阱,因而需要采用一种新的抗争话语体系来做出突破,这样就能够将当权精英拉出其理论舒适区,通过创建一个新的话语竞争领域来打破精英阶层的话语优势,尤其是考虑到他们掌握了媒体和其他各种话语资源。而墨菲则认为应该在继续坚守这一概念区分的同时赋予其以新的内涵,"尽管有关于'左'和'右'的区分已经过时的诸多声音,但在西欧社会中'左'和'右'的指称仍然构成政治话语中关键的象征性标识,我认为抛弃它们是不明智的"②,而且也不太可能重新创造出一种新的话语体系来取代之。

因而墨菲认为,尽管传统的左与右概念的区分在面对当下的社会问题时确实是不够的,但随着右翼的独大和社会的两极化,其实左与右的对立和纷争更适应这个时代,"当前的任务是如何赋予它们更多的内容,从而使得这一对范畴能够重新唤起政治激情而为民主斗争服务。"③例如面对新冠疫情导致的危机,社会主义的原则就需要被重新唤起,它本来就意味着一种社会(合作)的原则来替代自私自利的原则,这种将左翼价值与社会原则挂钩,而对立于右翼价值观相匹配的个人主义原则,就赋予了左与右区分的新的内容,有助于唤醒政治行动的动力,为推动在防疫行动中的团结和集体认同而服务。这对于受到新冠疫情所严重困扰的西方正当其时,这也是墨菲在最近的重要理论方向,她连续撰写了《新冠疫情之后的政治走向》《后疫情时代的左翼民粹主义策略》等文章,其中也涉及如何赋予左翼与右翼的政治区分以新的时代内涵。

因此,墨菲强调"左翼这个能指仍然是象征着平等和正义理念的最重要术语"④。马克思曾经指出,无产阶级是市民社会(等同于资产阶级社会)的非市民阶级,这种被社会所抛弃的状态使得他们成为资产阶级社会的对立面,需要无产阶级通过消灭资产阶级社会来实现自身的解放。如果说工人阶级或无产阶级一度是受压迫者的自我认知,"人民"与精英的对立则越来越被弱势群体作为划分社会对立结构的新的话语模式。正是

---

① Inigo Errejon, Chantal Mouffe, *Podemos: In the Name of the People*, Lawrence & Wishart, 2016, p.121.

②④ Chantal Mouffe, *For a Left Populism*, Verso, 2018, p.84.

③ Chantal Mouffe, *The Democratic Paradox*, Verso, 2000, p.127.

在这种认知之下，墨菲后马克思主义霸权理论做出了民粹主义转向，因为左翼民粹主义是“当前形势下为恢复和深化构成民主政治要件的平等和人民主权理念的一种合乎需要的策略”①。

① Chantal Mouffe, *For a Left Populism*, Verso, 2018, p.9.

# 第二章

# 墨菲论左翼政治与民粹主义话语间的调和

民粹主义势力已经成为一种举足轻重的政治力量，如果任由极右翼势力及其排外话语主导民粹主义，很容易导致一种危险的局面。因而，墨菲提出左翼要勇敢地介入并引领这一政治势力。不过，作为西方马克思主义的重要代表人物，墨菲左翼民粹主义策略的重要障碍或顾虑在于，传统左翼政治、左翼价值与民粹主义政治话语之间存在张力。梳理和分析左翼政治价值与民粹主义话语之间的张力及其调和，成为墨菲的重要理论难题，也是墨菲左翼民粹主义策略必须解释的问题。墨菲认为，这种张力并不意味着某种不可跨越的障碍，民粹主义政治的走向并非是有某种背后的力量或规律在支配，对于民粹主义力量的引导本身就是霸权实践能够起作用的领域。

墨菲的上述判断也是基于对学界所普遍存在的民粹主义偏见的反思，他们将民粹主义界定为邪恶势力，拒绝正视民粹主义诉求的任何合理性。墨菲指出，"后政治现状的捍卫者们坚称除了新自由主义全球化之外别无选择，并将所有那些试图挑战这一主张的势力贬称为民粹主义者"①，并将那些反抗运动都打上反民主、非理性的、极端民族民粹主义等标签，对于民粹主义概念的这种妖魔化滥用，成为新自由主义寡头捍卫自身统治合法性的重要话术，这在欧洲政治论辩中尤其突出。因而，如何在理解的基础上化解民粹主义政治的潜在风险，就成为左翼与民粹主义相链接的基础。墨菲大致从三个方面来阐释左翼价值与民粹主义政治之间的张力，她通过对于理性与非理性、民主与民粹、民族性与人民性三个方面的辩证分析，论证左翼价值与民粹主义政治之间如何实现调和。

---

① Chantal Mouffe, *For a Left Populism*, Verso, 2018, p.82.

# 第一节　理性与非理性：墨菲分析左翼如何打造理性民粹主义

民粹主义思潮的兴衰是社会总体发展状况的晴雨表，因为民粹主义的兴起很大程度上源于社会中普遍弥散的焦虑和恐惧情绪，既包括对经济困境和阶层下滑而担忧的经济民粹主义，也包括对文化主体性丧失而恐惧的文化民粹主义，承认民粹主义兴起背后的这些普遍性社会诉求是一个客观研究者的基本要求。同时，民粹主义政治是一种高度依赖道德化话语和情感共鸣的群体认同政治，这就使得民粹主义政治带有某种令人担忧的非理性倾向，而这种非理性倾向也容易被野心家所利用。因而，如何解释并化解民粹主义的非理性倾向，就成为墨菲左翼民粹主义策略需要回答的难题。大体上来说，墨菲反对的是一种"将孩子与洗澡水一起倒掉"的简单处理方式，墨菲并不将上述政治风险作为民粹主义政治的特有属性，而是认为这一风险是所有大众政治运动或多或少的风险。而主流学界对于上述问题的解释，对于民粹主义政治的非理性的刻画，并不只是针对民粹主义本身，而更多的是一种排斥和厌倦所有大众政治和群众运动的表现，这其实反映了西方社会的一种反思精神和解放精神的衰败。基于对马克思主义"改变世界"精神的继承，墨菲强调左翼需要正视民粹主义运动背后的社会问题，勇于将群众运动驯化为社会进步的动力，并引导和塑造一种理性的左翼民粹主义运动。

## 一、对民粹主义非理性特征的主流解释及误区

墨菲认为，如果说民粹主义概念在美国相对来说还有可能被赋予正面含义，这一概念在欧洲则被严重污名化，欧洲政党在政治斗争中习惯于用特定术语来贬低和否定竞争对手，诸如种族主义、新纳粹等等，利用民粹主义概念来污名化对手无非是这一政治斗争传统的最新表现。通过以一种道德批判取代政治分析，直接取消了对手存在的合法性，从而避免讨论政治对手的任何诉求的合理性，因而在对于民粹主义的批判和质疑中往往集中于其非理性倾向，从而将民粹主义视为理性社会的重大威胁。同时，西方主流学界也喜欢将非理性心理解释为民粹主义兴起的主要原因，他们立足于一种理性主义方法论，通过将民粹主义者贴上非理性的标

签而将其视为一种反常的或异化的政治，这种解释路径在很大程度上也是自由资本主义塑造自身合理性的重要手法。

“苏东社会主义的崩溃是否就像福山所说的那样，意味着历史的终结，或者标志着民主规划的一个新时代的到来？”①墨菲强调，资本主义自由民主的意外胜利反而导致了西方各种社会矛盾和问题的遮蔽，被这种胜利氛围所暂时压制的社会不满很快便爆发出来，而在新世纪之交极右翼在西欧诸国的兴起只是这种不满情绪最初的体现。这对于仍然沉浸在西方价值观大获全胜的心理状态下的自由主义理论家颇为尴尬和棘手，按照他们的设想，当代的政治竞争应该体现为非党派个人“在不同政党的政策中进行理性的‘挑’与‘选’”②，而民粹主义则质疑及要求超越既有的“主流”政党，这种反建制精英的民粹主义思潮必然是一种“非理性”的体现，如何对这种反常政治现象的起源做出合乎政治正确的解释就成为学术界的难题。

墨菲认为，学界对此提出了两种相互补充的解释，一种是“把这种现象归因为历史返祖尚未被克服的社会环境”③，以此来解释诸如奥地利和东欧部分国家的右翼民粹主义崛起，主要源自这些国家历史上的法西斯主义残余没有得到有效的清洗，这种非理性政治传统得以保留下来，导致一些煽动家成功使得“历史残余”得以复活，但这种解释显然不足以解释西欧的某些民粹主义现象；另一种补充性的解释就生成了，通过对涌向民粹政党的选民进行“精神分析”，认为这些人由于受教育水平、理性程度等而特别容易受到煽动蛊惑，民粹主义者成功地在这些非理性的边缘人群中确立了支配地位。墨菲认为后一种解释也是牵强和徒劳的，它并不是基于一种统计学上的调查数据，而是将其中个别受教育程度低下的案例置于聚光灯下，从而营造了一种民粹主义者都是非理性的边缘群体的形象，事实上对于学历等社会学调查并不支持这种想当然的解释。

这种理论困境也成为左翼思想界的普遍困扰。墨菲认为，鉴于大量工人阶级被右翼民粹主义政党吸引，如何解释这一令传统左翼难堪的现

---

① [英]尚塔尔·墨菲：《政治的回归》，王恒、臧佩洪译，江苏人民出版社2005年版，第157页。

② 同上书，第53—54页。

③ [英]尚塔尔·墨菲：《论政治的本性》，周凡译，江苏人民出版社2016年版，第54页。

象就成为左翼政党的需要，因而这种对于民粹主义的非理性倾向的刻画在社会民主党为代表的西方中左翼（centre-left）中更为明显。对于他们来说，将民粹主义政党归类为‘极右’或‘新法西斯’，并将其各种诉求归因于这个群体因为普遍缺乏教育而理性欠缺，这是一种特别方便的政治话术。将那些被右翼民粹主义所吸引的弱势群体描述为极端的非理性分子，从而排除在理性的工人阶级群体之外，就成为左翼推卸自身政治责任的简易操作，“通过划定‘道德’边界而将‘极端分子’排除在民主辩论之外，‘好的民主党人’相信他们可以阻止‘非理性’激情的崛起。”①因此，将民粹主义者宣扬为“非理性”情感的俘虏，甚至将他们视为精神病理学上的需要被治疗的群体，成为左翼政党捍卫自身所处的“道德高地”的宣传手段。

“主流”政党对于民粹主义的非理性形象的刻画及概念的污名化滥用，导致民粹主义成为进一步排斥没有话语权的边缘力量的概念工具，号称对民粹主义持高度警惕的主流政治也越来越带有某些非理性风格或特征。这种政治悖论的形成基于以下逻辑，民粹主义概念本身极其难以捉摸或准确定义，不同的政治势力对其的界定差别很大，从而将越来越多的负面或消极含义注入这个概念。某种意义上，民粹主义已经成为暴民政治的同义词，对于民粹主义的批判与19世纪将民主政治等同于非理性暴民政治的批判风格越来越接近。在这个意义上，将民粹主义概念泛化就蕴含着越来越大的潜在风险。民粹主义越来越成为将与自身立场或观念不同的竞争对手贴上邪恶标签的方便工具，从而使得政治竞争从一种理性协商走向恶性斗争。

这种滥用非理性范畴而将竞争对手污名化的政治格局也引起其他学者的担心，正如皮埃尔-安德烈·塔吉耶夫（Pierre-André Taguieff）指出的，特别是在20世纪90年代之后，民粹主义逐渐成为西方社会中理论争辩和政治斗争的概念工具，“它成为污名化（stigmatize）论辩对手的术语，用于指代当代（自己不喜欢）的一大堆现象，提示这些现象所具有的令人担忧的特质，意在质疑其存在的合理性”②，他进而得出结论，学术界的泛化批判导致一个悖论，民粹主义势力变得越来越强大，甚至使得民粹主义

① Chantal Mouffe, *For a Left Populism*, Verso, 2018, p.22.

② Pierre-André Taguieff, Political Science Confronts Populism: From a Conceptual Mirage to a Real Problem, *Telos*, 1995, Vol.103, p.20.

从一个虚幻的概念变成了真正的问题。这其实也就意味着民粹主义是被僵化保守的当权精英所召唤出来的反对力量。在这个意义上，论辩双方也越来越走向相互敌视的两个极端，民粹主义的非理性在浓厚道德化的政治斗争中不断升级。

而学术界的研究倾向也助长了这种偏见，墨菲认为，与上述政治氛围相对应的是一种不良的学术研究氛围。尽管部分研究者试图做出相对客观中立的分析，但由于主流舆论对民粹主义的污名化，大多数研究者并不愿意将民粹主义政治作为一个中立的研究对象，而是将民粹主义者当做需要被揭露或拯救的病理学对象，在这种情况下，似乎只需要通过从他们的家庭挫败经历、受教育情况、社会融入障碍等个人病理因素做出研究，就可以对于民粹主义者的非理性怨恨情绪做出“合理”的解释。这一研究倾向也被部分研究者所指出，正如穆德在2017年指出的，“尽管对民粹主义的争论相当火热，奇怪的是几乎没有任何权威理论试图解释民粹主义势力的兴衰成败”①，既有的研究主要将原因的分析简单集中于民粹主义领袖，认为大众运动往往有逐渐走向激进的倾向，理性的声音容易受到掩盖和排斥，崛起的往往是更加激进更加暴力的主张，而这种社会情绪被野心家所利用和操纵，所谓的人民的呼声往往反映的是野心家的想法，而他们的意见很容易被非理性操纵的群体所接受。

这种研究倾向在分析特朗普主义的兴起过程中表现得特别明显，如何解释特朗普主义与美国的自由民主模式之间的张力，成为西方自由主义学者这几年的重大理论难题。将原因归结为邪恶个人的舆论氛围，在某种意义上是对于美国既有的体制的辩护，似乎民粹主义的兴起只是源自特朗普等个别野心家或狂人的偶然性因素。这就成为新自由主义霸权中的自我辩护手法，似乎只要将社会的不满隐藏起来，它就不存在，但“没有被命名的痛苦并不会自动消失”②，对于社会不满和危机的刻意忽视反映了西方民主制度的僵化，对这种“有选票无选择”状况的掩饰是右翼民粹主义兴起的重要原因，因为它拒绝为这些社会不满正名，从而导致它们的极端化。因而只有真正深入到新自由主义霸权给西方社会造成的全方

---

① Cas Mudde, Cristobal Kaltwasser, *Populism: A Very Short Introduction*, Oxford University Press, 2017, p.97.

② Inigo Errejon, Chantal Mouffe, *Podemos: In the Name of the People*, Lawrence & Wishart, 2016, p.58.

位冲击，才能合理解释民粹主义时刻的来临，并在此基础上思考民粹主义的“非理性”情绪的生成背景，从而才有可能将民粹主义引导成为推动社会进步的理性力量。

## 二、民粹主义时代的非理性恐惧情绪及其疏导

墨菲揭示了西方“主流”学界对于民粹主义崛起原因的避重就轻的解释手法，西方进入民粹主义时刻的根源是西方社会的多重危机，而金融危机只不过使得这种危机更明显地暴露出来。但对于西方极端右翼思潮兴起的解释大多停留于非理性元素这种表面原因，从而将之视为一种陈旧力量或思潮的沉渣泛起，充其量是“合理性重振雄风前的小插曲……注定要被法律和普遍理性的力量击溃前的最后一次绝望的哭喊”①。当然，墨菲并不否认民粹主义崛起中确实存在的非理性因素，她所反对的是将这种非理性因素本身解释为民粹主义兴起的根源，而是希望继续追溯这种非理性情绪产生的更深层次的社会背景，直面这些深层次原因才是理解和化解非理性情绪的根本出路。非理性情绪本身确实是具有潜在风险的，右翼民粹主义政党正是借助于对这种非理性情绪的把握和煽动，才能够赢得某些处于困境的弱势群体的支持，对于这种非理性情绪本身的作用原理及其化解机制的研究，也成为墨菲的左翼民粹主义策略的重要对象。

墨菲对于民粹主义中的非理性情绪的研究主要集中于恐惧情绪，她认为：“政治生活中两种主要的情感是恐惧和希望。”②民粹主义思潮的兴起在很大程度上是源自于一种普遍的恐惧心理，严重的危机很容易在社会大众中激起社会恐慌，如何应对和化解这种恐慌本身就是国家在应对危机过程中的重要任务，是否能够引导和化解大众恐慌情绪本身也成为政治走势的重要决定因素。右翼民粹主义利用恐惧情绪来煽动民众，他们往往将这种恐惧情感投射到更弱势的外来移民身上，从而煽动一些极端化的非理性的政策制定或社会运动。与此相对，墨菲提出左翼民粹主义策略需要通过展现希望来化解恐惧，通过深入分析社会大众的恐惧情

① ［英］尚塔尔·墨菲：《政治的回归》，王恒、臧佩洪译，江苏人民出版社 2005 年版，第 2 页。

② Chantal Mouffe, Populism Is a Necessity, https://www.theeuropean-magazine.com/chantal-mouffe-4/8420-why-the-eu-needs-populism.

绪的来源，思考如何打造左翼的政治纲领来赋予人民以希望，有效地疏导大众的恐惧情绪，以希望这种政治激情来唤起人民的主动精神从而争取社会的自由和平等。

不断蔓延的恐惧情绪往往构成了民粹主义崛起的社会氛围，这种恐慌的高涨和蔓延源自社会危机的爆发，物价上涨、收入下降、失业待业、种族仇恨等总是能够刺激大众的恐慌，但危机与恐慌并不完全是同步的，从社会危机到民粹主义恐惧情绪的高涨还需要传导机制和中间环节。即仅仅是社会危机并不足以引发民粹主义浪潮，更关键的是社会大众对于危机的直接体验和感受。政治竞争总是倾向于渲染危机来掀起社会情绪，从而成功地引导舆论并主导社会议程设置。某种意义上，民粹主义动员就是在危机的描述和大众情绪的塑造上的主导地位的争夺，因而民粹主义政治崛起总是与意识形态霸权的争夺密切相关。成功占据着舆论主导权的机构或者个人具有巨大的政治影响力和权力，而能够刺激公众危机感的政客很容易转变为民粹主义领袖。这一论题正是墨菲霸权理论依赖的话语政治理论的范畴，而她对于左翼民粹主义策略的论证也高度依赖其话语政治理论。难以遏制的社会危机迟早会导致社会的恐惧心理，这种恐惧心理既可能演变为社会骚乱的基石，也有可能成为社会变革的强大推动力。墨菲并不完全否认政治动员需要借助恐惧情绪，但左翼要引导人民的恐惧情绪成为反抗腐化精英的政治动力，要使得恐惧心理成为大众政治动员及政治改革的积极力量，在此基础上建构出一种给人民以希望的话语体系来帮助他们渡过心理危机。

在这个意义上，左翼民粹主义试图在坚持“共识”的自由主义与煽动仇恨的右翼民粹主义之间寻求中庸。自由主义学说刻意忽略恐惧和希望心理及其引发的政治激情在政治动员中的作用，他们根本意识不到政治动力学的维度，“坚称民主政治应该根据理性、节制和共识来理解的理论家们，正在展现他们对政治性的原动力在理解上的缺失”①；而右翼民粹主义则试图将这种政治动力引向社会的解体，将恐惧情绪引导为一种极端的仇恨式的非理性政治实践，特朗普正是成功地通过煽动社会恐惧心理来赢得选民支持。这种依赖煽动恐惧心理的动员模式当然潜藏着风险，墨菲并不否认民粹主义政治中的这种风险，但与这种恐惧心理相比，

---

① ［英］尚塔尔·墨菲：《论政治的本性》，周凡译，江苏人民出版社 2016 年版，第 24 页。

西方社会的更大风险或悲剧来自另一种更深层次的恐惧心理。墨菲认为，新自由主义霸权造就了一种“后政治”的时代精神，它对于西方社会的反思和进取精神造成严重的伤害，既然“历史终结论”将当下的制度形式当做是最完满的，那么这种意识形态其实就根除了对更美好未来的希望的维度，而希望维度的根除其实就是一种对未来的恐惧情绪，即对任何改变既有“完满”状况的政治行动的恐惧心理。

墨菲认为，民主精神最重要的是一种对于更美好社会的希望和信念，是对于马克思主义不断革命精神的追索，这也是墨菲所一直坚持的激进民主革命的宗旨。马克思主义作为西方资本主义的强大对立面，一直在不断刺激或唤醒西方社会的政治变革精神，而伴随着马克思主义重大挫折的是，西方社会的革新精神已经笼罩在一种恐惧政治之下。因而，在对历史终结论这种西方的时代精神的揭露和批判中，墨菲实际上区分了两种恐惧政治心理，一种是自由主义学者常常讨论的恐惧概念，这也是“主流”学术界通常所刻画的一种非理性恐惧心理，他们对于新纳粹、法西斯、极端民粹主义等的批判都属于此类；另一种则是墨菲提出的对于大众斗争精神的恐惧心理，作为西方社会的统治性意识形态，“历史终结论”实际上反映了西方社会弥漫着一种恐惧的政治，它实际上是对任何实质改变的恐惧和不安从而产生的反政治心理，某种意义上是对于马克思“改变世界”的理念的恐惧和抛弃。西方“主流”学者有意无意地将这两种恐惧政治混为一谈，对于所谓“非理性”恐惧元素的危险性的夸大，使得西方社会陷入了一种故步自封、自我怀疑的恐惧政治。这其实是对于希望心理的拒斥，从而拒绝相信一种更美好的未来模式作为替代方案。

对于墨菲而言，这种解放精神的丧失是左翼政治衰败的精神本源，以“超越左与右”为口号的左翼学者参与了这一精神衰败的过程，以德国的贝克和英国的吉登斯为代表。在盛行于20世纪90年代的左翼大家吉登斯为左翼制定的纲领中，“以环境、女性、个人和文化认同相关联的‘生活政治’，已经压倒了‘解放政治’”①，因为解放政治要求不断干预自然和人类生活，其内含的人为的不确定性已经成为现代社会的最主要威胁。传统上，左翼对更美好未来的希望及追求为导向而充满政治激情，而右翼则对于这种激情感到质疑而希望减缓社会变革的烈度，现在这种传统的左

---

① Chantal Mouffe, The Controversy over Left-wing Populism, https://monde-diplo.com/2020/05/14populism.

右翼区分几乎丧失了实质意义。既然自由主义派宣扬历史已经终结，那么如果社会仍然存在着根本的问题和矛盾，那是因为那些提出问题的人本身有问题，需要被作为病理学的对象而分析或怜悯。正如英国政治学者弗兰克·富里迪(Frank Furedi)指出的，“正统的左翼曾经是一种同改变和进步相联系的运动，但现在已经逐渐失去其信仰未来的能力。”①左翼已经丧失对未来另一个更美好世界的想象和信念，这意味着在当下社会，人已经被视为问题本身，而非问题的解决者，这种将人的自主性和活力罪性化的观念，使得主流学界滥用非理性概念，将任何变革当下社会的努力妖魔化。

因此，墨菲认为，尽管民粹主义常常被认为是依靠渲染恐惧情绪而实现动员的政治模式，但民粹主义的兴起恰恰是西方社会的恐惧心理的产物，即苏东剧变之后，自信满满的西方社会对于资本主义自由民主的态度从“最不坏”转变为“最好”，而作为资本主义的批判者和对立面的左翼也对此进行了确认，尽管他们是以所谓走“第三条道路”或变解放政治为生活政治等新口号或理论出现，但这实际上反映了左翼已经“抛弃一切改变当前的主导秩序的尝试，并接受所谓‘现实存在的自由主义民主社会’体现了历史的终结的观点”②。因而，新自由主义模式对于任何改变既有政治经济现状的尝试都感到恐惧，这种恐惧使得他们对于任何大众政治运动都感到深深地不安。

民粹主义作为当下有影响力的大众政治运动，自然就成为自由主义学者所集中批判的靶子。马克思主义“改变世界”的精神已经被西方“主流”左翼所抛弃，因而墨菲、拉克劳、齐泽克等西方马克思主义者希望重新赋予左翼这一范畴以新的内涵和维度，以唤醒西方左翼已经丧失的革命精神。在这种情况下，墨菲认为民粹主义思潮是西方社会丧失了自我反思和改变精神的产物，民粹主义心理在某种意义上正是西方当下的恐惧心理这种时代精神的反弹。问题只是在于，左翼如何有效地引导民粹主义情绪及其力量，以希望情绪来引导和化解恐惧情绪，使得他们转变为服从左翼价值和诉求的力量，即墨菲所说的打造一种为左翼服务的“进步民

---

① [英]弗兰克·富里迪：《恐惧的政治》，方军、吕静莲译，江苏人民出版社 2007 年版，第 52 页。

② [英]尚塔尔·墨菲：《论政治的本性》，周凡译，江苏人民出版社 2016 年版，第 26 页。

粹主义”。

## 三、左翼民粹主义作为政治竞争的理性参与者

墨菲的竞争性多元民主理论是其建构左翼民粹主义策略的重要思想出发点，这一理论也就是其激进多元民主理论的深化，她试图论证左翼民粹主义是竞争性多元民主政治中的理性参与者。民粹主义思潮的兴起代表了一种想要寻找替代性选择的社会心理，墨菲认为，“右翼民粹主义远不是人们通常所理解的一种陈腐和非理性力量的回归……它实际上是当下的后政治共识的结果”。①马克思主义的永恒精神是“改变世界”的解放精神，这要求通过集体认同的打造来建构一个有行动力的集体主体，因为单个人在面对社会时只能采取一种直观的立场。但苏东剧变之后的西方左翼背弃了这种解放精神，对于大众运动的力量感到恐惧，将这种群众运动和斗争打上非理性的标签，从而走上了一种基于理性主义和个人主义的后政治方向，也就是墨菲一再批评的共识式民主，他们“认为普遍利益是私人利益自由运作的结果，并且通过自由讨论能产生一种普遍的理性一致”②。墨菲认为，这种理念实际上是有意忽视了政治的本质，它意图消灭政治这个领域，而将政治学当做一种处理具体的经济纠纷事务的经济学。

上述分析基于墨菲对“政治”(the political)与“治理”(politics)③的区分，这一区分是墨菲过去十多年的政治学理论所一直刻意强调的，墨菲最早在《政治的回归》(1993 年)中提出了“the political”的概念，后来在《民主的悖论》(2000 年)提出了“政治”与“治理”的区分，这一理论也是墨菲《论政治的本性》《竞争性政治》等著作中的主要论题，并成为其后来建构

---

① Chantal Mouffe, The “End of Politics” and the Challenge of Right-wing Populism, Francisco Panizza ed., *Populism and the Mirror of Democracy*, London, Verso, 2005, p.51.

② [英]尚塔尔·墨菲:《政治的回归》，王恒、臧佩洪译，江苏人民出版社 2005 年版，第 148 页。

③ 由于这两个概念的区分是墨菲根据自己的理论体系而生造出来的，很难翻译成对应的汉语概念，在《论政治的本性》等墨菲著作的中译文中，这两个概念分别被翻译为“政治性”与“政治”，但“政治性”这个概念其实并不清晰，并没有真正表达出墨菲的本意，本文更愿意翻译成“政治”与“治理”，有时候也分别称为“政治对抗”与“政治治理”，尽管这种翻译也并不是很确切。

左翼民粹主义策略的重要理论支撑。墨菲“把‘政治’解释为对抗的维度……把‘治理’解释为一套实际的管理与制度”①,“政治治理”是以打造和维护政治秩序为目的的具体政治实践层面,而“政治对抗”则强调的是人类社会中本体论层面的、不可能消解的对抗维度,即政治不只是一种理性协商和理性施政的领域,人类政治生活中永远存在着对抗和权力维度。

一方面政治中内含着人类对于集体认同的需要及其导致的对抗维度的永恒性。人类从猿猴时代就是一种群体生活的物种,作为一种先天的社会性物种,认同群体和融入群体是人性的天然需求,如何通过塑造集体的认同感和打造团结感来消解个体之间的冲突和矛盾,是人类文明自始至终的任务。“即便是在个人主义非常盛行的社会,集体认同的需要也决不会消失,之所以如此,就是因为这种需要是人的存在方式的内在构成部分”②,这种认同会带来一种群体之间的情感纽带,成为集体政治行动的强大动力。这其实也是马克思对于西方个人主义方法论的批判的继承,马克思对于资产阶级坚持的鲁滨逊式个人主义思维的批判贯穿其著作始终,既包括马克思批判费尔巴哈人类学分析的“抽象的、孤立的个体”,也包括马克思在《〈政治经济学批判〉导言》中一开始就批判的资产阶级政治经济学家的个人主义方法论。马克思强调,“人是最名副其实的政治动物,不仅是一种合群的动物,而且是只有在社会中才能独立的动物”。③它可以表现为家族认同、阶级认同、部落认同、宗教认同等等。墨菲指出,理性主义体系将狭隘的工具理性理解为政治实践中的唯一因素,而将政治激情等集体认同的维度视为非理性,“这种理性主义思维源自很多左翼理论家对于精神分析学成果的顽固拒绝态度”④,特别是对群体心理学成就的拒绝,从而基于一种狭隘的人类学而理解政治。

另一方面则是政治中永远存在着权力和决断的维度。人的社会性存在,就决定了共同体内部的权力和对抗维度的必然性。如果说在人类共同体还是以家族或氏族形式存在时,这时候秩序的维护或权力结构还体现为一种长幼有序的父权或母权,那随着共同体的成员超过一定数量,而

---

① [英]尚塔尔·墨菲:《论政治的本性》,周凡译,江苏人民出版社2016年版,第7页,译文有改动。

② 同上书,第23页。

③ 《马克思恩格斯文集》第8卷,人民出版社2009年版,第6页。

④ Chantal Mouffe, *For a Left Populism*, Verso, 2018, p.72.

从熟人社会成为陌生人社会时，政治权力的维度就必然出现，不同认同或身份之间的对抗就开始存在。墨菲强调，政治“不只是专家来解决的技术性问题……总是包括那些要求我们在相互冲突的替代性方案之间作出选择的决断”①。政治并不完全是按部就班的科层式治理而是需要决断，以新冠疫情的治理为例，即使我们都承认自由原则和民主原则是基础性的政治原则，但如何来理解这两个彼此之间有张力的原则是有分歧的，民主所需要同质性与个人自由之间总是存在难以消解的矛盾，墨菲一贯强调自由与民主原则只能取得一种暂时性的平衡，而在面对疫情等重大社会突发事件时这种平衡就会被打破，诸如封城等重大问题必须要在几个小时之内做出决断，在履行社会责任的同时要求人们主动限制自己的个人自由。在社会自由与个人自由两个原则怎么求得平衡，这绝对不是能够通过理性的公共协商而得出来的，而是一个需要掌权者的决断力的领域。这种有关对于自由和民主原则的不同理念之间的对抗，只能通过不断博弈来实现暂时的平衡。更何况是当存在着宗教、民族、文化传统等其他认同之间的差异的时候，这种不同身份之间的对抗及其调和更要求政治的介入。

自由主义学说的反政治性就体现为，他们总是想要排除掉这些对抗和权力的维度，而通过“理性协商”打造一种共识，不仅是国家共同体内部的共识，也是一种全世界的普世性的共识，而共识的标准就是新自由主义模式下的资本主义自由民主，以“历史终结论”的甚嚣尘上为其最强音。面对“共识社会”中不断产生的各种不满和对抗，自由主义站在理性主义的立场，将这些对抗视为非理性的体现。同时，自由主义还坚持一种个人主义方法，对于集体认同和政治的对抗维度的拒斥，实际上就是对于“改变世界”的斗争精神的恐惧。墨菲认为，在一个政治共同体中，私域与公域、个人权利与公共善并非截然区分的两个领域，“需要、选择和决定是个人的，因为这由每个个人负责；但实施却是公众的，因为它们需要考虑同共和主义相对应的那些条件”②，即个人权利的实施必然牵扯到他人，从而就由个人行为转化为政治行动并具有公共意义，需要在共同体的规则

---

① ［英］尚塔尔·墨菲：《论政治的本性》，周凡译，江苏人民出版社 2016 年版，第 7 页。

② ［英］尚塔尔·墨菲：《政治的回归》，王恒、臧佩洪译，江苏人民出版社 2005 年版，第 95 页。

框架内活动。而自由主义严格区分个人善与公共善是一种后政治思维。

墨菲认为，民粹主义政治的兴起正是对于自由主义的“后政治”模式的反弹，也是对于其压制性的绝对理性主义的抗争，民粹主义要求“主流”政治正视自身诉求的合理性，从而使得自身被“主流”势力承认为多元政治竞争的理性参与者之一。包括左翼在内的“主流”学术界持有一种绝对理性主义的思维，拒斥上述的政治认同和政治对抗的维度，这也体现在自由主义对民粹主义的妖魔化之中。包括很多左翼学者在内的自由主义派站在理性主义方法论基础上，将民粹主义崛起原因的分析归因于非理性元素，其实就是将人的主体性维度视为非理性力量，将大众追求更美好社会的斗争视为一种离经叛道的抗争。

对于绝对理性主义的这种批判，也是墨菲对卢卡奇以后的西方马克思主义传统的继承，卢卡奇在《历史与阶级意识》中批判了近代理性主义，他指出，近代理性主义试图确立一种无所不包的理性主义体系，“每一种以前的理性主义则相反，它们始终只是一种部分性的体系。人的存在的‘最终’问题被禁锢在人的知性不可把握的非理性之中”①，卢卡奇指出，任何理性主义体系都会遇到某些非理性的界限，例如墨菲所说的政治激情和政治对抗的维度，而资产阶级的理性主义体系却试图以知性或知识来把握整个世界，即将世界的全部层面都纳入知性体系的范围，世界“是知性可以把握的，是知性可以创造的，并因而是知性可以控制的，可以预见和可以计算的”②，当这种绝对理性主义碰到其难以解释或控制的界限时，它就要通过某种话语来为这个理性体系的完满性辩护，要么否定对方的存在，要么否定对方存在的合理性。因此，自由主义在面对民粹主义兴起的时候，要么就否定社会问题和社会困难的存在，“将对社会痛苦的命名视为一种‘侵犯’”③，似乎社会痛苦没有进入公共舆论领域就不成其为社会问题，要么就诉诸一种理性与非理性或正义与邪恶的二分法，将那些已经掩盖不住的社会问题或群体反抗罪性化，不承认民粹主义作为多元民主社会中的合法竞争者。

因而，政治自由主义对于理性的理解中潜藏着一种压制，尽管他们倡

①② ［匈］格奥尔格·卢卡奇：《历史与阶级意识》，杜章智等译，商务印书馆1992年版，第180页。

③ Inigo Errejon, Chantal Mouffe, *Podemos: In the Name of the People*, Lawrence & Wishart, 2016, p.58.

导普遍主义，但仍需要在排除某些观点的基础上形成道德共识，从而对于理性和非理性的区分就成为他们排除某些观念的依据，因为他们所预先排除的观念、价值等都是“非理性”的，从而成为确立自身所论述的道德共识合法性的理论武器，因此，“‘合理的’与‘不合理’的这种区分本身就已经划定边界，具有一种政治特征并始终是某种既定霸权的表现”。①自由主义试图通过掌握理性边界的定义权来确立起霸权，这本身是霸权斗争中的权力关系的体现，但自由主义却试图以理性的名义来将自身的诉求普遍化或合理化，试图消解或掩盖其中的权力关系或强制因素。而到了今天，他们延续以理性和非理性的二元区分来审视民粹主义浪潮，将所有的反霸权斗争都打上非理性的标签，从而掩盖新自由主义霸权的统治所造成的全方位危机。

正如墨菲所说，左翼民粹主义霸权策略在于对政治动力学的深刻理解，并在当下成为抗衡新自由主义的一元化霸权，从而推动民主多元社会真正得以落实的重要一元。自由主义试图抹去政治激情和政治活力维度，以一种符合政治正确的理性标准来定义和排斥“非理性”。事实上，政治就意味着以群体的力量来改变世界和创造历史，人类的集体实践就意味着不确定性和希望，而这种不确定性恰恰是某些理性主义者所害怕的。因此，“政治不能被还原为理性，因为政治恰恰表明了理性本身的局限”②，而那种绝对理性主义的政治学体系本身就走上了某种非理性，成为一种拒绝任何改进的保守僵化力量，造成西方民主政治的僵化与衰败。

因而在某种意义上，墨菲的左翼民粹主义策略就体现为一种真正的理性，即体现了对于大众斗争精神的承认，左翼能够引导民粹主义力量转化为改变世界的力量，这种政治对抗的维度强调的就是人的主动性维度，即自主性的个人通过联合起来的集体实践来介入历史发展和改变自身命运的过程，而人民的建构则意味着西方民主衰败下的一种新型政治参与，以影响政治决策为旨归的集体行动。因而左翼民粹主义在这个意义上就意味着一种理性的民粹主义，从而有助于引导民粹主义力量作为西方民主政治的一种调适乃至救赎。正如墨菲所指的，如何将这种激情以民众能够理解和感同身受的方式传递给他们，从而获得一种强大的政治动力，

---

① ［英］尚塔尔·墨菲：《政治的回归》，王恒、臧佩洪译，江苏人民出版社 2005 年版，第 192 页。

② 同上书，第 154 页，译文有改动。

这种理解人民的痛苦并将战胜痛苦的希望有效传导给人民的话语能力，其实也是一个理性政治家的必备素质和要求，更是任何成功的民粹主义政治的重要来源。而这种理性民粹主义也是对于墨菲的激进民主理念的认可和实践。

## 第二节　民主与民粹：墨菲激进多元民主与民粹主义话语的调和

几乎所有谈论民粹主义的研究者都需要涉及民粹主义与民主政治间的关系问题，大体上存在着两种对立的观点：一部分学者认为民粹主义是与民主政治水火不容的对立面，是一种需要被警惕和救治的暴民政治的反映；另一部分学者则认为民粹主义是民主政治的"牛虻"，是民主政治运转不良的警示器，也有可能被引导为民主政治失调后的某种解毒剂。持有后一种观点是少数派，而墨菲的左翼民粹主义策略正是后一种看法的代表。墨菲认为，民主意味着选择，即"民主要求给选民提供他们能够认同的社会方案，并且让选民确信这种方案是值得为之斗争的另类选择"①。理论上，民粹主义的兴起在很大程度上源自长期以来西方代议制民主政治难以消解的内在张力；而现实政治中，新自由主义霸权主导下的西方民主政治没能在建制内提供其他选择，导致极端右翼民粹主义的兴起。但另类选择并非只有右翼民粹主义这一种形式，左翼民粹主义完全有可能成为一种推进民主深入的方案。

作为一个长期致力于阐述和发展左翼民主政治的理念和策略，积极谈论和介入西方社会民主政治的运转和实践的政治学者，墨菲最早是在其激进多元民主理论的建构过程中开始集中谈论民粹主义问题。民粹主义的兴起既是西方民主制度的悖论和僵化的结果，也可以成为推进民主革命的重要路径。可以说，墨菲思考左翼政治与民粹主义策略兼容性的首要前提，就是民粹主义如何与其激进多元民主理念的调和问题，这又包括对一系列复杂而又微妙的关系的辨析，例如民粹主义与代议制民主的关系，民粹主义是否违背多元主义原则，民粹主义是否激进多元民主的必

① Inigo Errejon, Chantal Mouffe, *Podemos*: *In the Name of the People*, Lawrence & Wishart, 2016, p.35.

然反对者和对立面，民主政治是否需要宽容民粹主义并与之对话，民粹主义如何体现民主政治所内在要求的人民主权和平等原则，等等。

## 一、作为左翼价值和目标的激进多元民主

墨菲将激进多元民主视为左翼斗争的诉求和目标，对于激进多元民主的论述是墨菲思想一以贯之的一条主线。早在20世纪80年代墨菲就对于该思想进行了集中阐述，从90年代开始，墨菲又在《政治的回归》《民主的悖论》《论政治的本性》等一系列著作和论文中丰富和完善其民主理论，最终在2013年的《竞争性政治》中得以成熟，并成为墨菲阐释其左翼民粹主义策略的基本出发点，墨菲试图论证左翼民粹主义是在当下深化激进多元民主的主要策略。随着西方左翼的衰败及西方民主的危机，“民粹主义时刻所要表达的是新自由主义霸权三十年统治所带来的后民主状况引发了普遍抗争。”①从而有可能被左翼引导为推进民主革命的重要力量。

什么是激进多元民主？墨菲在《为左翼民粹主义而作》中再次做出了解释和澄清，“这种激进性体现在对民主理念的伦理政治原则的深化，即‘所有人的自由和平等’。”②但是自由和平等原则之间存在着永恒的张力，所有的民主制度形式都只是在二者之间取得某种暂时令人满意的平衡，这就意味着所有可能的制度形式永远是不够民主的，自由民主两个原则之间的张力总是会在现实社会中体现为某种冲突和对抗，设想一种能够彻底消除这些冲突和对抗的理想社会是一种乌托邦。因而，如果将激进多元民主理解为一种实现完满民主的理想状态，“多元民主就变成了‘自我否定的理念’，因为多元民主的实现同时伴随着解体”。③如果将民主的实现理解为社会形成了一种绝对的理性共识，必将建立于对某些不满和冲突的漠视或压制之上，从而是以一元性的霸权来压制多元性的声音。这种激进多元民主理念也是墨菲的反本质主义哲学的体现，即不存在客观的真理或永恒的正义，但存在着对于真理和正义的不懈追求，而且在这个追求过程中可以暂时达成某种共识，并认为当下某种制度形式在

① Chantal Mouffe, *For a Left Populism*, Verso, 2018, p.79.

② Ibid., p.39.

③ Ernesto Laclau, Chantal Mouffe, *Hegemony and Socialist Strategy—Towards a Radical Democratic Politics*, Verso, 2001, Preface.xviii.

总体上最符合正义原则，而且这种制度形式相对于“绝对正义”永远存在改进空间。

因此，墨菲对于民主的理解不同于通常的解释，她的激进多元民主是一种调节性理念，不可能被完满地呈现为任何既定的民主制度形式，即任何社会都存在着永不可消解的对抗，民主意味着保障社会中的不满和对抗能够以制度化的形式表达出来，即对抗和多元性的增值不会导致社会彻底失序，从而确保一种多元主义能够并存的有序社会。因此“多元主义民主的可能性就在于其完满实现的不可能性，这也就意味着承认多元主义民主的悖论性”①。任何既定的民主制度形式都是等待被超越的，因为它们都是基于当下的状况而在自由和民主理念等各种充满张力的原则之间保持微妙的平衡，这种平衡随时可能因为时代背景的变迁而被打破，从而要求既有的制度形式能够及时作出调整和更新。而且任何“民主”制度并不会自动带来一种社会改良和进步，共同体中的个体联合起来以集体主体的身份抗争，是推动这种改良和进步的主要力量，这一维度正是霸权斗争的领域，也是左翼民粹主义霸权策略的价值所在。新自由主义霸权自诩为历史的终结，试图将自由资本主义制度美化为一种能够自动实现改良的形式，正是这种制度自大带来了当下西方民主的衰败与社会的危机。

任何霸权都试图将自身塑造为民主理想的捍卫者，并试图将自己对民主和自由原则的解释塑造为人民普遍认同的社会“常识”。正是由于民主理想在现代政治中的关键作用，各种霸权之间的斗争也正是围绕着如何赋予民主术语这一能指以具体的内容。民主理想作为一个话语体系包含了很多具体的能指，例如人民主权、平等、反封建、推翻三座大山、打倒暴君等都可以成为某个特定时间段内的政治目标。正如墨菲所指出的，一种新的霸权的形成是对于包括经济、文化、政治和司法等一系列社会实践的重构，而且首先是观念上的系统重构，“新的霸权围绕着一些关键的象征性能指而被系统地阐明，这些能指通过塑造‘常识’提供新的社会的规范框架”②，并基于这些新的规范框架而建立一套新的制度体系。在这一方面，新自由主义的成功正是在于僭取了对于自由民主的界定权，取代了战后左翼社会民主党的霸权地位，从而在全世界范围塑造了一整套关

---

① Chantal Mouffe, *The Democratic Paradox*, Verso, 2000, p.16.

② Chantal Mouffe, *For a Left Populism*, Verso, 2018, pp.43—44.

于什么是自由民主的新的社会“常识”，这也正是墨菲提出需要正视新自由主义霸权成功经验的内在逻辑。撒切尔主义为代表的新自由主义成功地塑造了对民主的想象，而左翼民粹主义正是要在这里领域重新夺回意识形态的霸权，塑造一整套关于什么才是真正的民主社会的新的社会常识，并在新的左翼价值引领下系统地改变世界。“相对于将民主阐释为自由市场、私有财产和不受约束的个人主义的新自由主义思潮，左翼则将民主与权利平等、生产资料的社会占有和人民主权相链接，这将带来一种完全不同的政治及社会经济实践。”①墨菲指出，左翼民粹主义霸权仍然坚守自由和民主这两个原则，但对它们做出新的阐释并辅助以一套新的制度体系。

墨菲解释了自由和民主原则的内在张力，民主诉求更多体现的是同一的原则，而自由则更多地追求差异原则，现代民主的伟大之处正是在于将这两个有张力的原则融合为一体，并且以差异原则来消解同一原则中的侵犯个人权利的倾向，而以同一原则也对冲差异原则中的自私自利倾向，“正是由于在同一和差异这两种逻辑之间存在着这种张力，这才界定了多元主义民主的本质”②，也正是这种张力保证了民主制度的活力，而试图去除这种张力的行为就会导致民主的解构。在这个意义上，新自由主义对于自由原则的高扬遮蔽了民主同一性的因素，而极端右翼民粹主义则试图通过宣扬同一原则来遮蔽差异原则，从而他们都构成了对于激进多元民主的威胁。而左翼民粹主义则可以成为这两种极端之间的中庸，它既表明了由于排斥民主同一性而走向相对主义的新自由主义所陷入的危机状态，同时旨在于防止民粹主义政治对于同一的追求彻底遮蔽差异原则，要求通过对于共同体及其共同精神的追求来实现左翼的进步价值。马克思主义的产生在某种程度上也源于资产阶级革命的理想与现实的落差，在《论犹太人问题》中，马克思集中阐述了资本主义社会中自由、民主、人权等理念的异化，为所有人争取自由通向了任性资本的自由，而人权理念则主要体现为对于资产阶级的财产权的保护。正是因为资产阶级革命由一种曾经代表被压迫民众的普遍利益的政治运动，蜕变为代表少数精英利益的宗派活动，才使得马克思提出了激进民主的诉求，并很

---

① Chantal Mouffe, *For a Left Populism*, Verso, 2018, p.44.

② ［英］尚塔尔·墨菲：《政治的回归》，王恒、臧佩洪译，江苏人民出版社 2005 年版，第 179 页。

快演进为马克思要求实现真正自由和人权的“自由人联合体”的共产主义思想。

墨菲的这种激进多元民主理论的对立面是西方政治学界占主导地位的“共识式民主”。墨菲认为对所谓民主共识的刻意追求，其实是建立于对多元主义及边缘群体诉求的压制，因而墨菲在过去十多年的时间内逐渐提出并完善了其竞争性多元民主理论，呼吁对于边缘力量保有更宽容的态度并正视其诉求的合理性。鉴于民粹主义势力越来越成为民主政治的多元诉求中不可忽视的一元，代表了社会中相当比率选民利益的民粹主义诉求的合理合法性，民粹主义是否应该被主流政治承认为具有合理存在的“一元”？这些问题构成墨菲介入民粹主义命题的最初动机。墨菲逐渐认识到，无视民粹主义诉求的合理性只能导致其被极右翼势力掌控和利用，而左翼可以成功地将民粹主义力量引导为竞争多元民主中的一员。当今西方社会中主导型的共识式民主已经逐渐演变为一种对其他社会方案的压制，从而成为一种限制多元主义的一元论思维，这导致民粹主义反而成了多元主义社会中其中的一种可能的选择，或者说是多元社会得以有效运行的前提。正是因为当下的西方民主政治的僵化和衰败，新自由主义就倾向于将任何试图激活西方民主政治的反抗力量妖魔化为极端民粹主义，因而就造成这样的局势，“成为(左翼)民粹主义者正是因为对民主理念的坚守，在任何民主中都必需有以打造人民为宗旨的民粹主义的维度。”①

## 二、左翼民粹主义如何与民主多元共存

在对民粹主义的批判中，代表性的观点是将其界定为一元主义政治，并构成对多元主义民主的直接威胁，这又集中体现在民粹主义话语如何界定“人民”的身份这一问题上。墨菲认为，民粹主义政治，特别是右翼民粹主义有将“人民”本质化的倾向，他们高扬人民的勤劳和伟大，同时试图垄断对于人民的界定，将那些认同自己和跟随自己的群体称为人民，而不断谩骂和清洗那些质疑自己的反对声音，从而通过政治高压和言论管制来打造所谓的同质化人民，这种极端民粹主义与墨菲的激进多元民主针锋相对。如何在其激进多元理论框架中将民粹主义与多元主义的兼容性

① Inigo Errejon, Chantal Mouffe, *Podemos: In the Name of the People*, Lawrence & Wishart, 2016, p.127.

讲清楚,就成了左翼民粹主义话语需要解决的问题。墨菲基于其反本质主义哲学来建构左翼民粹主义霸权策略,要在保留人民这种政治动员话语的同时,消解其中潜藏的一元主义倾向。也有研究者提出了类似的判断,其使用的术语是包容性民粹主义与排斥性民粹主义的区分(inclusionary populism vs exclusionary populism),“我们需要的是谨慎地介入和升华一种包容性民粹主义,同时与排斥性民粹主义作斗争”①,在这方面墨菲等进步主义学者的论述有助于解释多元民粹主义如何成立的难题。

关于民粹主义与多元主义的关系,其实很大程度上取决于对民粹主义的界定,例如著名研究者米勒是反对民粹主义政治的典型代表。米勒在《什么是民粹主义》中试图为民粹主义给出一个狭窄的定义,他认为,民粹主义者需要满足两个条件,“除了反对精英之外,民粹主义也反对多元主义。”②米勒将民粹主义政治界定为一元主义政治,认为主张代表人民来反抗腐化精英的政治并不都是民粹主义,而只有那些主张只有自己才是人民代表,而反对我们的人没有合法存在地位的人才是民粹主义者。墨菲并不认同米勒的这种狭窄定义,她认为在判断民粹主义与多元主义的关系之前,首先需要从学理上对何谓多元主义进行界定,这个问题在政治学者之间其实存在着广泛的争议。

应该说,大多数西方政治学者并不赞同彻底的多元主义(total pluralism),而是认为某些原则性共识的存在是一个社会能够有序运行的前提,即公民对于某些价值或原则的认同是多元主义存在的前提。在这些多数派观点中,对于多元主义的评价也有区分,大致可以分为两种对立的观点,以罗尔斯、拉莫尔为代表的政治自由主义者是宽容派,认为多元主义因为其事实存在而不得不被宽容,即“多元主义是对不同生活方式的宽容,而不关乎其内在价值”③。与之相对的是以拉兹为代表的珍视派,这种观点也被称为价值多元主义,主张多元主义“表达了对存在着许多不同

---

① Giorgos Katsambekis, Alexandros Kioupkiolis ed., *The Populist Radical Left in Europe*, Routledge, 2019, p.210.

② [德]扬-维尔纳·米勒:《什么是民粹主义》,钱静远译,译林出版社 2020 年版,第 128 页,译文有改动。

③ [英]尚塔尔·墨菲:《政治的回归》,王恒、臧佩洪译,江苏人民出版社 2005 年版,第 184 页。

而不可兼容而却都有价值的生活方式的肯定"①。

这两种观点的共同点在于坚持一种"最低限度理论"(a minimal theory),他们认为"自由国家必须参照某些共同善的理念,且不能在根本道德问题上保持中立"②,但他们坚持能被相互冲突的生活理念接受的共识仅限于最低限度,也就是他们所说从宪法中引申出的某些根本原则,在这个原则的基础上国家对多元的生活方式保持中立性,诸如法治、政教分离、公民权利等是需要遵循的最基本原则。区别在于,对于所有符合这些基本原则而能够合法存在的价值或生活方式,宽容派认为需要在容忍某些低等价值的同时倡导某些高尚价值,而珍视派则认为所有价值都值得被同等肯定。

应该说,这种基于某些基本共识的多元主义观念是西方学术界的"主流",但近些年"最低限度理论"也受到越来越大的挑战,包括倡导所有价值或生活方式都具有同等地位的文化多元主义的冲击,他们将"珍视派"的思想发展到极端,从而将最低限度理论也视为对多元主义的压制。墨菲试图在上述观点之间寻求某种平衡,她所倡导的激进多元主义也包含着某些共同的前提。任何民主政治都是在一个共同体中运行,而一个共同体的形成则需要以某种大家所普遍认同的共同善为前提。而当代自由主义在某种程度上逐渐走向了一种(价值)相对主义,认为国家就是一个政治竞争程序上的中立平台,所有的文化、宗教、道德都可以在这个平台上自由竞争,并没有哪种价值具有某种优先性。墨菲指出,"与一些论者持有的'相对主义'世界观相反,现代民主要求对特定'价值观'的确认并由此构成其'政治原则'"③,在当代的共同体中,公域与私域的区分及国家与教会的分离等应该是人们相互共存的基本形式,这些成就正是西方社会对于传统的基督教社会的数百年改造中才逐步确立的,从而成为多元主义得以有效运行的基本前提,而相对主义视域下的多元主义却试图对于这些基本政治原则提出质疑。墨菲指出,价值相对主义是对于民主制度自我更新能力的盲目乐观,这些民主革命的成就并不是一劳永逸的,它在今天也开始受到不承认这些原则的外来宗教和文明的挑战。

---

① [英]尚塔尔·墨菲:《政治的回归》,王恒、臧佩洪译,江苏人民出版社 2005 年版,第 184 页。

② 同上书,第 186 页,译文有改动。

③ 同上书,第 178 页,译文有改动。

不过，除了对于这种价值相对主义提出批判，墨菲与上述主流的政治学说也有差异。一方面是对所谓的“最低限度的共识”如何得来的理解，问题不在于这些共识对于民主制度是否必需，而是共识的形成是否像他们所说的依赖于理性对话和平等尊重这两个原则。墨菲认为，共识的达成不是来自所谓的理性对话，理性对话的游戏规则是由既有的霸权所指定的，因而共识的形成是一个涉及权力、对抗和霸权争夺的领域。另一方面则是多元主义如何幸存的问题，多元主义的存在并不是某种民主制度必然带来的，而是来自某些处于边缘地位的价值抗争的结果，因为某种处于强势和主导地位的生活方式总是能够以各种符合民主制度的方式来压制其他生活方式，“一个民主社会不能想象以一种和谐的、反政治的方式来实现多元主义”①，而是要给政治冲突和对抗的维度留下制度性的空间，而对抗或霸权就意味着需要通过代表权的斗争，通过同一链条将特定诉求打造为集体意志和行动主体，在此基础上为维护自身的权益而斗争。而一些绝对多元主义者在强调多元这一维度的同时有意忽视了团结和链接的维度，“将多元主义仅仅局限于多样性的增值，而忽略了冲突和对抗的构成性作用”②，忽视了多元价值的幸存来自有组织的斗争。墨菲也正是在这个意义上将民粹主义视为在当下保护多元主义的力量。

墨菲认为，由于对政治的本质缺乏认识，总是试图在政治中排除掉对抗、霸权、权力等维度，自由主义政治在确立“共识”的过程中难免走向多元主义的反面。墨菲阐释了以哈贝马斯为代表的共识式民主如何走向多元主义的反面。哈贝马斯的协商式民主认为民主制度的有效运转来自道德共识的形成，他坚持合理的道德共识和政治正义可以通过民主协商而来，其中人权观念和人权保障制度在哈贝马斯设想的道德共识中扮演中心地位。他将人权的保护作为政府合法性的根本，这一论断并没有什么争议，“加强人权法治保障，保证人民依法享有广泛权利和自由”③也是中国共产党追求的目标。问题在于哈贝马斯对人权的内涵提出了一种源自

---

① Inigo Errejon, Chantal Mouffe, *Podemos: In the Name of the People*. Lawrence & Wishart, 2016, p.113.

② Chantal Mouffe, *Agonistic: Thinking the World Politically*, Verso, 2013, p.17.

③ 习近平：《决胜全面建成小康社会　夺取新时代中国特色社会主义伟大胜利——在中国共产党第十九次全国代表大会上的报告》，《人民日报》2017年10月28日。

西方特有历史文化传统的独断结论，哈贝马斯认为，西方国家在面对现代化进程的挑战中提出了人权保护的方案，这应该成为正迈向现代化的全人类的道德共识，“由于所有社会正面临同样的挑战，所以，不管它们的文化背景如何，它们一定要采用西方的合法性标准，一定要采用以人权为基础的法律体系”。①

哈贝马斯的这种论断被墨菲认为是以西化来对现代化偷梁换柱，将西方走过的道路视为现代化的唯一可能方案，充满了西方中心主义的傲慢。哈贝马斯认为西方的个人主义思维模式是西方人权成就的来源，所以应该成为法律制定和法律秩序的基石。这种在个人自由与社会自由，在个人权利与社会责任之间完全失衡的思想模式，正是西方当下的个人主义越来越走向自利主义的思想渊源。这种个人主义思维的局限性也要为西方国家在新冠疫情应对中的失利承担重要责任。而且西方国家还试图依赖其软实力霸权而将这种狭隘个人主义塑造为一种人类文明的通则。正是在这个意义上，墨菲认为哈贝马斯的协商民主模式其实是试图通过打造共识来压制多元文明，这种试图通过经济和文化霸权来将西方传统塑造为人类共识的做法不得人心，“把西方模式肆意普遍化非但不能带来和平与繁荣，相反，这将招致那些发现自己的文化与生活方式正被这一普遍化进程摧毁的人们的更加血腥的抵抗。”②哈贝马斯事实上是在通过一种霸权斗争的方式来确定和推广西方版本的道德共识，但却试图通过学术话语将这种政治对抗和霸权争夺界定为是理性协商。

相对于对多元民主与一元民主的概念上的区分，现实政治中的区分则更为复杂。毕竟鉴于多元主义这个能指是符合西方政治正确的术语，很少有哪种政治力量会标榜自身反多元主义。对于墨菲来说，民粹主义在很大程度上是当下欧美“后政治”状况所导致的，傲慢僵化的主流政治越来越缺少自我反思精神，倾向于将任何的批评和反对声音都归结为一个统一的标识——民粹主义，将拥护自己的选民的意见界定为理性的民意及民主的实现，而将反对自己的选民鉴定为非理性的民意和民粹式民主。在这个意义上，当下的西方共识式民主在很大程度上已经沦为一种压制批判的一元民主，而被统一贬斥为“民粹主义”的声音之中则反而包

① ［英］尚塔尔·墨菲：《论政治的本性》，周凡译，江苏人民出版社 2016 年版，第 70 页。

② 同上书，第 71 页。

含了很多有真知灼见的多元声音。在这种情况下，左翼民粹主义策略作为一种有用的政治动员工具被墨菲提升议事日程，墨菲强调，“左派民粹主义策略的目标不是建立一个‘民粹主义政权(regime)’，而是通过打造一个集体主体来发动政治攻势，以便在民主框架内建立一个新的霸权形式，为民主的恢复和深化创造条件。”①这成为墨菲思考如何将民粹力量引导为推进多元民主的积极力量的出发点，在这个基础上，墨菲对于民粹主义与多元主义的兼容性进行了解读，民粹主义并不必然与民主多元相矛盾。

### 三、人民主权与平等原则作为民粹式民主的基本原则

墨菲认为，基于新自由主义霸权统治下西方民主制度的衰败，民粹主义已经成为反抗这种“后民主”社会的主要力量，从而成为左翼深化民主革命必须依赖的力量。墨菲的激进多元民主与民粹主义的根本一致在于对人民主权和平等原则的坚守，或者说左翼民粹主义霸权策略捍卫的基本原则是人民主权和平等。而在当下的西方“后民主”社会，“将民主理解为平等和人民主权的观念已经被新自由主义霸权所消解”②，民主被理解为仅仅与程序性选举、多党政治体系、人权等的承认。对于包括社会民主党在内的自由主义者而言，在他们对自由民主制度的理解中，对自由原则的关注已经全面压倒了民主原则，而强调平等和人民主权向度的民主解释路径被既有研究范式所摒弃，平等原则被认为是对于自由的束缚乃至剥夺，而人民主权更是已经被普遍当做过时的原则，“这已经成为当下欧洲左翼的重要基础性常识”③。

如果说在西方民主的发展过程中，自由原则与民主原则曾经取得了某种有益的平衡，实现了自由主义的民主化或者民主的自由化，那么这两种原则在今天越来越被视为是分离的和冲突的。在新自由主义意识形态霸权支配之下，“构成民主理念支柱的人民主权原则，在对自由民主的主流解释中几乎已经被清除”④，人民主权原则被视为一个含糊的，甚至是

---

① Chantal Mouffe, *For a Left Populism*, Verso, 2018, p.80.

②③ Inigo Errejon, Chantal Mouffe, *Podemos: In the Name of the People*, Lawrence & Wishart, 2016, p.90.

④ Chantal Mouffe, The “End of Politics” and the Challenge of Right-wing Populism, Francisco Panizza ed., *Populism and the Mirror of Democracy*, London, Verso, 2005, p.52.

危险的概念，常常被认为是人权得以落实的重要障碍。通过将任何质疑自由主义版本的民主的声音贬低为民粹主义，新自由主义霸权试图进一步塑造上述所谓的“常识”，将对平等和人民主权原则的追索等同为非理性的民粹主义。

在这种情况下，尽管“民主”的旗号仍被高举，但已经成为某种赋予经济自由主义的统治以合法性的程序性选举。正如马克思在《论犹太人问题》中指出，资产阶级社会中的人权保护本质上就是私有财产权的保护。由于新一轮全球化的迅猛推进，过去限制资本的各种障碍，无论是两极格局之下的世界经济体系的分化，还是国家保护主义思潮之下各国对于本国市场和产业的保护，这些障碍几乎被清扫一空，资本在新自由主义霸权下获得了在全球投资的巨大自由。这不仅使得发展中国家屡屡遭受以金融危机为代表的经济动荡，也导致了西方国家的劳工阶级在与资本的博弈中处于越来越糟糕的地位。西方社会的经济平等被进一步破坏，除了少数搭上了网络等新经济的中产阶层分享财富，大量的原蓝领阶层受到伤害，要么彻底失业，要么被迫转入收入和地位更没有保障的服务业，而财政紧缩政策使得这一危机得以暴露。

因此，在新自由主义霸权的统治下，一方面是民主、人权等理念被吹捧到无以复加的高度，另一方面则是以主权国家为基本载体的民主理念基本上被蛀空，“平等和人民主权的民主价值的死亡，不同社会方案能够相互对抗的竞争性政治空间已经消失，公民便被剥夺了践行其民主权利的可能性”。①在这种国际金融资本主义的统治下，受益的特权精英阶层与受损的弱势群体之间的政治边界开始越来越清晰，越来越多的处于边缘的群体感觉到他们的需求完全被特权阶层所忽略，这种越来越大的不满情绪被右翼民粹主义力量所感知，通过倾听和煽动这些不满情绪，通过放大“他们”对“我们”压迫的怨恨，右翼民粹主义势力在诸如奥地利、法国等西欧国家开始成长为主流政党的劲敌。西方民主的这种衰败就成为民粹主义崛起的直接背景，“人民主权和平等的民主理念受到侵蚀，这种后民主背景能够催生‘民粹主义时刻’便不难理解。”②

因此，墨菲认为左翼需要通过捍卫人民主权和平等原则来重新赋予民主制度以活力，或者说如何珍视“民主”这个能指在政治想象和政治斗

① Chantal Mouffe, *For a Left Populism*, Verso, 2018, p.16.

② Ibid., p.18.

争中的关键作用，是左翼民粹主义霸权策略的重要工具。如果左翼民粹主义想要牢牢掌握民主这一话语阵地，“关键的步骤在于将平等主义维度有效嵌入到民主政治传统之中，这样就与大众政治的核心价值诉求之间建立了联系。”①对民主的想象和追求在过去200多年里成为塑造常识的重要力量，其中最重要的层面就是平等意识的萌发和深化，随着平等意识在民众中更广泛的觉醒，原来被视为理所当然的很多不平等或从属关系开始失去其合理性。正如墨菲指出的，“对于各种从属形式的斗争，并不是从属状况本身的直接结果”②，由于民主话语的兴起及普及，在这一新兴话语的参照下，原来的从属关系逐渐被越来越多的人视为一种压迫关系，从而使得从属一方的自愿服从心态转变为对抗的态度，即民主话语体系重新塑造了人们对于日常生活中理想状态的认知和期待，将越来越多的从属关系推上理性的审判台，从而进一步推动了社会各方面的平等的斗争及其深化。墨菲指出，这一思想其实在很大程度上就是托克维尔《论美国的民主》中的主旨思想，也是对于现代化进程中民主革命历史的呈现。

当然，对于人民主权原则的高扬也受到一些学者的质疑和担忧，认为这有可能走向一种压制多元声音的同质化力量。墨菲认为，人民主权原则在某种意义上体现为如何理解人民意志，判断多元主义民主还是一元主义民主，分野就在于人民意志是多元的还是一元的。一元主义视角的民主强调民主制度是为了呈现出一个至高无上的整体性的人民意志，从而在各种具体的政治过程中实现人民主权，这种一元式民意很容易走向对于少数派或不同意见的压制，将反对者排除在“人民”范围之外，而导致一种多数暴政，对于少数派的自由、财产乃至生命的侵犯，在这种情况下任何人都随时有可能陷入危险，因为谁都有可能不认同所谓的“人民意志”。这种质疑和担忧其实最初并不是针对民粹主义，它其实就是19世纪质疑民主的自由派思想家的共同认识，而历史上民主制度的演进和完善就在于通过法治而对少数派权利，特别是处于社会中上层的精英的保护，通过各种对自由的保障措施，平衡民主理念中的过激元素，从而实现自由与平等之间的动态平衡。在这个意义上，对于民粹主义的一元风险的强调，其实在很大程度上体现了新自由主义意识形态霸权对于民主理

① Chantal Mouffe, *For a Left Populism*, Verso, 2018, p.41.

② Ibid., p.42.

念的恐惧。墨菲认为,关键还是在于如何理解西方民主政治,西方民主政治的可能性就是在一种永恒的张力之间不断求得暂时平衡的过程。

一方面,历史上很多学者就担心或者质疑自由与平等原则的兼容,卡尔·施密特对自由民主的批判的可取之处在于,他认为自由和民主这两个原则永远不可能兼容,因为绝对的自由与绝对的平等不可能同时存在,但施密特继而认为自由民主制度的不可行则走向了谬误,"这两个原则之间张力的不可调和性并不一定会导致矛盾,而是一种能够为多元主义生产出必要性空间的建设性的张力"①,这种张力同时也带来了不断修正和进步的空间,而新自由主义霸权的问题就在于(资本任性)自由原则的支配性地位。正如哈维指出的,新自由主义意识形态成功地确立了自由原则对于平等原则的压倒地位,这种霸权的长期统治就导致了一种西方社会的失衡和失序,具体而言,如果说智利等拉美国家在 20 世纪 70 年代确立新自由主义秩序需要依靠武力,以暴力机关来镇压劳工阶级反抗,那么英美的新自由主义则需要赢得劳工阶级的赞同,通过某种话语体系来说服劳工阶级相信这一新秩序是为了工人的福祉,它在很大程度上是通过操纵"自由"这一能指的内涵,"'自由'一词在美国人的常识理解中引起广泛共鸣,以至于成为一把'精英打开走向民众的大门'的钥匙,并借此为几乎任何事情提供合法性"②,通过让大众相信新自由主义的政策是为了扩展人民的自由权利,从而自愿地赞同新自由主义的诸多举措。

另一方面,自由与平等原则的兼容是历史的产物,并非某些天才的学者通过一番理论推演就得出了一种平衡状态,它本身就是各种政治力量相互斗争和博弈而取得的某种暂时的平衡,他们在反抗封建统治和专制主义的历史进程中结成了盟友。"政治自由主义传统所持有的理念是法治、个人自由和人权;政治民主传统所持有的理念是平等和人民主权原则"。③某种意义上,中国在抗疫中正是有效地贯彻了两个原则,为了多数人的权利而暂时限制某些个人的自由,并最终实现了所有人的自由,而这

---

① Inigo Errejon, Chantal Mouffe, *Podemos: In the Name of the People*, Lawrence & Wishart, 2016, p.90.

② [美]大卫·哈维:《新自由主义简史》,王钦译,上海译文出版社 2010 年版,第 46 页。

③ Inigo Errejon, Chantal Mouffe, *Podemos: In the Name of the People*, Lawrence & Wishart, 2016, p.89.

个过程中同样需要诉诸法治，以避免对于包括隐私权在内的个人权利的侵犯。如果忽视这些原则之间的张力，认为自由与平等原则的某种预定和谐的状态，而没有认识到它们是基于某种特定背景，在特定的时空中的偶然或暂时的链接，这就会导向一种拒绝反思和进步的态度。

某种意义上，民主派与民粹派很多时候类似于孙悟空与六耳猕猴的关系，两者都坚持自己是真的——反映的是人民的真正意志，又同时斥责对方是假的，民主派指责民粹主义是对民意中的非理性倾向一面的突出和煽动，民粹派则指责当下的西方民主是为寡头服务的精英民主。因而任何试图介入民粹主义话题的学者都需要解释民粹主义与民主政治的关系问题。对于墨菲，她的激进多元民主是一种调节性的理念，一种永远不可能实现但又意味着永远有进步空间的理想。新自由主义霸权支配下的西方当下民主政治则走向了民主的反面，它拒绝承认自身的问题而倾向于将反对派斥责为反动力量，从而逐渐演变为一种压制多元声音的、为任性的资本寡头服务的一元政治。这就显示出了民粹主义者抗争运动的价值，左翼民粹主义霸权策略就成为推进民主革命的重要动力，并能够被引导为捍卫多元民主本身的进步力量。

## 第三节 民族性与人民性：墨菲阐释左翼如何纳入爱国主义话语

爱国主义话语是左翼话语与民粹主义政治之间张力的另一个集中体现，爱国主义情感及其引发的政治激情是民粹主义政治中不可或缺的元素，这一维度成为左翼学者和政党对民粹主义政治的批判重点。墨菲认为，如何正确理解“民族性与人民性”之间的关系问题，是建构左翼民粹主义策略的重要理论前提。由于传统左翼学者和政党的自我审查和自我束缚，很多流行的中性政治概念或术语被做了庸俗化的解释，从而使得一些概念似乎成了右翼的专属，继而右翼又对这些概念进行了极端化的阐释，从而为右翼的政治动员及其霸权的建构服务，从而导致左翼与这些政治话语之间渐行渐远。这集中体现在左翼对爱国主义话语及政治激情概念的妖魔化和拒斥。爱国主义动员是打造国家共同体内部的大众团结，从而建构“人民”的重要路径。但是，左翼长期以来对于爱国主义话语是排斥和疏离的，“左翼的真正问题在于，他们普遍都对爱国主义观念持有非常负面的态度，似乎爱国主义只能表现为反动的形式。”①“主流”左翼的这种政治洁癖，使得爱国、民族等话语进一步被右翼塑造为极端的、排外的沙文主义话语，更进一步导致左翼对于这一话语体系反感和排斥的恶性循环。因而对于任何希望继续推进左翼进步议程的力量而言，与爱国主义相关的话语都是必须要触碰和思考的。墨菲试图通过对于爱国主义相关话语的正本清源，塑造一种左翼版本的理性进步的爱国主义话语。

## 一、传统左翼对爱国主义话语的排斥及后果

墨菲认为，右翼民粹主义的崛起的重要原因就在于对与爱国主义相关话语体系的僭取，而传统左翼的自我束缚又起到推波助澜的作用。冷战结束之后，由于对革命和大众运动的宏大叙事的质疑，“主流”左翼对于任何依赖于政治激情的集体认同维度都是排斥的，包括其中重要的民族情感和国家认同，因此，“对于左翼民粹主义策略的一个常见批评就是它重视民族维度扮演的角色。”②左翼的这种政治短视并没有导致这一政治维度的消亡，而是造成极右翼成功地僭夺了爱国主义话语。“主流”左翼将爱国主义理解为一种过时的、古典社会残留的等待被超越的褊狭部落主义，他们的理想主义观念及国际主义视域遮蔽了他们对于现实政治的感知力，对于政治实践过于理想化和浪漫化的想象，使他们自动地将越来越多的理论话语和实践阵地拱手让与右翼。这种理论思维与政治现实之间的落差也是传统左翼持续衰败的重要原因。

当然，上述情况在一定程度上也是对包括马克思主义在内的左翼思潮的持续困扰，20 世纪左翼政治话语与民族主义解放问题之间呈现出一种理论与实践相脱节的状况。一方面，民族主义和爱国主义问题确实是马克思主义理论中的重要空白，正如马克思的研究专家麦克莱伦所说，对民族主义问题关注的缺失显然构成马克思政治学的一大缺陷，“民族主义的持续存在及其实际增长，显然是马克思远未注意到的一种现象。”③另一方面，由于马克思主义者正确地认知到殖民地民族独立运动对于人类

---

① Inigo Errejon, Chantal Mouffe, *Podemos: In the Name of the People*, Lawrence & Wishart, 2016, p.69.

② Chantal Mouffe, *For a Left Populism*, Verso, 2018, p.71.

③ [英]戴维·麦克莱伦：《马克思以后的马克思主义》，李智译，中国人民大学出版社 2016 年版，第 3 页。

解放的重要意义，“20 世纪初只有共产主义运动系统地提出民族主义和殖民主义重要议题并加以讨论”①，并使得亚非拉的民族解放运动在很大程度上与马克思主义的传播一体化。然而，由于马克思主义中民族或爱国话语的缺失，这种理论上的不足仍常常构成政治实践的障碍，如何解释和克服这种张力也就成为一代代马克思主义者的重要理论任务，也是马克思主义中国化进程中的重要理论课题。

这一理论与实践的相对脱节也引发了西方马克思主义者的关注，尽管传统左翼话语与爱国主义话语之间确实存在着张力，但西方马克思主义对于这一问题也并非全无涉及，墨菲对于进步的爱国主义话语的解释也源于对葛兰西的民族-人民的文化霸权理论的解读和发挥。葛兰西的民族-人民的文化观，为墨菲所提出的一种理性爱国主义提供了思想源泉。在墨菲的左翼民粹主义策略中，想要建构一种左翼的政治霸权，离不开对于民族文化的发掘和关注，这是左翼民粹主义者能够与民众对话的重要路径。民族文化是民族认同的重要来源，也是塑造民族自豪感的重要来源，对民族文化向度的重视并非要强调一种民族文化的优越性，而是认为任何民族都拥有值得本民族自豪的某些文化特质或文化遗产，而一种能够带来民族自豪感的民族文化具有普遍的美感，同样能被其他民族理解和欣赏。不过，墨菲表示，尽管她和拉克劳在过去三十多年始终一以贯之地呼吁左翼对于葛兰西思想遗产的继承和发展，但左翼对于葛兰西主义基本上局限于少数研究者的学术爱好，而在欧洲左翼与右翼的现实政治竞争中，极右翼更为成功地建构了“民族-人民阵线”。如果将葛兰西主义或霸权理论视为一种中性的政治斗争方法论，那它在实践中的作用就取决于谁在践行之，在这个意义上，极右翼总是对政治的党派性和政治激情的作用把握得更好。

左翼的这种思想倾向在很大程度上是源自其深层次的哲学观点。墨菲以欧盟整合问题来做出说明，欧盟一体化危机背后的分歧涉及多种多样的原因，仅仅将其理解为政治-利益维度上的分歧是不够的，“它不可避免地牵涉哲学观上的分歧，想要理解当下问题的关键就需要专注于这一层面的分歧。”②这就涉及如何看待政治认同问题，也就是如何看待国家

① ［英］特里·伊格尔顿：《理论之后》，商正译，商务印书馆 2009 年版，第 32 页。

② Chantal Mouffe, *Agonistic: Thinking the World Politically*, Verso, 2013, p.43.

认同及爱国主义的问题。其中存在两种哲学观上的对立，一种是所谓的个人主义和理性主义的哲学，将国家认同视为一种工具性的立场，从而强调其暂时或偶然的特性，而墨菲则坚持一种相反的立场，倾向于从集体主义和情感主义的立场来理解集体认同，“期待人们会因为拥护一种后民族式的欧洲从而放弃自己的民族认同是幼稚的。”①墨菲认为对于某种共同体的依恋是与生俱来的心理需求，集体认同是一种人类社会的永恒存在状态，尽管这种集体认同在不同的背景下具有不同的体现，例如在历史上很长一段时间内，欧洲社会的基督教认同要远远压倒民族认同，但是从民族主义兴起之后几百年的历史来看，民族认同在可预见的将来仍然是集体认同中的最基础的形式。如果强行否认国家认同的合理性，就会导致某些激烈的反抗，21 世纪初右翼民粹主义在欧洲的崛起在一定程度上就是明显的表现。

传统左翼的国家认同和爱国主义话语的缺失，成为新自由主义建构自身霸权的重要突破口。新自由主义全球化要求在全世界范围消除阻碍资本扩张的力量，而主权国家及其政府监管始终是最重要的抗衡力量，将国家认同和爱国主义话语妖魔化为对个人自由和权利的侵犯，从而塑造一种将国家监管去合法性的全球舆论氛围，就成为新自由主义建构意识形态霸权的重要组成部分。新自由主义霸权在全球范围造成社会的两极化，受压迫阶级的生存状况的持续恶化，而主流左翼又对于这种状况熟视无睹，这进一步使得传统左翼与劳工阶级的情感纽带的断裂。依靠国家的力量来对抗全球化金融资本就成为弱势群体的共同诉求，右翼民粹主义成功地打造了一套极端的、排外的民族主义话语体系，将自身塑造为保护“人民”的爱国主义者。这种劳工阶级涌向极右翼的状况构成对左翼政治的重要挑战。

这一问题对于欧洲来说则更为复杂，墨菲对左翼的批判也源自对欧洲一体化过程与民族国家间的张力的反思，这一张力是欧洲民粹主义思潮起源的背景之一。欧洲一体化过程中欧洲认同与民族国家认同之间的矛盾是数十年来困扰欧洲思想家的重要难题。作为一个由 20 多个国家所组成的区域联盟，欧盟一体化的深入推进必将进一步挤压主权国家的权力，这两种力量背后的张力使得欧盟的运转常常困难重重。如果说英

① Chantal Mouffe, *Agonistic: Thinking the World Politically*, Verso, 2013, p.44.

国脱欧构成欧盟撕裂的重要象征，那么欧盟不同国家在应对新冠疫情而争抢医疗资源中的强弱地位分野暴露无遗，合作抗疫的困境也成为欧盟在重大风险应对中难以有效合作的典型例证，正如哈贝马斯指出的，“疑欧主义可以追溯到当下的欧盟不再能够代表所有成员国的‘多赢’的现实主义认识，南北欧双方相互反对，‘输家’感觉受到糟糕的不公正的对待，而‘赢家’则试图避开前者的予取予求”①，这种相互猜疑的状况使得疑欧主义几乎成为左翼与右翼民粹主义唯一能形成共识的主题。因而整个欧洲思想界对于国家认同和爱国主义话语问题的认识和研究还远远不足。

由于存在着挺欧盟派与疑欧盟派之间的分析和纷争，民粹主义也成为这种派别之争的话语武器。欧盟在一定程度上已经成为新自由主义霸权的载体，因而总是倾向于将对新自由主义欧洲的批判曲解为反对欧洲，进而将其妖魔化为脱欧派的民粹主义者。德法等欧洲发达国家主导了欧盟的政治议程，强制要求南部欧洲国家实行削减政府福利的财政紧缩政策，这使得国家主权成为后者捍卫国内民众利益的几乎唯一依靠力量，在左翼民粹主义政党成功当政的希腊，成功的重要策略就是掀起保卫希腊主权的爱国主义共识来反抗国际金融大鳄。“如果进步势力不抓住这一政治对抗而生成的力量来获取霸权，要么就会被反动力量所抓住，要么就会被自由主义势力所分化”②，因而墨菲强调，左翼的应对策略不是进一步妖魔化和拒斥爱国主义话语，而是思考如何形成一种进步的爱国主义话语体系。

对于“民族性”与“人民性”两位一体关系的认识不足，也是当下某些西方左翼民粹主义运动本身的重要软肋。正如墨菲对于美国的桑德斯左翼民粹主义的评价，桑德斯派是美国政坛中能够与特朗普右翼民粹主义争取工人阶级的重要力量，但桑德斯的竞选策略并不如特朗普有效，一个重要的原因是，“桑德斯的竞选并没有像特朗普那样讲述一个真正关于‘美国’的故事”。③桑德斯的针对华尔街寡头的民粹主义话语，因为缺乏

---

① Jürgen Habermas, New Perspectives For Europe, *Esprit*, Issue 5, 2019.

② Inigo Errejon, Chantal Mouffe, *Podemos*: *In the Name of the People*, Lawrence & Wishart, 2016, p.129.

③ Waleed Shahid, America in Populist Times: An Interview with Chantal Mouffe, https://www.thenation.com/article/archive/america-in-populist-times-an-interview-with-chantal-mouffe/.

一种鲜明的美国风格而对于美国中下阶层民众的感染力不足，这就使得他很难获得更多美国弱势群体的拥护。其实这是左翼政治的普遍性困境，他们对于爱国主义存在着极端化的认识，似乎只要谈到国家和民族就必然滑向极端民族主义甚至种族主义。政治是一种平衡的艺术，基于对既有的一些左翼民粹主义运动的观察和反思，墨菲认为任何左翼民粹主义策略都不可能有一种固定的或标准的模式，而是来自对于本国的特殊情况和背景的把握，通过讲述一个符合本国情况和人民心理需求的故事来最大限度地赢得本国人民的认同和共鸣，在这个意义上，左翼民粹主义策略所坚持的就是民族性与人民性的统一。

因此，墨菲强调，在爱国主义话语层面的失语已经构成左翼政治的重要缺陷，并为右翼民粹主义的崛起提供了一种权力真空。如果想要介入到民粹主义政治，左翼必须丢掉自己的偏见与狭隘，积极地参与到关于爱国主义的政治论辩之中，避免右翼垄断爱国主义的话语，从而将爱国主义引向一种基于仇恨和排外的非理性民族主义。正是在这个意义上，左翼对爱国主义话语的排斥导向了一种自我实现的预言，使得爱国主义话语被极端势力所主导，爱国主义被同样狭隘的左翼与右翼共同歪曲为极端民族主义。同时，左翼对爱国主义话语的排斥部分源自对政治激情范畴的反感，爱国主义源自对于本国的历史文化、民族英雄等的热爱与自豪，其背后往往需要诉诸浓烈情感的支撑。墨菲对于理性的爱国主义话语的论争，离不开她对于政治激情概念的解释，这也是墨菲的政治理论区别于其他西方左翼学者的重要特征。

## 二、国家认同作为政治激情和公共精神来源

情感维度在国家整合与民主制度的巩固中扮演了关键角色，完全基于自私自利的个人而结合形成的政治共同体是脆弱而不稳固的，这种将政治完全还原为经济层面的市场竞争维度的思维是一种脱离现实的幻想，从而难以真正地理解现实政治，这也构成 20 世纪 90 年代以来左翼政治危机的重要来源。正如墨菲所说，以中左翼自居的社会民主党接受了新自由主义意识形态，并建构出一种左翼版本的新自由主义话语体系。这些自由主义者持有一种政治学的预定和谐论，认为一群自私自利的人为了追求自身的自由和利益而结合为共同体，有一只看不见的手能够实现这群人的预定和谐。特别是在新自由主义意识形态下，资本和市场因素全面渗透社会的各个层面，政治领域也被市场化，进一步确立了其预定

和谐论的主导地位。

事实上，对于共同体的认同及其强烈情感是公共精神和社会责任心的主要来源，而国家又是其中最重要的或者说最基本的政治共同体。“左翼不能理解政治动力学的主要原因之一在于，他们陷入了一种理性主义思维框架，认识不到激情维度在政治同一性打造之中的重要性。”①对于爱国主义情感这一维度的排斥，也在事实上构成对于公共精神和公民德性维度的拒斥。民主制度的活力依赖于公共精神和公民德性，主权国家民主制度的衰败，进一步方便了新自由主义全球化的深入推进。当然，国家认同或民族主义构成人类文明在 20 世纪的伤疤，对于这一维度的警惕和怀疑来自历史上的惨痛教训，从而造成政治学界的矫枉过正的反思氛围。关键在于如何拯救民族主义情感中的合理维度，在拯救公共精神和政治激情维度的同时，将其中可能蕴含的非理性的极端民族主义思维角度的排除。

对于爱国主义话语的质疑主要源自以集体利益来牺牲个人利益的担忧。在个人的自由和权利与政治共同体的公共利益之间存在着张力，对于这一问题的论争是政治学领域长期以来的重大命题。墨菲认为，自由主义和社群主义构成这一问题论争的两种主要范式，可以吸取或反思双方的优点和不足，从而在这两种思潮之间取一个合理的中庸立场。自由主义路径认为个人的权利是压倒性的，个人的自由是他们结成政治共同体的出发点和目标，而且在个人对于自由的追求中会形成某种公共利益或社会自由。而社群主义者则认为这种契约主义政治观是一种非历史的幻象，每个人都是天然处于一个共同体之中，要接受这个共同体的文化、道德和价值，共同善（common good）的存在是个人权利的前提条件，政治共同体的成员正是在追求和实现共同善的过程中，才能够实现个人的权利和自由，而且成员们之间需要有一种维系公共精神、公民德性和政治参与的机制，才能够确保对于政治共同体的认同和忠诚，否则便难以想象一

---

① Chantal Mouffe, *For a Left Populism*, Verso, 2018, p.72. 墨菲在不同的著作中所使用的术语有差异，在《以人民的名义》及其之间的著作中，她主要使用 passion 概念，而在《为了一种左翼民粹主义》中则主要使用的是 affect(ion)概念，affect 作为动词的意思是在情感上深深打动并影响对方，affection 仍指代一种深刻情感；墨菲对这两个概念的使用都想要指代政治中的强烈情感，本书将 passion 和 affection 都翻译为激情。

种公共善的实现。墨菲对于这两种范式各自的合理性与偏见性做出了分析。

自由主义有一种将共同善及其需要的政治认同和激情视为个人自由威胁的思想倾向,“自由主义将公民身份仅仅视为一种法律地位及个人权利的载体,而与任何对于‘我们’的认同维度无关。”①包括“主流”左翼在内的自由主义者贬低政治激情和群体认同,从而容易导向对爱国主义和国民认同范畴的解构。这种倾向在新自由主义话语中达到极致,它试图严格区分私人事务与公共事务,将国家干预完全等同于官僚主义和威权主义。从而将其视为不得不容忍的必要的恶,从而将国家能够施加干预的公共领域压缩至最小范围,使得个人能够以最大的自由和权利来处理其私人事务。既然国家是不得不被容忍的利维坦,那么对于国家的浓烈情感和政治认同当然是怪异的或非理性的。在自由主义设想“一个平等者构成的共同体中,公共意识、公民行为和政治参与等都是外在于大多数的自由主义思想家的”。②墨菲认为,这种个人主义的自由主义实际上就走向了一种消解公共精神的自私自利主义。

社群主义则有一种将共同善的范畴本质化的倾向,即试图对于什么是共同善给出一个本质的界定,即将共同善作为政治共同体成员之间的共同纽带,并一劳永逸地将这一纽带界定为某种永恒的确定的东西,这就很容易导向对于公民的个人自由和选择的限制和侵犯。墨菲认为其缺陷在于有退回到前现代的城邦政治或部落政治的风险。在古希腊式的古典城邦民主政治中,公民的政治参与往往伴随着对于个人自由和权利的束缚或牺牲。墨菲则基于其话语政治理论来理解共同纽带的性质,这种共同纽带其实是某种霸权形态所打造和维系的产物,它表达的是一种权力结构关系。既然民主制度需要在一个特定的共同体中来实行,那么这种共同体肯定是一种排他性的组织,它永远存在着区别于自身的外围,不可能形成一种绝对包容性的共同体,哪怕是基督教这样以普世的价值为追求都预设了信与不信的区分,而共同体中的“我们”正是相对于处于外围的“他们”而建构起身份认同的。因而,“政治共同体的这个现代形式得以维系并非缘于一种实体性的共同善的理念,而是缘于一个共同的纽带,一

① Chantal Mouffe, *For a Left Populism*, Verso, 2018, p.65.

② [英]尚塔尔·墨菲:《政治的回归》,王恒、臧佩洪译,江苏人民出版社 2005 年版,第 82 页。

种公共关怀"①,共同纽带需要在共同体的延续中不断被重新创造出来,这也同时意味着霸权斗争始终在延续。

因此,基于上述两种范式的问题和困境,墨菲提出需要超越非此即彼的二元对立观念,思考个人自由与公共利益之间的张力之间如何取得平衡,要创造出一种吸取这两种范式各自优点的新的共同体。"在一个自由民主政体中,我们所共享的以及使我们成为其公民成员的东西,并不是一种实质性的善的理念,而是一套同这样一种传统相对应的政治原则:即所有人生而自由和平等的原则。"②自由主义的立场是由众多缺乏共同公共关怀的个人汇集成的集合体,而社群主义则容易导致一种围绕着单一的实质性的共同善的理念而建立的前现代共同体。墨菲指出的激进民主的公民身份,在于坚守这些原则的权威性及将这些原则落到实处的那些制度性规则,要求我们的政治判断和政治行为符合这些原则,包括对个人基本自由和权利的保护、权力的制约和监督、政教分离、法治等具体要求。

这也构成左翼民粹主义霸权策略的基本政治原则,它旨在通过打造人民主体来反抗新自由主义霸权,而任何个人的基本身份首先是生活在一个特定政治共同体中的公民,并因而获得相应的个人自由和政治权利。国家内的公民身份是"人民"这一身份的基础,因而建构"人民"需要在政治共同体和公民身份的范畴下来审视。实际上,在过去二百多年的民主革命进程中,围绕着国家公民身份及其自由平等权利的斗争构成社会大众的普遍利益,在这一追求过程中"我们"的形成对于大众的反抗扮演了重要角色,因此,墨菲认为形成一种激进民主的公民身份概念对于左翼民粹主义具有关键作用,这可以通过吸取社群主义的一些思想来实现,"他们强调公民集体实践的重要性和公共领域的价值,多年来这些范畴都被新自由主义霸权所持续攻击。"③但同时也要正视自由主义对于集体主义价值的越界风险的担忧。

墨菲指出,一种激进民主的公民身份概念意味着,"公民身份并不是像自由主义认为的那样,仅是其他身份中的一种,也不是像社群主义者认

---

① [英]尚塔尔・墨菲:《政治的回归》,王恒、臧佩洪译,江苏人民出版社 2005 年版,第 89 页。

② 同上书,第 86 页。

③ Chantal Mouffe, *For a Left Populism*, Verso, 2018, p.65.

为的那样，是凌驾所有其他身份之上的那种统治性的身份。”①将公民整合在一起的是对于公共善的追求，这种公共善又以每个人的自由和平等这种调节性理念为最终目标，在这一终极目标之下，对于公共善的理解在特定的时间段内可以达到一些暂时性的共识，例如按照墨菲的这种解释，对于中国来说，我们在接下来三十年全面建成社会主义现代化强国及实现中华民族的伟大复兴的共识，就是中华民族可以共同追求的共同善，但伟大复兴只是在一段时间内唤起我们的公共精神和政治参与的一个目标，它不可能是我们的根本目标，而伟大复兴也是通向人人自由和平等的重要环节，或者说是通向马克思所说的“自由人联合体”的出发点。不同的人对于社会主义现代化强国的理解或者侧重点可能有差异，这并不影响他们围绕着这一共同善而团结奋斗。

对于墨菲来说，公民身份在某种意义上构成维特根斯坦所说的“行为的语法”(grammar of conduct)，意思是一个国家中公民身份及其附着的个人权利和义务构成各种政治行为的指导准则，“激进民主的公民身份构成通过打造同一链条而建构‘人民’的基础”②，使得人民的建构需要最终服务于自由和平等这两个伦理政治原则的深化和扩展。而政治主体的打造或人民的建构就离不开政治认同和政治激情的维度，事实上任何政治都不可能真正去除掉激情的维度，墨菲强调，“在所有著作中，我都坚持强调激情在政治中的重要性”③。而自由主义政治学认为，政治中的情感或激情是一种前现代的残余或不成熟民主社会的体现，在成熟社会中，是去激情的理性个人作出理性政治决定。他们将激情标签为一种非理性的返祖现象，这本身是一种排除异己的霸权政治操作，通过一种标签式的道德立场来寻求一种虚假共识，将对手贬低为道德低下的敌人。从而有可能将一种对抗性政治导向一种敌对式政治，从一种相互竞争的对手关系转变为你死我活的敌人关系。事实上，自由主义学者对于这种政治学的弊端也不是毫无意识，福山在其《历史的终结与最后的人》之中用一章来阐述“最后的人”，去激情化的“最后的人”正是福山对于资本主义自由民主

① [英]尚塔尔·墨菲：《政治的回归》，王恒、臧佩洪译，江苏人民出版社2005年版，第92页。

② Chantal Mouffe, *For a Left Populism*, Verso, 2018, pp.66—67.

③ Inigo Errejon, Chantal Mouffe, *Podemos: In the Name of the People*, Lawrence & Wishart, 2016, p.60.

的未来前景的最主要担忧。

因而对于左翼而言，如何运用爱国主义话语体系来激发政治激情和公共精神，就成为左翼打造自身霸权的重要环节。通过塑造一种进步的、包容的、人民的爱国主义概念，成为左翼民粹主义策略不得不介入和完成的理论主题。传统左翼总是倾向于将集体政治激情与法西斯主义挂钩，结果是极右翼民粹主义占据了这个领域，他们的国家认同总是针对弱者、外来者、少数民族而确立，或沦为一种沙文主义。因此，墨菲认为，"承认政治中激情所扮演的关键作用及探究如何激发激情以实现政治动员，对于设计一个成功的左翼民粹主义策略具有决定作用"①，对于国家的认同和浓烈情感是民主制度所需要的公共精神的重要来源，理性爱国主义就是一种成熟稳固的民主制度的内在要求，也是左翼民粹主义追求民主革命的政治动员动力。

## 三、打造左翼进步爱国主义话语的基本设想

鉴于西方传统左翼在上述问题上的教训，早在 2000 年，墨菲便提出了左翼话语与爱国主义话语链接的问题。在《罗蒂的实用主义政治》一文中，墨菲指出自己并非最早尝试将爱国主义话语引入左翼政治话语体系的学者。她在对罗蒂的实用主义政治风格的评述中指出，由于以罗蒂为代表的个别左翼学者尝试引入爱国主义话语，在左翼学者内部引发了激烈争辩，"主流"左翼在很大程度上将爱国主义等同于极端民族主义，不自觉地将爱国主义与"奥斯维辛"相挂钩，认为爱国主义导致的就是为一切以国家名义完成的罪恶辩护，通向一种不容任何质疑和批评的国家至上主义，这导致右翼民粹主义政党得以主导民族主义话语并以此实现大众政治动员。因此，"明确阐述一种左翼爱国主义，在反击(右翼)方案中扮演了重要角色"。②

墨菲对于爱国主义话语的关注，也受到施密特对自由主义的批评的重要启示。施密特对自由主义的批评的一个重要方向是，自由民主原则只是在合法的国土边界之内才是有效的，但是这些边界的正当性不是来自自由平等原则，而主要是来自历史遗存和暴力争夺。当代自由民主都

---

① Chantal Mouffe, *For a Left Populism*, Verso, 2018, p.76.

② Chantal Mouffe, Review Article: Rorty's Pragmatist Politics, *Economy and Society*, Volume 29, Number 3, August 2000, p.451.

是国界范围之内的主权民主，而绝大部分的国界线都是近代历史中才开始明确划分的，常常带有很强的偶然性和随意性，这就很难保证一国之内的大部分公民必然对于所在的国家有认同，这在世界历史上常常是通过暴力或大规模强制性的民族迁徙才得以实现。尽管自由主义也能够接受这些偶然的历史事实，但它与这些偶然性之间总是存在着难以消解的张力，包括越演越烈的宗教宽容问题、非法移民问题等等，这就使得自由主义往往走向一种试图架空历史的理想主义。当然，葛兰西的“民族-人民”的文化霸权生成论对于墨菲也产生了重要影响，葛兰西的“民族-人民”观念从一开始就是基于对狭隘民族主义的批判和超越。

如果说墨菲在 21 世纪之初提出左翼的爱国主义理念，是为了反击右翼对爱国主义话语的僭夺，那么在时隔十几年之后，墨菲在其左翼民粹主义阐释中再次重拾爱国主义的话题，是对于当初构想的延伸和具体化。即左翼民粹主义策略的任务是，左翼如何将爱国主义命题发展为理性的开放的爱国主义，以避免一种“像右翼民粹主义所推动的封闭和戒备的民族主义”①。不过，民族主义运动中确实潜藏着风险，这在民粹主义时代尤其引发了普遍的担忧。民族民粹主义者常常将民族文化绝对化，将民族文化与排外主义相勾连，通过鼓吹一种本民族文化高于其他民族文化的煽动性话语，将一种理性的民族自豪感异化为民族优越感。因此，如何超越右翼民族主义话语的褊狭，更好地区分民族自豪感和民族优越感，避免极端民粹主义将民族认同和政治激情维度据为己有，就成为墨菲提出左翼如何打造进步爱国主义需要面对的主要问题。大体而言，墨菲从三个层面来论证提出一种左翼版本的爱国主义话语的必要性，并进一步对左翼民粹主义如何构建一种理性的爱国主义话语提出了初步设想。

首先，爱国主义情感是民主制度有效实施的必要维度。鉴于在可预见的未来民主政治只能是一种主权国家范围内的民主，国家仍然是人民主权原则付诸实践的基本政治平台，“因而激进民主问题只能首先从民族国家层面被提出”②，以爱国主义为表现形式的国家认同是民主政治得以有效运转的前提，而失去了这一维度的民主政治并不会带来更多的民主，权力厌恶真空，如果人民主权原则受到削弱，就会导致权力由资本巨头和少数精英所操纵的非政府组织所垄断。我们始终难以难以想象一种超越主权国家的世界民主，进步、理性的爱国主义就必然是不可回避的政治学

①② Chantal Mouffe, *For a Left Populism*, Verso, 2018, p.71.

理论命题。墨菲指出，被正确理解的爱国主义和国家认同是公民观念及国家整合的核心，没有对所在的特定政治实体的忠诚及由此造就的公民之间的团结感，很难想象人们会自觉地履行公民的义务和责任，否则就会导致公民对国家完全基于一种纯粹利用的自私心态，这种一盘散沙的状态就会导致国家运行成本居高不下，诸如需要个人让渡利益的再分配等政策就很难有效实行。

其次，爱国主义话语是反抗新自由主义意识形态霸权的重要理论工具。主权国家仍然是抵抗新自由主义霸权所主导的全球化进程的主要力量，新自由主义试图将所有领域都商品化为一种市场行为，从而成为塑造当今的后民主政治模式的主要推动者，而主权国家始终是其试图削弱和消解的顽强抵抗力量，对于试图将国家监管和干预污名化的新自由主义而言，对于国家认同和爱国主义话语的妖魔化是新自由主义话语中的必然组成部分。在这个意义上，左翼民粹主义需要揭露新自由主义的阴谋，借助国家的力量来推动对于新自由主义霸权的斗争。当然，对于欧洲而言，仅仅是在国家的层面也是不够的，反对新自由主义也需要在欧盟的层面形成一种国家之间的联盟。

在这个意义上，右翼民粹主义所宣扬的极端民族主义就成为新自由主义霸权的同谋。墨菲认为，欧洲和美国民粹主义的兴起是源于被新自由主义抛弃的大众阶级(popular classes)，包括工人、中产阶级、青年学生等等，具体而言，“存在一种政治的寡头化，大众阶级与富豪阶级之间鸿沟在加深，人民感觉到主流政党不再代表自身的利益”①，右翼民粹主义势力成功地将劳工阶级对于社会不平等的不满转化为民族主义热情。西方经济两极化的状况被诸如美国的特朗普和法国的勒庞等人所感知和利用，他们运用种族民粹主义将社会中下层的不满引向一种排外主义，例如针对犹太金融寡头及其所刻意讨好的少数族裔，而民主党等主流政党则被认为是已经被这些财阀势力所支配。对于左翼而言，(蓝领)工人阶级的主流逐渐被特朗普和勒庞等右翼民粹主义者所吸引，他们的本土主义倾向和反全球化论调获得了在全球化中受损害的工人阶级和中产阶级的支持，而在全球化中受益的国际资本和外来移民就成为了他们所针对的

① Waleed Shahid, America in Populist Times: An Interview with Chantal Mouffe, https://www.thenation.com/article/archive/america-in-populist-times-an-interview-with-chantal-mouffe/.

对象。但事实上，处于强势地位的资本寡头总是能够将针对自身的斗争矛头转移，因而更弱势的群体就成为民族民粹主义运动的牺牲品。而左翼民粹主义则需要思考一种更具有包容性的爱国主义话语。

最后，墨菲解释了进步理性爱国主义话语的基本内涵。

这在一定意义上表现为国家在何种意义上值得被爱的问题。“一切都取决于如何界定‘爱国主义’概念，我赞同这样一种理解，把‘爱国主义’理解为对社会的理想及对国家的民主传统中最好的方面的认同”。①在这个意义上，我们能够发现，很多国家的国民认同和团结感都来自对国家历史上那些捍卫民族独立自由和尊严的英雄的认同，例如美国人对华盛顿、杰斐逊等国父的情感，对被誉为非洲贞德的恩津加女王在17世纪长期反抗葡萄牙的殖民侵略的历史的神话，在安哥拉的国家民族建构中的作用。墨菲提出，爱国主义情感并非要强行粉饰国家的任何行为或塑造一种国家历史神话，而是理性认知和接受国家做出的成就，并吸取和反思国家历史上曾经犯过的错误，在为了共同的社会理想而共同行动之后，才能够在不同公民之间建立一种普遍的团结，这种团结即是一种理性的爱国主义，也是任何左翼民粹主义霸权策略需要的政治话语资源。

因此，正如葛兰西所说，关于民族性与人民性的统一，首先需要判断什么才是真正的“民族-人民的”文化，或者说通常所说的“民族特色”到底指什么内涵，葛兰西试图通过批评某些“民族文学”来做出阐释，他们的问题在于，只有形式上的民族化，却没有内容上的人民性，而缺少人民性的意大利“民族文学”其实只是一种与人民群众脱节的精英文学。因而要真正确立文化霸权，就需要深入人民群众，建构出一种民族性与人民性相统一的意识形态，这也涉及民族文化或民族自豪感的共同体意识，而国家是其中最重要的共同体。进步理性的爱国主义即是对国家在维护民族尊严和人民幸福的历史成就的认同，是对于国家历史上的那些体现了自由和民主精神的象征性符号的情感，而爱国主义教育也就成了这一过程的一个环节，“它的目的在于利用自由民主传统的象征性资源来为推进民主革命而奋斗，它知道这是一个永无休止的过程。”②通过对国民利益和幸福

---

① Chantal Mouffe, Review Article: Rorty's Pragmatist Politics, *Economy and Society*, Volume 29, Number 3, August 2000, p.451.

② ［英］尚塔尔·墨菲：《政治的回归》，王恒、臧佩洪译，江苏人民出版社2005年版，第96页。

的追求来唤起公共精神，这种追求的目的同时也是为了个人的自由和权利。在这个意义上，这种爱国主义情感依赖的象征性话语资源在不同的政治共同体中将体现为各种形式，这基于不同国家的历史文化传统、经济发展程度及当下的主要发展目标，例如它在美国可能体现为对于“美国梦”的认同和追求，在中国则可以体现为中华民族伟大复兴，在南非则体现为各个种族之间和平相处的繁荣的“彩虹之国”。

# 第三章

# 墨菲阐释民粹主义思潮和运动的历史启示

在新自由主义霸权压制之下的左翼开始从挫败中重整旗鼓，这既包括现实的政治斗争，也包括左翼理论的某些突破。各种激进左翼政治方案试图提出一种超越新自由主义的替代性方案，这引起了左翼激进政治策略的论争，“哪种策略应该被付诸实施？它应该对既有的制度体系采取何种态度？”①民粹主义策略的理论突破当然不可能是闭门造车的结果，这就需要基于对历史上的一些重要的民粹主义政治实践做出批判性分析。通过对历史上一些代表性的右翼和左翼的民粹主义思潮和运动的观察和反思，墨菲希望从中提取一些普遍性的经验教训，从而回答“对既有制度体系采取何种态度”等难题。墨菲的左翼民粹主义策略的形成，一方面是基于对欧美右翼民粹主义的某些带有普遍性的成功经验的分析，另一方面则是对拉美左翼民粹主义和欧美左翼民粹主义运动的经验和教训的总结。

## 第一节　新自由主义霸权起源——撒切尔右翼民粹主义的启示

左翼民粹主义霸权策略的斗争目标是要取代新自由主义霸权，因而探究后者确立霸权的过程和方法就成为重要的参考，墨菲指出，“或许仔细研究新自由主义模式在西欧获得霸权的各种条件，可以为我们提供一些关于霸权转型如何发生的线索。”②新自由主义霸权的源起就是英国前

---

① Chantal Mouffe, *Agonistic*: *Thinking the World Politically*, Verso, 2013, p.65.

② Chantal Mouffe, *For a Left Populism*, Verso, 2018, p.25.

首相撒切尔夫人的右翼民粹主义模式。事实上，墨菲对于撒切尔主义并不陌生，后马克思主义理论建构和形成的过程就伴随着撒切尔主义逐渐成熟的过程，后者是后马克思主义霸权理论的潜在批判对象之一。撒切尔主义是西方右翼民粹主义的一个典型案例，并在一定程度上影响或启发了后来的西方右翼民粹主义者。因而在墨菲建构左翼民粹主义策略的过程中，对撒切尔右翼民粹主义模式崛起过程和成功经验的分析占了相当篇幅，墨菲试图在此基础上透视民粹主义模式兴起中的一些普遍规律。

## 一、福利国家危机与撒切尔新自由主义的兴起

担任英国保守党党魁15年，连任三届英国首相的撒切尔夫人对于英国政治经济文化格局的塑造的影响一直延续到今天，将撒切尔时代(1979—1990)界定为右翼民粹主义的胜利是当时左翼的流行解读。撒切尔主义的影响并不止于英国保守党当政期间，尽管稍晚的美国里根主义对于新自由主义模式的全球霸权的塑造可能影响更大，但正是撒切尔夫人在很大程度上开启了新自由主义长达三十多年的霸权，她提出的“别无选择”(TINA)在某种程度上成为新自由主义霸权的标识，而墨菲左翼民粹主义正是试图挑战这种“别无选择”。

墨菲和拉克劳的霸权思想成型期就处于撒切尔时代，他们的《霸权与社会主义策略》所针对的目标就是当时正在兴起但仍未取得压倒胜利的新自由主义模式。正如墨菲指出的，当时的形势是，“社会民主党价值观开始受到新自由主义的攻击，但这一价值观仍然在深刻地影响和塑造西欧的社会常识，因而我们的目标是思考如何保卫和深化它们。”①尽管他们并没有对于撒切尔做出重点的分析，但撒切尔主义无疑是他们该书的一个重要的潜在分析和批判对象，试图通过分析当时左翼所处的危机，而唤起左翼改良与重整旗鼓。撒切尔主义的遗产众说纷纭，但今天学术界对于其右翼民粹主义话语的关注则相对较少，更多的是关注其经济政策的具体后果，例如其大张旗鼓的国有企业私有化对英国的制造业的损害等后果。如果说在《霸权与社会主义策略》一书中对于撒切尔的民粹主义只是一笔带过，那么在构建左翼民粹主义霸权策略中，墨菲从民粹主义政治模式的视角，重点回顾和分析了撒切尔右翼民粹主义模式对左翼的启示。

---

① Chantal Mouffe, *For a Left Populism*, Verso, 2018, p.3.

撒切尔夫人当政之初所面对的政治格局是墨菲所称的“社会民主主义霸权”，即凯恩斯主义福利国家制度的支配地位，它是一种凯恩斯国家干预主义与社会民主主义价值观相结合的产物。尽管它不可能彻底突破资本主义政治经济模式的基础架构，但通过支持劳工在与资本的博弈之中的更有利地位，推动了一系列有利于保障工人阶级在就业、收入和社会保障等方面权益的政策，在这一过程中劳工阶级利益的提升与国家对于经济领域的全方位干预是同步增长的。这种支配地位也体现为某种意识形态霸权，即对社会大众的自由民主观念的重新塑造，包括将自由原则解释为积极自由而非消极自由，将平等原则理解为尽可能实现结果平等而非仅仅是规则平等和机会平等，还有将平等原则理解为自由民主制度中比自由原则更高的核心价值追求等等。这种社会民主主义意识形态霸权就成为撒切尔主义必须解构的对象，并试图推出一种新自由主义观念体系来取代这种霸权，“这种新自由主义霸权成功取代了社会民主主义的凯恩斯福利国家的支配地位，后者在战后三十年为西欧民主国家提供了主要的社会经济模式。”①

二战之后西方福利国家制度的确立和稳固依赖于西方国家的经济的持续发展和繁荣，资本主义世界在 20 世纪 70 年代的两次经济危机导致福利国家制度的维系出现困难，福利国家制度的发展伴随着官僚主义兴起、国家财政的沉重负担及经济运行效率的下降等一系列问题。面对官僚机构的臃肿和国有企业的低效，任何当选的政党都需要以某种方式来推动改革并缓解这一危机。具体而言，福利国家制度体系中政府部门变得日益庞大，而挤压了个人的自由空间，高税收高福利政策的合理性受到广泛的质疑。在经济效率上，它把社会的稀缺资源从“创造财富”的私营企业转移至“消耗财富”的公营部门；在民主治理中，凯恩斯主义大大加强了专业人员在政府制定和执行政策中的地位，削弱了议会的权力和公民的参与，一定程度上是对于西方多元主义治理模式的破坏，社区、非政府组织和私人利益集团等的参与治理的权力都受到削弱。这就使得一种提倡个人主义、多元治理的社会思潮再次升温。事实上工党后来也确实进行了纲领的重大改革以重新夺回政权，通过采纳吉登斯所提出的第三条道路来探索“社会民主主义的复兴”，包括在政府层面要求通过政府机构的改革来提升行政效率，在个人层面则提出享受福利需要与履行责

---

① Chantal Mouffe, *For a Left Populism*, Verso, 2018, p.26.

任和义务相平衡，吉登斯指出，“社会民主主义者必须改变福利国家蕴含的风险与安全之间的关系，以形成这样一个社会……人‘是负责任的风险承担者’”。①

左翼政治的困境还在于新社会运动兴起的挑战，及以性别政治为代表的身份政治对于平等原则的重新演绎。随着劳工阶层权益的保障及中产阶级为主导的社会结构的确立，原来的以阶级和经济平等为主流的平等思潮受到挑战，以性别和族裔平等为诉求的身份政治越来越开始占据舆论焦点和政治议程。这种左翼政治的危机成为墨菲和拉克劳提出后马克思主义霸权理论的时代背景，他们认为传统左翼受到经济决定论和阶级本质主义的束缚，因而后马克思主义的“目标是基于对‘民主的激进化’的重新定义，围绕着一个新的社会主义方案而建立一个新的历史集团”②，也就是要把以身份政治为代表的新兴势力纳入左翼阵营。但令他们失望的是，正是右翼成功确立了霸权。以撒切尔夫人为代言人的新自由主义成功地利用上述左翼政治危机而推出了一种右翼方案。

尽管撒切尔夫人在1990年由于税收政策失误而被迫辞职，但撒切尔主义所打造的新自由主义霸权却延续了下来，并且使得后来上台的布莱尔的新工党政府也难以突破其基本的政策框架，以至于撒切尔后来洋洋自得地调侃道，她最大的政治成就就是迫使新工党沿袭其政策。而冷战中西方集团的意外胜利，也赋予了新自由主义模式的某种人类终极性模式的神性地位，将新自由主义模式的地位抬高到了一种名不副实的历史地位。这种神化对于新自由主义模式本身也是一种损害，使得其从面对福利国家制度危机时的有益的周期性政策调整，被塑造为一种不容置疑的真理性权威。另外，撒切尔主义的重要方向就是改革凯恩斯主义指导下国家对经济的全面干预，这就大大降低了政府对于生产领域和金融领域的监管，同时撒切尔夫人将英国大量的国有制造业企业以低价出售给私人资本，但私人资本在经营重资产而低利润的大型制造业中并没有优势，这都使得英国曾经强大的制造业严重削弱，而这些领域的蓝领制造业工人也大量失业，英国的经济模式在“脱实向虚”的进程中不可逆转。撒切尔主义的这些政策方向和政策举措都是西方新自由主义模式所普遍分

---

① ［英］安东尼·吉登斯：《第三条道路：社会民主主义的复兴》，郑戈译，北京大学出版社2000年版，第104页。

② Chantal Mouffe, *For a Left Populism*, Verso, 2018, p.28.

享的，这些利好于全球金融资本主义的政策措施，是2008年的国际金融危机最终酿成的远期历史背景。

正如大卫·哈维在《新自由主义简史》中阐释的，20世纪70年代资产阶级成功地将社会的不满情绪从针对资本主义转向针对国家的干预和监管，“新自由主义相当适合这一意识形态任务。但是，新自由主义需要实际策略的支持……新自由主义化需要在政治和经济上建构一种以市场为基础的新自由主义大众文化（populist culture），满足分化的消费主义和个人自由至上主义。”①撒切尔主义无疑是这一实际策略的典范，它对于新自由主义霸权的打造所运用的是右翼民粹主义的话语模式，撒切尔主义打造政治霸权与文化霸权的过程是相辅相成的，很难截然分开。墨菲在具体的分析中没有对撒切尔夫人的具体政策做出过多的解读，而是将意识形态领域的斗争作为主要研究对象，更关注这一过程中撒切尔主义对于意识形态和社会观念的重塑。

## 二、撒切尔对新自由主义意识形态霸权的打造

撒切尔夫人意识到，如何充分利用社会民主主义霸权的弊端及其困境，是打造新自由主义霸权的重要着眼点，这就需要通过创造和宣扬一种话语模式，将社会民主主义的霸权地位宣扬为压迫“人民”的精英官僚集团的统治，从而确立新自由主义的意识形态的合法性。撒切尔夫人的民粹主义政治话语具体体现为，她充分认识到政治斗争的党派性，认为需要通过消解社会民主主义霸权依赖的劳工与资本的对抗话语，重新塑造一种新自由主义版本的对抗话语。通过抓住福利国家制度中的养懒汉现象及官僚主义弊端，撒切尔主义成功在寄生性的“精英”与勤劳的“人民”之间划定了一条新的政治对抗界限，“一边是由压迫性的国家官僚机器、工会和从国家救济中不劳而获的人所组成的‘建制力量’，另一边是作为各种官僚势力及其盟友的受害者的勤劳的‘人民’。”②

在对建制精英势力的批判中，撒切尔夫人民粹话语的主要批判对象是工会势力及其在议会中的代表。经过百年来西方工人阶级的不断抗争，各种层级的工会已经成为西方劳资纠纷和政党政治中的重要组织化

① ［美］大卫·哈维：《新自由主义简史》，王钦译，上海译文出版社2010年版，第49—50页。

② Chantal Mouffe, *For a Left Populism*, *Verso*, 2018, p.29.

力量，而随着工会权力的增长，工会在某种程度上已经异化为一个为工会组织及其高层自身谋私利的政治利益集团，从而使得工会在一定程度上成为束缚工人的权力和自由的新官僚机构，改革工会的呼声开始成为包括工人在内的全社会的普遍心理需求。如何在继续发挥工会保障工人权益的作用的同时，消除工会组织内部的官僚主义和腐败现象，使得工会与劳工利益再次一致，这已经成为左翼政党必须面对的政治难题，否则工会与工人的矛盾就有可能被代表资本家利益的新自由主义力量所利用。分化工人与工会及工党，将全社会不满情绪引向工会组织，成为撒切尔主义打压左翼势力而确立霸权的重要手法，而1984—1985年撒切尔政府在打击由全国矿工协会所组织的大罢工中的巨大胜利，成为撒切尔主义开始确立霸权的重要转折点。

在撒切尔对人民大众与精英集团的政治对抗边界的划分中，“人民被形容为善良而负责的纳税人，反抗那些滥用国家权力来限制纳税人自由的官僚精英及其受益者。”①撒切尔抓住并夸大福利国家制度存在的那些弊端，将这一制度描绘为是政治官僚精英不断压榨勤劳工作的纳税人，以养活和取悦那些依赖福利制度保护的社会寄生虫。这种新的对抗性话语体系也是对左翼所持有的传统对抗模式的替代，资本与劳工的分野和对抗不再成为社会焦点。通过鼓励和推动私营企业员工拥有公司股份并分红等经济政策，渲染所谓的“全民资本家”等欺骗性的话语，原来被认为是寄生虫的资本家阶级在这种新的政治对抗话语中逐渐隐身，以一种不动声色的高明手法将资本家重新归类为生产性的纳税人的行列，从而使得资本家与工人在这种新的话语模式中成了准盟友。通过这种政治话语的宣传，保守党成功地改变了既有的社会结构和社会力量构成，并打造了一个拥护保守党的广泛社会集团。

墨菲认为，专注于意识形态领域的斗争正是撒切尔主义打造霸权的秘诀。撒切尔主义成功地重新界定了民众对于自由民主制度的认知，塑造了一种新的“政治常识”，“撒切尔夫人在经济、政治和意识形态等多个方面着手，对当时由社会民主主义价值观塑造的‘常识’进行了话语重构。”②具体表现为，将斗争的靶子集中于与福利国家制度相伴随的国家干预及其官僚主义，将之污名化为个人权利和个人自由的阻碍。可以说，

① Chantal Mouffe, *For a Left Populism*, *Verso*, 2018, p.32.

② Ibid., pp.30—31.

撒切尔夫人成功地将英国保守党的保守主义价值观推陈出新，她利用英国由于长期实行凯恩斯主义之后所普遍存在的对于官僚主义和集体主义的厌烦心理，表面上宣扬的是保守党所坚持的诸如家庭、责任、权威、民族、传统等价值观，将这些价值刻画为个人主义、反官僚主义、个人自主等价值的体现，实际上所推出的是去除政府监管、消解工人的自我组织能力、宣扬自私自利等新自由主义价值。同时她利用了当时冷战高峰期间，西方人对于咄咄逼人的苏联集团的恐惧心理，煽动对于国家主义和社会主义的反感心理。

正是在这个意义上，墨菲认为撒切尔主义是对于葛兰西霸权理论的真正实践。尽管葛兰西被当做左翼的思想遗产，但左翼相对而言没有认识到霸权斗争的重要性，换句话说，尽管讨论和研究葛兰西的大部分是左翼学者，但真正在政治实践中存在的几乎只有右翼葛兰西主义者(right-wing Gramscianism)。因此，“葛兰西的理论贡献仍然没有真正被左翼所吸收”①，左翼对于葛兰西主义的继承和发挥，也许首先应该分析和吸取右翼葛兰西主义者的成功经验，特别是撒切尔主义的兴起演变历史。这在一定程度上也是左翼学者的共同认知，例如大卫·哈维对新自由主义霸权崛起的阐释也吸收了葛兰西的相关思想，《新自由主义简史》的第二章“建构赞同”正是从对于常识的塑造出发，解释了新自由主义如何称霸。

墨菲指出，对看似中立的学术领域的渗透也是撒切尔主义得以成功的重要战场。正是在福利国家制度危机所形成的对国家干预担忧的国内外氛围中，撒切尔夫人成功地将自身打造为哈耶克所代表的自由主义学说的门徒。哈耶克学派在20世纪80年代风靡全球，被塑造为对自由民主价值观的最经典甚至是标准的解释，它是一种自由原则全面压倒民主-平等原则的而倡导消极自由的价值观，宣扬个人对自身负责的个人主义，将国家权力视为个人自由的最大威胁，从而倡导一种要求最小化国家干预的自由主义思想。这种政治思潮的变迁其实在很大程度上也是新自由主义政治势力所打造的结果，“这种意识形态策略的重要步骤是反复强调‘民主’从属于自由原则，”②而这种新的政治思潮的流行又推动了新自由主义霸权的确立。当然，西方社会在冷战中的意外胜利也是这一思潮巩

① Inigo Errejon, Chantal Mouffe, *Podemos: In the Name of the People*, Lawrence & Wishart, 2016, p.70.

② Chantal Mouffe, *For a Left Populism*, Verso, 2018, p.31.

固统治地位的最重要外部因素。可见，新自由主义霸权的确立在最初打着个人自由的旗号，将国家通过制约资本而利好于劳工的政策妖魔化，从而将资本的任性自由塑造为“人民”的自由。同时，它也是对于西方自由民主制度的重新界定，或者说在自由原则与民主原则之间确立一种新的秩序，使得自由元素能够再次碾压民主元素，因为哈耶克的自由主义思想中，民主在本质上是一种保护自由的实用主义程序，至少民主相对于自由而言是一种低等级的价值，是在两个原则发生冲突的时候需要做出让步或牺牲的价值。

墨菲对于撒切尔的关注也来自对左翼政治的批判和失望，撒切尔右翼民粹主义策略对于左翼政治起到了釜底抽薪的作用，成功通过人民对抗建制精英的话语模式，而将英国工人阶级团结在保守党旗下。面对撒切尔主义在打造“人民”主体中获得的成功，英国左翼存在一种逃避主义的态度，试图将这种政治动员模式打上一种非理性的标签，从而避免左翼向这种“邪恶”道路学习的压力。因而向撒切尔主义学习首先是要采取一种现实的态度，将撒切尔主义这一政治对手作为一种客观的存在而进行理性的分析，并吸取其右翼民粹主义模式的成功经验。

## 三、左翼如何吸取撒切尔右翼民粹主义的经验

“向撒切尔主义学习”是墨菲的《为左翼民粹主义而作》第二章的标题，通过对撒切尔的右翼民粹主义的分析，墨菲试图得出右翼民粹主义成功过程中的一些具有普遍意义的政治举措，这其实是 20 世纪 80 年代相当一部分英国左翼学者的共同呼吁。以斯图亚特·霍尔为代表的左翼学者对于撒切尔的成功及左翼的失败感到痛心，他将撒切尔主义界定为“威权民粹主义”(authoritarian populism)。正是因为霍尔关注撒切尔民粹主义政治模式的意义，特别是强调左翼要正视撒切尔主义的成功经验，麦克盖根对霍尔做出了好评，他指出霍尔致力于破除将民粹主义概念与右翼相挂钩的通常认识，而将其与“大众-民主”范畴相挂钩，“这种观点可以合理地被视为民主的左翼的民粹主义。”①“向撒切尔主义学习”这一术语就来自霍尔所著《撒切尔主义与左翼危机》的结论的标题，墨菲对于撒切尔民粹主义话语模式的分析，借鉴了斯图亚特·霍尔为代表的英国文化

① [英]吉姆·麦克盖根：《文化民粹主义》，桂万先译，南京大学出版社 2001 年版，第 17 页。

马克思主义学派的研究。事实上，文化马克思主义学派也属于话语政治理论学派，而他们又都受到葛兰西的文化霸权理论的影响。分析右翼民粹主义霸权的打造过程中对于塑造大众文化和常识的依赖，成为他们分析撒切尔民粹主义的重要着眼点。

正如墨菲所指出的，新自由主义模式的兴起基于上世纪六七十年代资本主义运行方式的变迁，与此同时，“在从福特主义到后福特主义的转变过程中，一个关键的转变在于对既有话语和实践的重新表述过程”①，新自由主义必须将自身的统治美化为“自由”原则的胜利，而新自由主义确立霸权的关键就在于成功以这一意识形态来塑造大众认知。因而墨菲重点关注的是意识形态领域，撒切尔主义当然是对于社会政治经济文化的总体变革，但这种总体变革中意识形态元素的全面渗透是不可分割的，特别是在如何将新自由主义意识形态转变为大众所认同的常识这个领域，例如如何将国企私有化、资本任性自由、给富人减税、削减社会福利保障等举措美化为“为人民服务”，将实质上是资本家的自由的政策措施塑造为对“人民”的自由和权利的保护。

当然，这一主张可能会被一些批评者指责为某种唯心主义学说，忽视了经济在政治斗争中的作用。问题在于，墨菲的话语政治理论认为经济领域与政治领域是很难截然分开的，任何经济领域的成功政策变革都需要赢得大多数民众的理解和支持，或者说社会大众对于具体的经济政策的理解和认识在很大程度上来自霸权意识形态的塑造，正如霍尔所说的，“在阶级处境、政治立场与意识形态倾向三者之间不可能自动形成一致性，政治不是消极地反映多数人的愿望，多数是需要通过打造和赢得的。”②这意味着要积极投身于打造大众认同的斗争，撒切尔主义的成功正是在于将站在资本立场的经济政策，转化为民众自认为能够代表自身价值观和利益的“常识”，这种意识形态领域的功能性研究，正是墨菲所谓的向撒切尔主义学习的内在意蕴。

所以，墨菲倡导要学习撒切尔主义的民粹主义话语策略。而当下的新自由主义霸权的危机为左翼霸权的复兴提供了契机，“我们应该学习撒

① Chantal Mouffe, *Agonistic: Thinking the World Politically*, Verso, 2013, p.73.

② Stuart Hall, *The Hard Road to Renewal: Thatcherism and the Crisis of the Left*, Verso, 1988, p.281.

切尔的路径而采用一种民粹主义策略以追求一种进步目标，积极介入并整合多样性的群体来打造一个新的霸权以复兴和深化民主”①。当然，撒切尔主义体现为右翼民粹主义还在于其一定程度的排外性，例如她也将批评的矛头指向女权主义和移民，成功地将失业等问题与移民的冲击相挂钩，从而通过这种方式赢得了相当一部分工人阶级的支持。因而既要正视撒切尔右翼民粹主义的某些极端特征，也要选择性吸收其成功的经验。具体包括以下几个方面：

首先，要认识到政治的党派性是不可消除的。“主流”左翼坚持一种所谓的“中间共识”，将那些反对这些“共识”的力量统统贬低为纳粹主义或民粹主义。但政治的党派性要求打造一个全新的“我们”，而“我们”的形成又来自塑造一个相对立的“他们”，因而建构出一种作为政治对手的话语体系就成了必要，“不去界定出一个对手，就不可能掀起霸权攻势”②，通过界定出一个对手，成功地通过左翼民粹主义策略来建构“人民”。但如何打造人民是一种政治艺术，撒切尔主义用“纳税人”这一能指来指代人民，与勤劳的纳税人相区分和对立的是那些依赖于官僚体系而生活的寄生虫，包括工会官僚阶层、国企的管理阶层、福利制度中的懒汉、无业而不纳税的合法和非法移民等，成功地唤起了英国人对于纳税人这个身份的认同，而围绕着纳税人这一能指，创建了一个围绕着保守党价值观而重新打造的新的历史集团。

其次，如何通过意识形态手法将自身的价值观推陈出新，以符合当下习惯和话语的方式来表达和宣传。这也就是中国特色话语体系下的“化为人伦日用”，重新塑造一种新的深入人心的社会常识，这也源自墨菲对于葛兰西的“常识”的意识形态批判思想的继承和发挥。对于包括墨菲、霍尔在内的左翼民粹主义者而言，撒切尔主义的最重要意义在于，这一政治模式在形式上总是强调对于大众愿望和需求的倾听和回应，但又不是对于大众的消极回应和简单遵从。撒切尔主义通过宣扬民粹主义的反建制话语，却并没有真正去削弱政府的制度效能和治理能力，而是将议会外的斗争与议会内的斗争相辅相成，在具体的政策主张中坚定不移地以政府的力量来持续推动右翼的新自由主义纲领。真正的有价值操作手法在于这两者之间并行不悖，将践行新自由主义纲领美化为对民众需求的反

---

① Chantal Mouffe, *For a Left Populism*, Verso, 2018, p.35.

② Ibid., p.36.

馈。这也是墨菲常常感叹右翼民粹主义者才是葛兰西的真正门徒的原因。对于左翼民粹主义而言，如何运用民粹主义模式来坚定不移地推动左翼政治议程，这正是左翼民粹主义应该“向撒切尔主义学习”的主要层面。

最后，撒切尔主义的成功表明了魅力型领袖在民粹主义政治中的作用，英国这场影响延续至今的右翼民粹主义运动以其政治领袖命名，不是没有原因的，因为“铁娘子”成功将其右翼霸权的建构打上了自己的烙印。霸权争夺的胜负之中有很多的偶然因素，领导力和个人魅力无疑是其中之一，而且在很大程度上有可能成为民粹主义运动的象征。一个成功的民粹主义运动的标识，“它既可以通过一种特定的民主要求成为共同的民主斗争的象征，也可以通过运动的领导人来提供。”①当然，这一领域或元素也是传统左翼不愿意触碰的，总是不自觉地将魅力型领袖与极权主义模式相挂钩，不愿意承认个人魅力对于政治家在吸引选民中的作用，而常常将政治家个人魅力带来的政治激情视为民众非理性心理的体现。这种逃避和没来由的道德洁癖正是左翼理论常常与现实脱节的重要原因。因而，墨菲认为将魅力型领袖的维度完全从政治学理论中抛弃，并不是具有现实感的左翼应该有的姿态，它也是对于葛兰西思想遗产的背离。

墨菲认为，“向撒切尔主义学习”的原因在于，民粹主义与新自由主义的链接是历史的偶然，民粹主义模式并非右翼的专属，更不是新自由主义霸权的专属。20 世纪 90 年代以来，西方经济政治所发生的一个重要变化是，一方面，新自由主义霸权之下，国际资本对于工人阶级的压迫和剥削在不断加深，西方社会的阶级分化和社会矛盾在加剧，但是，由于苏东剧变之后左翼的总体衰落及阶级话语的污名化，传统的工人阶级与资本家阶级的政治话语越来越难以用于划分“我们”与“他们”的政治对立边界，被压迫者越来越开始诉诸“人民”话语，来表达自身对于掌握权力的精英的愤怒；另一方面，相对于西方左翼政治的衰落，及其对于大众运动的排斥，极右翼势力开始僭取“人民”的名号而自居，试图将自身打造为人民的代言人，但他们在对于“人民”的打造中更多地倾向于从种族的、排外的角度。

撒切尔主义在总体上塑造了新自由主义模式的基本政策趋向和政策框架，借助西方阵营在冷战中的胜利，新自由主义模式迅速在东方国家和

① Chantal Mouffe, *For a Left Populism*, Verso, 2018, p.70.

发展中国家阵营中也确立了霸权地位,旨在消除政府监管的新自由主义模式有利于国际资本的扩张,对于处于弱势地位的发展中国家的脆弱经济格局很容易造成冲击。作为新自由主义模式的重要象征的所谓的“华盛顿共识”,最初便是针对拉丁美洲的市场化改革而量身打造的,它很快在靠近美国金融资本的拉丁美洲酿成苦果,成为20世纪90年代后期拉美新一轮反国际资本的左翼民粹主义兴起的直接背景。

## 第二节　拉美左翼民粹主义运动的教训和经验

拉丁美洲左翼民粹主义运动具有重要的历史地位及象征意义,对于这一历史实践的批判分析,也许是任何左翼民粹主义思想必须包含的内容。墨菲与拉美颇有渊源,除了其丈夫及主要理论合作者拉克劳是阿根廷人,曾经是庇隆民粹主义运动的积极参与者,墨菲青年时期也有在拉美长期执教和生活的经历。在以切·格瓦拉为代表的左翼革命者在拉美掀起革命斗争的20世纪60年代,大量欧洲青年远赴拉美参与斗争,青年墨菲就是其中一员,她在哥伦比亚国立大学教哲学,并积极参与拉美的左翼政治运动。基于拉美政治的经验教训,拉克劳于1977年出版了包含民粹主义主题的著作,他提出该书的完成得益于与墨菲的深入探讨,由于墨菲在其中一些核心论题的形成上的理论贡献,“使本书在某种意义上可以被视为一种两人联合思想探险上的合作成果”。①可见,墨菲对于拉美民粹主义政治从来都不陌生。

相对于西方学者总体上对于拉美左翼民粹主义持有轻视或质疑的态度,与拉美有更多渊源的墨菲则始终保持着一种更为理解和同情的评价。一方面,墨菲认为应该深入拉美的社会背景来分析左翼民粹主义兴起的背景,并认识到其所承担的重建拉美社会的政治使命;另一方面,墨菲认为拉美的治理在总体上当然是相对失败的,但左翼民粹主义在其中所承担的责任被严重夸大了。墨菲试图对于拉美左翼民粹主义运动中的成功经验及其意义做出总结,特别是20世纪90年代以来,拉美左翼民粹主义在反抗新自由主义霸权中的作用及其成就值得肯定。通过不断将拉美与

---

①　Ernesto Laclau, *Politics and Ideology in Marxist Theory: Capitalism, Fascism, Populism*, New Left Books, 1977, p.13.

欧美的社会背景和相关情况做出类比，墨菲试图找出拉美左翼民粹主义政治的某些失败教训，并得出一些具有普遍意义的政治结论。

## 一、拉美左翼民粹主义兴起背景及其历史使命

拉美左翼民粹主义运动是第三世界左翼运动的重要案例，也是马克思主义思想在拉美开花结果的重要表现形式。作为一个马克思主义者，墨菲希望通过对拉美社会背景的分析，对拉美左翼民粹主义的兴起背景做出判断，并在这个基础上，给予这一运动以更多的理解和同情。特别是因为在对拉美左翼民粹主义的评价中，西方主流学者习惯于将拉美的治理失败归结为左翼民粹主义，无论这一认识是否真正反映了历史和现实，更重要的问题仍有待回答，那就是为什么拉美屡屡出现强大的左翼民粹主义势力？他们总是能够通过合法竞选手段上台，并且为什么他们能够在拉美民众中保有相当的号召力，诸如庇隆及其夫人等民粹主义政治家的政治遗产直到今天仍然深刻影响着拉美政坛。

在《以人民的名义》等著作中，墨菲对于拉美民粹主义兴起的历史背景进行了分析。她认为，包括左翼在内的西方学者对于拉美民粹主义政治的态度总体上都是否定的，这种轻率的否定态度是一种思维懒惰，并没有充分认识拉美的历史和现实的复杂性及民粹主义者的诸般困境。作为有拉丁美洲长期执教和生活经验的西方学者，墨菲相对而言更为理解和同情拉美的社会抗争运动。而在《以人民的名义》中作为墨菲的对话者的埃雷洪，同样曾经积极参与拉丁美洲的一些政治运动，相对于那些在书斋中静观拉美历史与现实的学者，两人对于拉美民粹主义政治得失的批判分析具有重要的参考价值。

墨菲认为，“拉丁美洲存在各种形式的民粹主义，这源自各国的特殊历史及政治文化。”①在社会的发展水平上，拉美广大民众的基本生存都比较难以保障，从而容易受到某些短视的经济政策的吸引，成为左翼民粹主义政策的拥护者；在社会的阶层结构上，拉美是典型的金字塔式结构，在极少数精英阶层与广大人民大众之间的分野极其明显，精英与人民之间的相互敌视和对抗很容易生成；在政治制度模式上，虽然拉美主要国家在20世纪90年代之后才基本确立比较成熟和稳固的民主制度，但基于西方民主政治及美国对于拉美政局的影响，民主思潮在拉美政治中的影

① Chantal Mouffe, *For a Left Populism*, Verso, 2018, p.10.

响比较重要，为推崇直接民主的民粹政治提供了政治思想氛围；在制度化水平上，由于拉美政府的财政汲取能力和社会渗透能力的低下，拉美的整体制度化水平很低，而包括工人阶级在内的被压迫群体在政治斗争的组织能力上也比较薄弱，从而导致某些魅力型领袖发动的民粹主义常常成为社会大众动员的唯一形式。

在拉美的长期生活经历影响了墨菲和埃雷洪，使得他们能够更加真切地体验到拉美与欧美所处历史阶段和历史任务不同。欧美已经具有了成熟的民主政治所要求的完备经济政治条件，拉美基本处于一种前现代的政治文明，尽管表面上确立了一整套民主体制，但不具备成熟民主政治赖以行之有效的各种经济、政治、文化条件。基于拉美在国家建构和社会建设等领域的滞后性，民粹主义政治需要完成一系列苛刻的历史任务。拉美很多国家既没有坚强的国家认同，政府也不具备强大的施政能力，使得执政的民粹主义政党往往需要从头开始来打造一个国家，包括国民认同建构、征税体系的打造、社会基本保障体系的建设等，这些历史任务都面临着根深蒂固的寡头势力的强大抵抗。另外，相对于欧美常常能够通过将社会改革进步的成本转嫁给处于边缘的发展中国家，“拉美也没有这些边缘可以用来承受其改革的成本”。①因此，拉美左翼民粹主义与欧美左翼民粹主义面临着不同的历史使命，如果说左翼民粹主义运动在欧洲主要是防御性的，是要保住福利国家制度所带来的经济、政治成果或遗产，那么左翼民粹主义在拉美则是进取性的，需要从头建设一个更为完整和平等的社会，这种进取性的政治运动当然会面临着更多的困难和挫败。

墨菲和埃雷洪在拉美参与大众抗争运动的人生体验，使得他们对于什么是进步、自由和人权有了更为直观的体验，也激活了他们所熟知的葛兰西的相关霸权思想。墨菲指出，保护人权当然是一种全人类的共同追求，但对于人权概念的界定“是一个被权力关系所塑造的地带，在此，充满着霸权斗争”②，通过将新自由主义模式的自由市场方案界定为人权范畴的核心，这一范畴就成为新自由主义霸权确立自身统治合法性的概念工具。因此，“我坚决主张有必要将人权概念多元化，只有这样才能防止这

① Inigo Errejon, Chantal Mouffe, *Podemos: In the Name of the People*, Lawrence & Wishart, 2016, p.81.

② ［英］尚塔尔·墨菲：《论政治的本性》，周凡译，江苏人民出版社2016年版，第107页。

一概念沦落为实施西方霸权的工具”①，这就意味着要争夺对于人权概念的界定权，或者说左翼民粹主义霸权斗争的一个重要层面就是重新塑造人们对于人权范畴的普遍认知。

关于人们对人权概念内涵的理解和感知，在欧美当下政治议程中也许更多的意味着身份政治和性别平等，意味着跨性别者能够按照自己的意愿来获得选择上男厕或女厕的法律权利。而墨菲和埃雷洪强调，在拉美的左翼民粹主义斗争中，人民的抗争和人权的改良则可能意味着能够吃饱肚子，意味着不会在混乱的治安中死于非命，意味着儿童能够喝到牛奶从而长得更高更壮，“也许这些社会进步方案看起来不那么像经典的社会主义，但只有笨蛋才会对这种艰苦的努力和切实的成就不屑一顾”。②不过这些进步确实被世界“主流”媒体所忽略，它们在世界热点政治议题中的存在感是很低的，在西方社会中，有更多劲爆的话题能够占据公共议程和舆论焦点，而偏远地区的小民多喝了二两牛奶的“微小”人权进步完全没有争议性和话题性，从而很难成为西方媒体的关注重心。而当他们成功进入西方媒体或学者的视野之中时，等待他们的很可能是对这种诉诸对当权寡头的愤怒情绪的“非理性”民粹主义政治的批判。

不过，21 世纪之交拉美的这些大众运动在带来民众生活水平的有限改善之后，并没有带来更大的改变。一方面，有些国家的左翼民粹主义运动的成就并没有转化为选举上的胜利，而随着社会运动热情的消亡和民众的疲倦，这些有限的成果也常常出现倒退，结果普通人的经济状况变得更糟。另一方面，即使是左翼民粹主义政治最终通过成功的竞选而体现为制度上的变革，也不一定就能带来持续的进步。因此，墨菲对拉美左翼民粹主义的同情并非是想要美化其实践，而是强调要回到其民粹主义生成的历史背景，承认那里所发生的社会运动的合理性及其在一定范围之内的进步作用，同时反思其历史经验和教训。

基于对拉美左翼民粹主义运动的背景及使命的分析，墨菲认为，民粹主义几乎是拉美所有的政治运动的普遍特征，基于拉美普遍存在着薄弱的国家认同和糟糕的国家能力，选举民主在打破精英垄断权力的金字塔

---

① [英]尚塔尔·墨菲:《论政治的本性》，周凡译，江苏人民出版社 2016 年版，第 107 页。

② Inigo Errejon, Chantal Mouffe, *Podemos: In the Name of the People*, Lawrence & Wishart, 2016, p.83.

式结构中的作用有限，民众虽然有选票，但是没有组织起来，选票难以对既有的权力格局和经济格局带来改变，因而左翼民粹主义同时承担了在打破既有的精英民主格局基础上重建社会的任务，他们甚至是唯一有意愿及有能力来改变既有僵化格局的力量。但民粹主义带来的也并不都是好的结果，或者在取得一些成果之后又发生倒退，作为一种大众动员模式，民粹主义并不会必然带来某种预想的良好结局，而取决于运动中各种偶然因素，包括各种国内外背景、社会结构、经济形势，领导力等等。

关键是如何审视和评价拉美左翼民粹主义的这些表现，左翼民粹主义政治的困境和成就不能通过简单的标准来衡量。而是要基于拉美脆弱的制度化和严重的社会两极化来审视，而不是基于发达国家的政治文明程度而设定一个很高的标准，而将治理效能的低下完全归咎为民粹主义政治。而西方学者的主流观点恰恰是将拉美的治理失败原因都归结为民粹主义，从而将民粹主义认定为一无是处。墨菲强调，西方主流学者实际上是认为，拉美维持现状好过任何运动，任何大众的动员只能使情况更糟糕，“即使既有制度不能回应人民的需要或者并非很民主，但任何单一的制度都比激增的有组织性人民抗争更为可取。”①因而，左翼民粹主义政治实际上是拉美式精英通吃的不平等格局的产物，而并非拉美治理失效的主要原因，它的一些教训当然需要吸取，但不能要求民粹主义承担治理失败的全部责任，因而墨菲希望拯救出拉美民粹主义运动中的合理成分，它至少表明了一种希望改变现存不平等社会的政治努力，也确实给既有精英政治格局下被完全忽视的下层平民带来了生存条件的改善。

## 二、对拉美左翼民粹主义失败教训的夸大与偏见

墨菲对拉美左翼民粹主义并非持完全认同的态度，认为拉美实践存在着一些必须要反思的教训。但墨菲反对的是欧美主流媒体和学界中对拉美左翼民粹主义的近乎完全否定的态度，她认为拉美存在着如此之多的国家及各种类型的民粹主义，需要根据不同的类型或案例区别对待，而不是在一个拉美左翼民粹主义的总的标签之下而不加区分地打上邪路的判断。墨菲并不否认相对于发达国家而言拉美各国治理效能的低下，也

---

① Inigo Errejon, Chantal Mouffe, *Podemos*: *In the Name of the People*, Lawrence & Wishart, 2016, p.91.

没有完全否认民粹主义政治在其中所承认的部分责任，但认为这种指责被夸大了。因为“主流”学者往往站在发达国家的社会背景来审视发展中国家，将发达国家所具备的种种有利条件作为所有社会的理所当然。事实上，发展中国家往往面临着国家建构、基本的制度建设、民众的基本社会保障等难题，这种社会背景和发展程度上的差别，决定了拉美左翼民粹主义所承担的艰巨政治任务和政治使命被忽略，从而很容易被西方学者评价为一种业绩糟糕的治理模式。

墨菲认为，相对于西方学者对于拉美左翼民粹主义的指责，前者对于后者的不屑一顾可能更符合事实。由于政治经济文化等各领域发展程度的落后，拉美左翼在政治实践中所面临的各种难题并不为欧美左翼学者所真正理解。墨菲与埃雷洪对拉美左翼民粹主义的关注也是出于对欧洲中心主义的担忧和反思。欧美学者“受到一种认识论上的殖民主义(epistemological colonialism)的影响”①，总是倾向于将西方的理论和实践视为正统或正宗，而将非西方的东西视为变体乃至畸体，并过于纠缠于其不成熟或缺陷之处，“似乎拉美的这些经验——它们的困难、成功和错误——都并不值得做出严肃的研究和探讨”②，西方的主流左翼普遍将拉美视为异端，并不将这些进步运动视为左翼运动。与其说欧美左翼认为拉美左翼实践主要是负面意义，不如说他们根本瞧不上这些第三世界的“畸体”。这种蔑视态度将拉美运动中的失败教训的吸取与成功经验的总结完全掩盖。

由于欧美“主流”左翼学者的理论建构与社会实践严重脱节，他们对于左翼实践的感知往往也带有某种学院派知识分子的迟钝，这也反映在他们对于拉美左翼民粹主义的感知中。作为新世纪以来国际左翼斗争的重要地域，拉美左翼运动的困难、成功和失误本来是各种革命理论值得研究的地方，也应该是左翼理论能够有所创新的重要生长点。但是，欧美“主流”左翼存在着某种教条主义的态度。正如恩格斯在1886年在如何看待当时仍相对落后的美国左翼运动时所指出的，“要获取明确的理论认识，最好的道路就是从本身的错误中学习，‘吃一堑，长一智’……(对于那些存在着缺陷的美国左翼实践斗争)不应当从外面冷眼看待它，而要从内

① Inigo Errejon, Chantal Mouffe, *Podemos: In the Name of the People*, Lawrence & Wishart, 2016, p.92.

② Ibid., p.88.

部使之革命化。”①墨菲所批判的正是欧美“主流”左翼对恩格斯的这种反教条态度的背离。所有的伟大的革命运动都是对于既有教条的突破，但也正是对于革命精神的发挥。欧美左翼当下的教条化体现在，“所有的左翼斗争手册都是欧洲人写的，如果这些手册在欧洲都无效，怎么能期待它们在拉美有效。”②既然西方左翼认为作为“人体”的西方政治是解锁作为“猴体”的拉美政治的密码，他们就不承认拉美等第三世界左翼运动值得认真分析研究，更遑论什么经验教训需要吸取。这种对于非西方社会主义运动的傲慢与偏见，既体现在他们对于拉美左翼民粹主义的傲慢，也体现在他们对于中国特色社会主义实践的偏见。

基于西方主流学者对于拉美民粹主义的轻视和偏见，查韦斯民粹主义的命运就成了拉美左翼民粹主义注定失败的标本，或者说第三世界的左翼“畸体”的典型。墨菲对于查韦斯主义的印象并不佳，查韦斯主义在某种程度上也成为墨菲左翼民粹主义的理论负担或障碍，墨菲强调，左翼民粹主义策略并不会像一些人所担心的，会将查韦斯模式及其政治经济后果带到欧洲，“这是因为他们不能区分带有普遍性的政治理论的分析层面与特定案例的多样性”③，一种理论或策略本身不能为这种策略的所有消极政治后果负全责，左翼民粹主义策略只是为左翼提供一种大众动员模式的阐述，并不能保证左翼民粹主义一定能够避免任何陷阱或问题，查韦斯主义不应该成为左翼民粹主义所背负的理论十字架。正如我们不能将苏联模式的失败理解为马克思主义的失败，也不能认为左翼民粹主义只能以查韦斯主义这种形式体现，尽管查韦斯主义确实在“主流”媒体和舆论中几乎被等同于整个拉美的左翼民粹主义政治。

正是基于上述逻辑，在关于拉美民粹主义的相关著作中，诸如“诱惑”“陷阱”等贬低式的评价很常见，例如在近些年出版的智利裔美国学者爱德华兹的《民粹主义的致命诱惑》一书中，突出强调了拉美民粹主义政治的短视和盲动。脆弱的制度化赋予了民粹主义领袖一种表面上看来是任性的权力，使得政客能够摆脱权力的制衡，超越立法程序或政策争论而轻率实施各种政策，以推动经济管制、侵犯产权和加强保护主义的决策，同

---

① 《马克思恩格斯文集》第10卷，人民出版社2009年版，第560页。

② Inigo Errejon, Chantal Mouffe, *Podemos: In the Name of the People*, Lawrence & Wishart, 2016, pp.87—88.

③ Ibid., p.108.

时还随意地诉诸全民普选的形式来实行某些具体的政策措施，进一步导致政治动荡及政策的不确定性。结果是，在民粹主义政治主导之下，拉丁美洲看似是推动了一系列站在人民立场的社会变革，但实际上却是存量改革而非增量改革，为了在短时间内取得执政绩效，“民粹主义者一再选择捷径，绕开可以改善穷人状况的重要措施”。①而想要推开庞大的利益集团需要长期耐心的政策措施和政治艺术，这往往是民粹主义政治所不擅长和不愿意的。

墨菲并不否认民粹主义的上述缺陷和教训，但她对拉美民粹主义兴起背景的分析，更重要的目标是通过拉美与欧美的社会背景的对比分析，解释欧美民粹主义的兴起原因及其如何避免掉入上述陷阱。墨菲和埃雷洪在对话中试图对于欧美和拉美的民粹主义政治做出区分。他们总体上认为，由于拉美经济发展的脆弱性、社会的两极对立以及社会保障体系的薄弱，拉美左翼民粹主义运动更容易陷入某些陷阱，例如民粹政治很容易走向由民粹主义领袖主导的威权政治等。因而，如何避开这些陷阱就成了欧美左翼民粹主义政治的重要教训。简而言之，墨菲认为欧美左翼对于拉美左翼民粹主义运动教训的吸取需要注意两个方面：

一方面，欧美左翼需要扭转对拉美左翼民粹主义政治的偏见，从而承认大众抗争在社会进步中的潜在功能。墨菲批判欧美“主流”左翼在很大程度上已经成为新自由主义意识形态的同路人，尽管他们在口头上仍然勉力维持着左翼的政治理念和政治话语，但他们实际上已经是以“历史终结论”的眼光来审视世界各国的左翼政治，以新自由主义版本的资本主义自由民主来评价各国的社会主义实践，这也体现在对于拉美左翼民粹主义的态度，他们普遍将拉美的左翼进步主义政府视为异端，“没有见到任何一家所谓的欧洲进步主义报纸对南美的状况作出最低程度的客观评价……他们说因为这些都是民粹主义而非左翼，他们区分了一种好的左翼与坏的左翼”。②他们往往轻率地将拉美的左翼运动打上一个他们所不喜欢的民粹主义的标签，从而进一步拒绝正视这种抗争的合理性及任

---

① ［智］塞巴斯蒂安·爱德华兹：《掉队的拉美：民粹主义的致命诱惑》，郭金兴译，中信出版社 2019 年版，第 194 页。

② Inigo Errejon, Chantal Mouffe, *Podemos: In the Name of the People*, Lawrence & Wishart, 2016, pp.88—89.

何可能的政治经验教训的吸取。

另一方面，墨菲和埃雷洪实际上提出了某种“橘生于淮南则为橘，生于淮北则为枳”的判断，尽管他们得出了一个共同的判断，南欧左翼民粹主义的兴起在很大程度上源自这些国家政治经济形势的拉美化（Latin-Americanisation），包括民主代议制功能的衰退、既有体制满足民众需求能力的下降、中产阶级的贫困化加剧、社会经济和舆论的极化等等，而金融危机引爆的欧洲主权债务危机只不过使得这种政治经济形势拉美化最终浮出水面。但是，欧美国家只要实现有效的政治改革就能够很大程度地克服这些困难。如果说拉美的民粹主义政治的表现常常不符合人们的政治预期，欧美国家则有可能驾驭民粹主义政治这匹野马，欧美相对发达的经济发展水平，稳固的民主政治传统，以及强有力的制度化水平，能够消解掉民粹主义政治的野性倾向，并运用民粹主义政治的蓬勃马力来推动社会的改良和进步。在这个意义上，“对于西欧民粹主义的反思也能为理解其他地区的民粹主义政治提供有价值的洞见”①，例如东欧和拉美的民粹主义政治。

因此，墨菲强调拉美民粹主义运动的某些教训并不代表左翼民粹主义的总体失败，而是源自拉丁美洲自身的各种经济、政治和社会困境，左翼民粹主义在某种意义上成为拉美社会改良运动遭受挫折的替罪羊，特别是在新自由主义意识形态主导之下，对于民粹主义的妖魔化占据了“主流”媒体，进一步塑造了民粹主义的恶劣形象，而使得拉美民粹主义政治中的一些值得关注的进步层面被有意地掩盖。事实上，拉美新一轮左翼民粹主义的兴起就源自新自由主义霸权造成的破坏，诸多拉美国家都在对抗新自由主义力量同时实施了各种有利于大众阶层的改革，“这些改革能够取得成效来自政府与一系列社会运动之间的合作和互动”②，他们对于新自由主义的抗争也有很多的有益经验值得总结。这也成为墨菲最初关注拉美左翼民粹主义的最直接动因。

## 三、对新自由主义霸权的反抗及其经验

20 世纪 90 年代中后期兴起的拉美新一轮左翼民粹主义是欧美左翼

---

① Chantal Mouffe, *For a Left Populism*, Verso, 2018, p.10.

② Chantal Mouffe, *Agonistic*: *Thinking the World Politically*, Verso, 2013, p.75.

民粹主义的先声，两者的先后兴起有着类似的背景。新自由主义霸权旨在妖魔化和削弱主权国家对于经济和金融领域的控制和监管，它天然地有利于发达国家资本巨头在全世界的经济布局和剥削。因而新自由主义霸权的恶果首先在拉美各国表现出来，随着两极分化的社会格局逐渐在欧美体现出恶果，从而直接导致反抗寡头统治的欧美民粹主义时代的来临。因而，拉美民粹主义实际上就是欧美的一次预演，或者说新自由主义霸权最终导致欧美在某些层面的拉美化，包括经济的两极化、社会思想的两极化、国民认同的撕裂等等。在这种情况下，拉美左翼民粹主义对于新自由主义霸权的抗争及其经验，对于欧美左翼如何动员民粹主义力量来反抗新自由主义霸权，就具有了重要的参考价值。

尽管拉美的新自由主义思潮及其政治实践是美国霸权所强加的，但新自由主义趋向的改革也是拉美长期经济恶性循环的必然结果。为了缓解严重的外债危机，在美国所主导的国际经济组织的推动和引导之下，20世纪八九十年代之交，拉美各国基本上开启了以市场经济为寻向的改革，即以所谓“华盛顿共识”为标识的新自由主义计划。大量国有企业被国内外私人资本低价收购，但腐败盛行缺乏监管导致国有资产大量流失，而关乎国计民生的公共事业的国有垄断为私人垄断所代替，直接导致价格的上涨和服务质量的下降。而真正困难而又必需的改革却基本没有推进，国家能力不仅没能得到增强，反而进一步削弱了政府的治理效能，“三心二意、半途而废的改革未能提供解决方案，由此产生的影响具有讽刺意味而且导致了不幸的结局，民众对于必要改革的支持减少了”。①墨菲认为，拉美市场化改革中权贵和人民的收益是刚好相反的，由于政府干预和监管权被全面地批判和丧失，僵化低效的政府治理被无序和腐败所代替，权贵和国内外资本巨头在国企私有化的盛宴中大发其财，而人民却需要承担国有资产流失、国企破产贱卖导致的大规模的失业及公共事业价格的上涨等。市场化改革的失败导致反全球化的声音迅速兴起及对当权寡头的愤怒情绪的上升，危机的频发使拉美成为民粹主义的沃土。

这一轮左翼民粹主义政治的比较成功的案例是阿根廷。在20世纪90年代中后期，对于权贵和寡头的不满最终演变为大规模的民粹主义抗

---

① ［智］塞巴斯蒂安·爱德华兹：《掉队的拉美：民粹主义的致命诱惑》，郭金兴译，中信出版社2019年版，第78页。

争。阿根廷爆发的左翼民粹主义占领运动①成为新一轮民粹主义的重要代表，这一抗议运动是由私有化改革所带来的贫困及失业引发的，陷入困境的失业工人发起了通过占领街头来表达特定抗议或诉求的运动，这一运动的口号是“把他们都赶走”(away with them all)，要求将所有的政客都赶走，并实现人民的自我组织和自治。类似运动也很快蔓延至很多拉美国家，这一占领运动也成为后来的欧美各种占领运动的先声，也受到一些国外马克思主义的关注和欢迎。

墨菲对于阿根廷的占领运动及其后续政治效应做出了分析，这一运动成功地将阿根廷总统赶下台，迫使新当选者做出了某些提高人民福利的政治姿态，但这也正是这一运动的最大成就及其局限，因为他们难以提出一种替代性的方案，始终保持在这种完全反建制的状态最终会使得既有成果付诸东流。运动的成果最终是依靠基什内尔主义②而得到拯救。在基什内尔夫妇先后担任阿根廷总统(2003—2015)期间，他们整合了阿根廷占领运动中的中下层力量，并依靠这些力量推动了一些有利于社会平等的制度化改良。墨菲强调，“如果不是内斯特·基什内尔赢得选举，开始实施恢复阿根廷经济及改善穷人状况的进步措施，这一场大众抗争的结果可能会完全不同。”③总体上，墨菲认为拉美左翼民粹主义在反抗新自由主义霸权中的经验可以总结为三个方面：

首先，拉美左翼民粹主义政治显示出与民主政治的兼容性，在有效克服困扰拉美几十年的军人专制政府模式之后，新一轮拉美左翼民粹主义运动在一定程度上伴随着拉美民主制度的成熟，它既没有在根本上突破拉美的民主制度化框架，同时也有助于民主政府能够更有效地回应人民的需求，墨菲在 2013 年写道，“南美的进步政府在过去十几年的经验证明，挑战新自由主义和重建民主价值的优先性，不需要以放弃民主代议制度体系为代价”④，

---

① 这一运动的西班牙语名称是 The piqueteros，来自英文词 picket，原意是罢工期间的工人纠察队。

② 基什内尔夫妇出身于阿根廷正义党(阿根廷前总统庇隆所创建，原称庇隆主义党，1964 年改名阿根廷正义党)，长期担任该党的重要领导，在该党 2019 年总统大选中获胜之后，基什内尔夫人担任副总统至今。

③ Inigo Errejon, Chantal Mouffe, *Podemos: In the Name of the People*, Lawrence & Wishart, 2016, p.85.

④ Chantal Mouffe, *Agonistic: Thinking the World Politically*, Verso, 2013, p.125.

左翼民粹主义政党被证明是民主政治的捍卫者和推动者。

其次，拉美左翼民粹主义政治暴露了彻底反建制的民粹主义运动的局限性，反映出需要将反建制的民粹主义运动转变为建制内的抗争，同时左翼民粹党只有不断地从建制外抗争中汲取能量，才能消解利益集团和寡头政治的阻碍。声势浩大的占领运动如果不能有效转化为建制内力量的话，那他们的反新自由主义斗争就将很快被遗忘。持续的大众政治很容易走向疲倦，所取得的有限成果也容易出现倒退，结果普通人的经济状况变得更糟。因此，拉美左翼民粹主义反抗新自由主义霸权的斗争，“揭示了将议会斗争与议会外斗争结合起来，在体制框架内转变权力结构的重要性。”①左翼民粹主义政治要求扩大大众参与，以民众的力量来抵消精英利益集团对于政治的操纵，有可能形成议会内与议会外斗争的结合，以议会外的压力推动改革，以议会内的改良来回应并稳定社会秩序的良性循环。

最后，拉美左翼民粹主义政治的经验反映了左翼民粹主义介入政党政治及提升国家能力的必要性。华盛顿共识将国家及其监管力量妖魔化和罪性化，将国家权力视为自由和民主原则的对立面，要求拉美国家普遍放松或完全放弃政府对于国内外私人资本力量的监管，这导致了严重恶果。拉美左翼民粹主义的崛起，代表了对于国际资本巨头敌视主权国家权力思潮的一种反抗，它试图通过选举上台并增强国家政权支配资本寡头的力量，来维护和满足大众的需求。墨菲认为，拉美左翼民粹主义通过发动“民族-人民”的动员模式，扩大国家的社会阶级基础和国民对政府的认同，从而提升政府的合法性和能力来挑战国内外新自由主义势力，并实施一系列有助于迫使国际资本精英退让的进步改革，这些改革显著改善了民众阶层的状况。这种推动人民生活改善的改革是国家与各种社会运动合作的结果。

可以说，墨菲提出的左翼民粹主义霸权策略，对拉丁美洲民粹主义政治的历史经验和教训的正视和吸取是其中重要一环。总体上看来拉美左翼民粹主义政治存在的各种问题源于拉美发展过程中面临的各种困难，它使得民粹主义政治担负了从根本上重建国家的历史任务。以查韦斯主义和基什内尔主义为代表的新一波拉美左翼民粹主义政治一直延续到今

---

① Inigo Errejon, Chantal Mouffe, *Podemos: In the Name of the People*, Lawrence & Wishart, 2016, p.76.

天。拉美这一波民粹主义的兴起与欧美左翼民粹主义的兴起具有类似的国际政治经济背景，都源自新自由主义意识形态霸权之下的社会阶级矛盾激化，只不过其对于处于世界经济边缘地位的拉美的冲击更早显露，而对于欧美的冲击则到了 2008 年全球金融危机之后才展现出来。因此，对于拉美民粹主义政治兴起的批判分析，对拉美与欧美民粹主义政治的差异的判断，成为墨菲倡导欧美左翼采取民粹主义策略的重要依据。

## 第三节　欧美左翼民粹主义“占领运动”的得失

苏东剧变之后新自由主义霸权得以确立，西方左翼政党则以“犹抱琵琶半遮面”的形式默认了这一霸权，社会民主党纷纷走向了一种所谓的中左翼或激进中间派立场，“实行了斯图亚特·霍尔所称的社会民主党版本的新自由主义。”①在这种“历史终结论”霸权主导之下，社会中的任何对抗形式被认为失去了合理性，政治完全演变成了针对具体经济问题的技术专家型社会治理。2008 年全球金融危机之后，陷入了 20 年沉寂的西方左翼运动开始复兴，它最初体现为欧美一些国家发生的带有相同特征的“占领运动”，这些带有民粹主义特征的反建制运动也引发了西方左翼学者的热议，特别是一直期望革命回潮的西方激进左翼感到鼓舞。左翼围绕着“占领运动”的各种解释和争论一时成为左翼理论的重要生长点。

以占领运动为代表的左翼政治的复兴，成为墨菲思考重建左翼霸权应该采取何种策略的直接背景，对占领运动的分析也构成墨菲论述左翼民粹主义策略的重要依据。墨菲指出，以美国占领华尔街为代表的各种左翼大众运动的爆发，“使得我一直在理论层面探讨的许多论题突然变成一种需要紧急应对的现实问题。”②对欧美带有左翼民粹主义特征的大众运动的经验和教训的反思，是墨菲这样一个以解放政治为理念的、希望能够参与和推动左翼政治运动的马克思主义者迫切需要思考的政治现实问题。墨菲认为，“占领运动”提出了反新自由主义霸权的命题，但却没有从根本上突破新自由主义意识形态，其拒绝与既有制度体系打交道的反建

① Chantal Mouffe, *For a Left Populism*, Verso, 2018, p.4.

② Chantal Mouffe, *Agonistic*: *Thinking the World Politically*, Verso, 2013, p.107.

制特征，也导致政治激情退却之后运动很快转为平静。不过“占领运动”的诉求并没有真正得到解决，一些吸取了运动经验和教训的左翼民粹主义政党也从运动的灰烬中得以兴起。

## 一、左翼“占领运动”的兴起及其历史意义

左翼民粹主义“占领运动”的直接起因当然是2008年全球金融危机及其引发的主权债务危机，它迫使很多国家采取了财政紧缩政策，普通民众的福利和社会保障被进一步压缩，但资本巨头的财富不仅没有受到损失，反而借助危机进一步壮大，社会两极化的加剧进一步激发了社会的普遍不满。“我们是99%，而华盛顿为华尔街上的1%服务”，占领华尔街运动中的这一口号彰显了其左翼民粹主义特征，它在受压迫的人民大众与金融寡头之间划出界线，号召人民大众反抗新自由主义资本寡头及其政治代理人的统治，以占领华尔街为代表的欧美诸国的各种占领运动成为冷战之后新一轮左翼运动的起点，并很快成为蔓延至整个西方世界的声势浩大的左翼运动，表明了新自由主义霸权的统治的危机。

这场蔓延整个西方的抗议运动最早起源于西班牙，因为西班牙是受到2008年全球金融危机影响最大的西方国家之一。失业率，特别是青年的失业率在整个西方国家排在前列，因而爆发了西班牙反紧缩运动或愤怒者运动[因为爆发于2011年5月15日(May 15)而被称为“M15运动”]。他们认为资本精英已经垄断政府的权力，民主制度的消亡导致一系列有利于资本精英的政策的制定和实施，因而运动的口号或诉求主要包括“立即实现真正民主”和“青年人没有未来”。据估计有占西班牙近五分之一人口的650—800万人参与了这场运动，运动最高峰时期西班牙大小城市的街道都被这些愤怒的青年占据。由于西方各国面临着类似的经济危机和紧缩政策，西班牙愤怒者运动很快便蔓延到西方很多国家，并成为影响更大的美国占领华尔街运动的先声，随后在2011年10月演变为一场全球性的大规模抗议运动，在欧洲的德国、法国、意大利、希腊、英国等国家，北美的美国和加拿大以及大洋洲的澳大利亚和新西兰等全面爆发。

墨菲认为，“占领运动”的重要特征是对于国际资本寡头的愤怒情绪，华尔街巨头被认为是新自由主义统治的幕后黑手，而在欧洲的抗议运动中，欧盟被视为是国际资本巨头的执行机构而受到指控。尽管金融危机是“占领运动”的直接导火索，但更需要关注的是左翼运动重新兴起背后

的深层次原因。墨菲强调，如果说对于这场运动的各种解释有什么相同点的话，那就是都认为“这场抗议运动并不仅仅是对于当下的紧缩政策的反抗”①，而是针对这一场金融危机背后的新自由主义霸权，以及资本主义自由民主的制度性失衡，即资本任性的自由中所体现出的民主赤字。欧美社会面临财政赤字、民主赤字、社会两极化等危机，在这个意义上，欧美民粹主义崛起意味着欧美社会的某种拉美化趋向。对于这种趋向的逐渐感知，成为墨菲转向民粹主义研究的重要原因，也是墨菲从拒绝到接纳拉克劳民粹主义路径的背景。不过，拉美化的程度在欧洲的不同国家以及美国的不同区域有差异。欧洲的拉美化在南欧的表现尤其明显，如果说北欧是后政治氛围下的别无选择及代议制的匮乏，南欧还表现为普遍贫困化，这也是为什么南欧主要表现为左翼民粹主义，而北欧主要表现为右翼民粹主义。而美国的拉美化则主要体现在中西部地区，这也是美国总统大选中整个中西部一片红的主要原因。

各种类型的占领运动已经成为社会弱势群体表达愤怒和诉求的重要模式。墨菲认为，占领运动的意义在于，“这些运动表达了人民对于西方社会内部存在的惊人的不平等的暴怒，从而激起人们要求替代性选择的希望”②，这意味着占领运动代表了一个良好的开端，在这些运动中，占领华尔街是其中最具有代表性及将斗争推进到最远的。尽管几乎所有占领运动都表现出高度异质性和去中心化，但占领华尔街至少提出了得到普遍认同的口号，指认了华尔街资本主义金融寡头是斗争的对象。占领华尔街运动在热闹一阵之后逐渐沉寂，但这一运动已经成为世界反资本主义运动的重要象征，运动中的一些诉求和理念也被美国一些左翼政治力量继承和吸收，多次参与美国总统竞选的民主党参议员伯尼·桑德斯的很多政治纲领体现了美国民粹主义的诉求，“桑德斯明显运用了一种左翼民粹主义策略。”③而欧洲的愤怒者运动也没有随着运动的沉寂而烟消云散，他们的反新自由主义精英的主题被一些左翼政党继承和发挥，以希腊的激进左翼联盟和西班牙的“我们能”党为代表，欧洲很多国家兴起的左翼民粹主义政党，试图引导这些“愤怒者”的不满情绪，通过建制内的斗争

---

① Chantal Mouffe, *Agonistic: Thinking the World Politically*, Verso, 2013, p.109.

② Ibid., p.115.

③ Chantal Mouffe, *For a Left Populism*, Verso, 2018, p.81.

而将他们转化为改革既有制度体系的动力，从而使得“占领运动”成为后来崛起的西方左翼民粹主义政党的先声和民意基础。

## 二、“占领运动”未能突破新自由主义意识形态

声势浩大的“占领运动”更多是一种不满情绪的宣泄，它将资本主义社会的政治经济权力的不平等问题提升为舆论焦点和议事日程，但没有对制度性变革造成任何影响。占领运动尽管获得了巨大的社会关注，却没有取得明显的成效，它也许是冷战结束之后影响力最大的一次左翼抗争运动，也可能是最令人失望的一次反资本主义斗争。这些运动代表了西方左翼在意志消沉和政治冷漠之后的一次政治觉醒，也推动了大众政治观念和政治意识的转变。尽管其中最具有象征意义的占领华尔街运动直接针对的目标就是金融资本主义，提出了反新自由主义的斗争主题。但墨菲认为，占领运动并没有真正理解政治的本质，他们与新自由主义的内在精神是高度契合的，他们做出了反对新自由主义的姿态，但“这些运动的各种特点表明，他们并没有摆脱自由主义的意识形态控制”①，或者说他们并没有真正摆脱作为“时代精神”的新自由主义观念体系，这体现在两个方面。

一方面体现在政治主体建构上的缺陷。

“占领运动继承了自由主义伦理对于个人主义和无限多样性的推崇，从而没有真正理解资本主义社会中的权力统治关系”②，没有提出一个具体的目标将各种多样性的不满和需求链接起来，而是提出一种去组织化的无限包容的动员模式，从而形成了一个没有任何行动及决策能力却看似充满反抗精神的伪主体，使这种以新自由主义为斗争对象的政治动员沦为一种表演型政治，反而成为新自由主义统治具有包容性的象征。事实上这一场运动最终反而成了资本主义自由民主的合法性来源，它使得对于新自由主义霸权的怨气和愤怒得以充分释放，并塑造了“华尔街”统治的开明性，从而避免对于新自由主义霸权的任何根本性的挑战。正如墨菲和埃雷洪在《以人民的名义》中指出的，既有霸权得以维系合法性的秘密就在于，它成功地确立了政治游戏规则，任何对其的反抗都逃不脱既有的话语体系和制度架构，占领运动的抗争反而从对立面塑造了新自由

①② Chantal Mouffe, *Agonistic: Thinking the World Politically*, Verso, 2013, p.117.

主义霸权的游戏规则的权威性。

因此，占领运动恰好落入了新自由主义意识形态霸权的陷阱，新自由主义的意识形态塑造了一种表面看起来是没有统治者的统治，使得弱势群体的不满很难被聚焦和凝结，传统的劳工阶级与资本家阶级的分野变得模糊，而新的身份政治的兴起也是一种因素，资本通过对各种身份政治的推波助澜，成功地将原来团结的中下层阶层分化。这种情况下，尽管一些左翼分子占领了作为新自由主义寡头象征的华尔街，但这场运动主要针对的目标是既有的民主制度和政治体系的缺陷，而非集中火力于新自由主义寡头，“他们所要求的并非‘社会主义’而是‘真正的民主’”。①而他们的政治演出也受到一定的宽容，成了既有霸权展现自身符合“真正民主”的典范。

另一方面体现在对国家权力的妖魔化态度上。

他们延续了新自由主义对于主权国家权力的贬低。西方左翼通过百年斗争而成功打造福利国家制度体系，形成了对于劳工及社会弱势群体的系统性社会保障体系，这一体系构成资本想要攫取任性权力的强大束缚，所以新自由主义意识形态中蕴含了反对国家的总基调，倾向于将任何政府权力或政府监管的因素污名化为威权主义统治，从而是对于个人权利的侵犯，因此，“通过宣传自由市场的美德与国家权力的压迫之间的二元对立式修辞，他们成功地确立了市场的优先性并将所有社会领域都商品化，从而奠定了新自由主义霸权的基础。”②而包括占领运动在内的左翼思潮与新自由主义在对于权力的认知方面达成了某种共识，后者致力于营造一种社会常识，即西方的胜利和历史的终结意味着所有社会领域的市场化和商品化，这意味着权力的消失及社会各领域由看不见的手形成预定的和谐；前者则致力于一种共识式社会，认为一种理性协商就能够达成意见的一致，这样一种协商治理体系能够超越陈旧的权力斗争体系。

因此，墨菲指出，“占领华尔街运动”与“华尔街”本身殊途同归，都拒绝承认社会关系是一种权力关系，通过忽略革命斗争的关键步骤是夺取政权，从而彻底地塑造了一种告别革命的时代氛围。鉴于权力从来都厌

---

① Chantal Mouffe, *For a Left Populism*, Verso, 2018, p.41.

② Chantal Mouffe, *Agonistic: Thinking the World Politically*, Verso, 2013, p.118.

恶真空，左翼对于权力概念及权力争夺的排斥，并不会使得资本主义社会的权力结构和支配关系真的被去除，而是方便了既有霸权进一步将其统治地位隐藏起来，这就成为新自由主义霸权巩固其统治权的助手，而新自由主义也成功地将自身的统治美化为市场经济的预定和谐，从而成功遮蔽了新自由主义资本精英对于国家权力的掌控状态，尽可能地将金融寡头的统治营造为一种市场经济中的自由交往。在这个意义上，占领运动确实提出了对于新自由主义寡头的斗争，但他们将政治与经济分离，这反而无助于反资本斗争。

可见，新自由主义霸权的长期统治来自其不断演进的统治技巧，尽管新自由主义的统治也伴随着各种治理危机的增长，但这并不意味着其霸权的消亡。新自由主义霸权已经造成一系列的全球灾难，从 2008 年的全球金融危机到当下的西方抗疫中的困境，新自由主义的统治都需要担负重要责任。但新自由主义成功地在 2008 年金融危机后稳固了自身的统治，使得这场危机并没有演变为自身统治的滑铁卢，而 2020 年的疫情危机的政治走势也取决于左翼的斗争。墨菲认为，新自由主义维系霸权的重要秘诀在于成功地打造了一种新的话语体系，其重要基础就是其意识形态霸权。尽管新自由主义的统治造成的经济两极化和民主的倒退等问题日益明显，“但值得注意的是，大多数的抗议者并没有采用直接针对和拒斥金融资本主义和新自由主义的形式，而是诉诸对建制精英的控诉，认为后者不经过协商就将一些为其特权利益服务的政策强加给人民。”①墨菲认为，尽管 2011 年的占领运动是二十多年来最具有影响力的左翼运动，但占领运动在很大程度上并没有将新自由主义资本作为斗争的对象，而是带有民粹主义的反建制精英特征，它从根本上没有突破新自由主义意识形态。

因此，虽然占领运动提出了反新自由主义的主题，但不能认为这一运动就必然撼动新自由主义的统治，或者说从运动之中衍生出的政治抗争必然具有进步特征。因为“未满足的需求的集聚却并没有凝结为一个新的人民意志，或者没有将这种人民意志凝结为持续存在的形式”②。它更多地停留于批判和谴责，却几乎没有提出任何替代性的方案和选择，墨菲

① Chantal Mouffe, *For a Left Populism*, Verso, 2018, p.40.

② Inigo Errejon, Chantal Mouffe, *Podemos: In the Name of the People*, Lawrence & Wishart, 2016, p.103.

以生态运动为例来评论左翼反新自由主义运动的走向，她认为，生态问题已经成为当下西方的时髦话题，任何社会运动或政党在提出自己的纲领或替代性方案时都需要或多或少地论及生态政治的问题，但不能指望包括生态保护在内的任何斗争都必然指向进步目标或具有解放属性，“当前生态学的发展带有明显的反民主特征值得警惕，这意味着拒绝新自由主义模式并不必然指向民主进步目标。”①生态问题仍然是一个不同的力量的霸权争夺的领域，既有可能被引向为反动的诉求服务，也有可能为左翼民粹主义引导为进步方向，这取决于哪种力量能够采用正确的政治策略。

占领运动在很大程度上成为近些年世界左翼运动的滥觞，甚至成了反对新自由主义霸权斗争的廉价替代品。墨菲分析了青年人群体在各种占领运动中的角色，其中法国 2005 年巴黎郊区的青年骚乱可以视为占领运动的前身，尽管媒体总是有意无意地将这些骚乱与族裔或宗教群体挂钩，但这些骚乱主体最大的特征是他们以年轻人为主，这些年轻人的来源也是复杂的，“经验研究表明，骚乱主体的共同特征是失业及确信自己的未来堪忧的年轻人。”②蔓延了欧洲诸国的骚乱表明，这些群体并没有任何特定的政治诉求或目标，而只是诉诸一种漫无目的的暴力式的社会泄愤，既然“没有一种既存政治话语体系能够来表达他们的愤怒”③，那这种暴力就很有风险，并导致了越来越严重的治理危机，因而亟待左翼与时俱进提出一种合适的政治策略。

因此，尽管各种占领运动象征着左翼抗争运动的重新兴起，但这种停留于愤怒宣泄的街头运动也表明了其深刻的局限，不可能对于既有的新自由主义霸权秩序构成根本的冲击。墨菲认为，即使是占领华尔街运动通过展示勤劳伟大的人民与腐化的金融寡头的善恶的二元对立，也只是停留于新自由主义寡头的道德批判，更何况其他影响力更小的占领运动。因而，作为西方左翼运动复兴的一个标识，占领运动的关键问题在于其接下来的走向，是否能够在运动中兴起一个有战斗力的斗争主体，并将这些诉求在建制内转化为对既有权力结构的改造及其

---

① Chantal Mouffe, *For a Left Populism*, Verso, 2018, p.64.

② Chantal Mouffe, *Agonistic: Thinking the World Politically*, Verso, 2013, p.121.

③ Ibid., p.122.

制度性的改革。

## 三、“占领运动”的反建制特征及其消亡的教训

尽管一度引发举世关注，但占领运动很快昙花一现，也没有取得明显的政治成效。斯拉沃热·齐泽克甚至认为，占领运动是资本主义统治的同谋，资本主义欢迎类似占领运动的左翼抗争，它成为资本主义统治的自由和韧性的象征。占领运动带有鲜明的民粹主义特征，但他们的失败就在于拒斥组织化和参与建制斗争，无论占领运动曾经取得了多大的舆论影响力，但仅仅是纽约警察的小规模的强制性驱赶就使得占领华尔街运动偃旗息鼓。当然，大众抗争运动意味着群体情绪的宣泄，而在这种情绪被宣泄和舒缓之后，运动走向衰退便可想而知了，因为大众的政治热情很难持续保持一种高昂状态，或早或晚就会重新恢复到平静的生活。但是情绪的舒缓并不意味着问题本身的解决，挫败感因为时间的流逝而钝化，这不意味着挫败感的消失。因而，占领运动必然留下很多运动的种子，并使得后续的一些左翼政治开花结果。

因此，占领运动更多的是起到了宣传作用，它对于当权精英的道德化批判产生了作用，它将社会划分为统治精英和不满的人民大众，使得以99％反对1％的理念深入人心，“然而，这些横向街头运动拒绝与政治机构打交道，限制了它们的影响。没有形成任何制度化的抗争形式，他们很快就失去了政治活力。”①只有等到这些不满力量演进为某种有组织的制度化力量，才能够继承并发扬他们的战斗精神并推进他们的诉求的实现。这些大众运动成为后来的民粹主义在世界范围崛起的重要背景，大量的民粹主义政党或政客在这场运动中崛起，或者通过成功地引导这些力量而登上历史舞台。如果说因为这些运动的高度异质性，很难对这些运动得出一个总体的特征描述，那么在民粹主义时代来临的今天，从民粹主义政治崛起的角度来审视这些运动的兴起、演变及其后续发展，就成为观察和分析这些运动的有启发性的视角。

不过，学术界对于占领运动的这些失误和教训有不同的认识。墨菲认为一些左翼学者延续了占领运动的上述失误，一些西方马克思主义者对于这场蔓延至整个西方社会的运动进行了连篇累牍的解读，试图从中总结出某些规律性的左翼思想。墨菲认为，这种思考大致能够区分为两

① Chantal Mouffe, *For a Left Populism*, Verso, 2018, pp.19—20.

种，一种认为占领运动代表了左翼前进的方向，以迈克尔·哈特、安东尼奥·奈格里的“出走战略”(a strategy of exodus)为代表，他们强调其中所体现出的解放精神，通向一种全世界受压迫群体的自治，“这些人宣称这类运动意味着一种新型的‘分子’政治的形成，而且必然会取代‘陈旧的’代表型政治”①。他们认为国家政权是不可信的，左翼不是要夺取政权，而是要一种大众的自我组织和自治，即他们所说的诸众的自我治理。而墨菲则持另一种观点，认为这些运动具有很大的局限性，需要吸取的更多的是教训而非经验。她坚持的是要打造真正有行动力的主体的“介入战略”(a strategy of engagement in)，哈特、奈格里等人虽然提出了一种称为“诸众”的主体，但墨菲认为这是一种无限包容的没有任何行动力的伪主体，阿根廷等地的左翼运动所展示的正是“出走策略”的局限性，他们更多的是单纯的反抗而非建构，提出了一种貌似存在的选择，但其实并没有真正的选择。

因此，占领运动实际上被普遍当做了发泄怨愤和组织不满的有效方式，尽管一些西方马克思主义中的激进政治派为此感到欢欣鼓舞，但这场带有民粹主义特征的左翼反精英反建制运动，在成为舆论焦点之后很快便逐渐消亡。正是因为其顽固的反建制姿态，从而使得占领运动始终难以深入推进，在制度层面几乎没有取得任何实质性的改良或进步。他们甚至反对提出任何具体的诉求或改良建议，因为他们的异质性诉求，具体的建议的提出只会导致他们更容易被分化，“社会动员所取得的进步成果，将随着动员的消亡而被颠覆”②，而能够介入政治的则不一样，能够在一定程度上将运动继续推进，或者保住一些既有的成果。

因此，墨菲认为“占领运动”的教训可以分为两个方面。

一方面，需要将斗争的矛盾指向新自由主义寡头而动员广大劳工阶级的政治参与。新自由主义霸权左翼斗争呈现出复杂性，一则随着资本的势力进一步进入社会各个层面，在新自由主义模式下受到冲击和伤害的群体更多了，冲突领域显著扩大，很多已经在传统左翼政治的关注视域之外，“相当一部分年轻人的利益没有被当下的代议制体系所表达，因此

---

① Chantal Mouffe, *Agonistic*: *Thinking the World Politically*, Verso, 2013, p.108.

② Inigo Errejon, Chantal Mouffe, *Podemos*: *In the Name of the People*, Lawrence & Wishart, 2016, p.86.

如何在民主制度的框架内政治性地表达他们的诉求正当其时”。[①]因而，新的左翼政治必须考虑如何把这些新的被压迫力量融入左翼的霸权斗争。再则，随着后福特主义的兴起及制造业链条的全球分散，工人阶级也变得越来越碎片化和多样化，传统左翼的阶级政治方案也面临更大的困难。因此，“如果运用一种充分的左翼霸权政治，就可以动员比以前更多的人参与进步方案。然而，这也使得更难以将这些民主需求链接为一个集体意志，毕竟我们现在面临着更多样性和异质性的需求。”[②]这就是新自由主义霸权危机给左翼霸权策略留下的挑战和机遇，也是墨菲提出以左翼民粹主义霸权策略将这些民主需求链接为一体的缘由。

墨菲认为，“右翼民粹主义的成功很大程度上在于，事实上他们是唯一试图了解和解决劳工大众所存在的普遍忧虑的势力”[③]，虽然诸如特朗普在内的右翼的这些举措是一种竞选策略或者政治姿态，但至少他们成功地赢得了相当一部分劳工阶级的信任，而传统的一些主流左翼政党连象征性地关怀和理解也难以做大，而通常只是将这些诉求打上过时的甚至是反动的标签。面对西方民主赤字，左翼的缺席是一种耻辱，而金融危机后兴起的左翼占领运动，则标志着一种新型的左翼力量的崛起，他们也试图提出一种新的替代性选择，开始在某种程度上分化中下层人民对右翼民粹主义的支持。从而逐渐在西方社会形成某种左翼民粹主义与右翼民粹主义对抗的局面。通过对于占领运动的某些教训的吸取和经验的总结，在西班牙和希腊等国有了一些实质性的变化，左翼政党成功地引导和整合了这些不满情绪，将之转化为针对具体制度的斗争。

另一方面，需要对比分析欧美与拉美的左翼民粹主义运动的经验教训。这两个地区的左翼运动面临不同的背景，欧美已经具有成熟的民主政治要求的完备经济政治条件，形成了有序的政治参与机制，政府能够比较迅速地回应民众的需求；而拉美则仍然在国家建构和民众生存领域苦苦挣扎，基本处于一种前现代的政治文明，尽管表面上确立了一整套民主体制，但由于不具备民主政治赖以行之有效的各种经济、政治、文化条件，而形成一种比较短视和相对紊乱的劣质民主，正是因为人民的声音长期以来都被当权的寡头统治集团所忽视，民主政治也总是沦为当权寡头之

---

①③ Chantal Mouffe, *Agonistic: Thinking the World Politically*, Verso, 2013, p.122.

② Chantal Mouffe, *For a Left Populism*, Verso, 2018, p.60.

间派别之争的工具，人民的呼声最终以(左翼)民粹主义的形式表现出来。尽管民粹主义常常被视为拉美劣质民主的产物，墨菲却强调其是反抗和超越拉美寡头民主的努力。欧美左翼民粹主义要对于这一点保持清醒的认识并予以更多的同情和理解。对于民粹主义政治这种“改变世界”的行动精神的批判性吸收，并不意味着要简单地去模仿拉美民粹主义政治的一些具体政策方针，重要的是如何吸取他们的教训，真正地撼动新自由主义的霸权。

如果说拉美的民粹主义要完成一系列需要苛刻条件的重建工作，甚至需要从零开始建立一个新的国家，而在欧洲，“问题是防止当权者因为自私和无能而摧毁作为我们社会共同遗产的制度和保障机制”。①左翼民粹主义是要驯化抗争运动中蕴含的力量，否则会走向反动或平息，“重要的是引导这些抗议运动与现有体制互动从而改造之”②，这既是欧美“占领运动”在喧嚣一时之后便迅速消亡的教训，也是西班牙“我们能”党等南欧政党的成功经验。左翼民粹主义要积极参与既有的建制将其打造为霸权的组成部分，将自身的力量转化为对既有制度的变革，从而将其不满和诉求以制度化的途径落到实处。墨菲相信，只要采取一些有效的措施和手段，欧美的左翼民粹主义能够成功避开拉美民粹主义的某些陷阱。拉美左翼民粹主义运动的最重要启示在于民粹主义是能够改变僵化现状的力量，左翼力量能够借助民粹主义政治动员模式，以有力的方式推动以社会平等为导向的深层次的社会改革。尽管拉丁美洲的一些政治经验并不值得学习，特别是对民粹主义政党的某些短视的举措需要做出批判，但他们的很多民粹主义政治动员的方式和经验需要认真对待，相对于欧洲僵化的“后政治”形势，“这种(民粹主义)政治不是万能的，但它带来了国家改革和转型的进程”。③

---

① Inigo Errejon, Chantal Mouffe, *Podemos: In the Name of the People*, Lawrence & Wishart, 2016, p.81.

② Ibid., p.70.

③ Ibid., p.80.

# 第四章

## 墨菲分析左翼以人民的名义建构霸权的具体策略

"人民"这个术语在政治领域扮演了重要角色，众多文明都将人类社会的一些最为美好的情感倾注于人民概念之上。不过，人民这个概念又是所有政治术语中最难以捉摸，也是一个内容最空洞的能指，这种空洞性就为各种政治势力留下了很大的操作空间，几乎所有政治力量都试图以人民的名义来发声和行动。通过对于历史上的民粹主义思潮和运动的梳理分析，墨菲强调，历史经验表明，"如果左翼不去建构'人民'，'人民'就会被建构出来反对左翼。"①历史上阶级话语也并非天然就操纵于左翼力量手中，工人阶级并不必然拥护工人阶级政党，这都来自工人政党自身正确的政治策略。因此，尽管左翼的平等价值诉求天然地与人民大众具有亲近性，但这并不能保证左翼民粹主义策略的成功。

基于在新的背景下对后马克思主义霸权理论的反思和发展，《以人民的名义》中的"霸权与阵地战"小节将霸权的建构分为三个组成部分或三个层面，包括"普遍性以特殊性的形式道成肉身，说服及创造共识的能力，打造新型制度作为化解潜在冲突的平台"②。墨菲的左翼民粹主义霸权策略也可以分为三个层面，霸权的确立与反霸权的斗争正是在这三个层面以阵地战的形式展开。墨菲认为，左翼首先要形成一套划分"人民"与"精英"的话语体系，从而在反抗新自由主义寡头的斗争中以人民的名义来代表全社会；然后是以阵地战的方式，围绕着塑造大众信念和社会常识来争夺意识形态霸权，以左翼的价值和话语体系来说服和掌握群众；最后则是制度层面，上述的意识形态霸权打造的过程伴随着一个"运动型"的

---

① Inigo Errejon, Chantal Mouffe, *Podemos*: *In the Name of the People*, Lawrence & Wishart, 2016, p.93.

② Ibid., p.42.

左翼民粹主义政党的成熟，通过打造一种新型民主代表制，将左翼的进步诉求和议程落到实处。

## 第一节　左翼以人民的名义代表全社会

任何组织和群体的利益诉求都带有两面性，一方面与所在政治共同体及全体人民有着一些相通的普遍利益，另一方面，他们又具有某些自身的特殊利益。在这两种利益的张力之下，特殊性并不天然能够代表普遍性。墨菲认为，某个特殊性得以成功代表普遍性是霸权得以确立的第一个要素，也就是部分如何成功代表全体的问题，这种情况的发生带有偶然性，是特定群体的利益与全社会利益暂时一致的结果，或者按照墨菲的术语是特殊的善与社会的共同善之间的辩证统一，这使得"特定群体能够以全社会的名义发言，将自身的标签附着于各种社会诉求中，并且定义斗争主题及敌人"①。民粹主义者自称代表人民的利益不能是一句空话，而是要始终把脉最广大人民的当下困难和需求，将自身特殊利益的实现置于社会普遍利益的追求之中。这种以部分代表全体的斗争是霸权实践展开的领域，特殊性只有不断地提出新的诉求和主张才能够尽可能代表全社会说话，从而不断争取或巩固自身的霸权地位，这也是左翼力量要始终与时俱进不断调整自身纲领或目标的原因。

民粹主义在西方社会是被严重污名化的政治术语，"主流"媒体对于诸如"集体意志""人民"等概念感到担忧甚至恐惧，认为人民意味着一种高度同质化的、一元排他的主体，这种同质性将抹去个人的自由和独特性，从而与多元民主不能兼容。墨菲对于这一质疑的回应主要是围绕着对共同善(common good)的解释而展开，共同善的范畴在左翼代表全社会的过程中扮演了重要地位。墨菲认为，"对共同善的理解通过对公共利益的界定而形成，集体意志围绕着共同善而凝聚，这是民主政治中一个非常重要的维度"②，通过提出如何解释共同体中的共同善的内涵的话语体系，左翼围绕着共同善的追求而动员人员，并将新自由主义霸权作为对这

① Inigo Errejon, Chantal Mouffe, *Podemos: In the Name of the People*, Lawrence & Wishart, 2016, p.43.

② Ibid., p.41.

一共同善的侵害而加以批判，而魅力领袖在代表和团结人民的过程中也能够发挥组织和领导作用，从而使得左翼成功地以人民的名义来代表全社会的诉求。

## 一、以新自由主义霸权为目标动员大众斗争

集体意志和人民主体的形成来自“我们”与“他们”的区分和对立，指认一个作为批判和斗争对象的“他们”是打造“人民”的基本条件，即“只有在面对一个拒斥他们的需求的反对力量或反对话语的时候，这些有差异的民主需求才能够相互替代从而建立起同一链条”①，进而基于同一链条而建构人民主体。这种人民与精英的对立不是被制造出来的，而是对于社会中不断弥漫的不满情绪的凝结。在这个意义上，人民与新自由主义寡头的对立成为当下西方民粹主义兴起的主要背景。民粹主义在某种意义上是新自由主义寡头召唤出来的强大敌人，“在权力和财富前所未有地集中于金字塔顶端，从而对人民主权的压制达到顶点的当下时代，任何敢于质疑现状而提出替代选择的力量都被标签为民粹主义者。”②由于当权的新自由主义寡头拒绝承认自身统治的问题，从而滥用民粹主义概念来标签所有的质疑和反抗力量，这反而使得人民与寡头之间的政治区分和对立边界日益清晰。这使得民粹主义力量从边缘进入政治舞台中央，有可能被引导为左翼反抗资本全球霸权的强大支撑。

新自由主义全球霸权成功地在政治经济文化领域确立了支配地位，通过自身掌握的舆论霸权而将那些反建制斗争贬低为极端民粹主义，无视这些诉求的内在合理性。墨菲提出，不能将右翼民粹主义队伍中某些极端化的声音放大，要充分认识到右翼民粹主义势力的复杂性，其中有相当一部分群体的不满和诉求是真实存在的。但右翼民粹主义政党成功地将自身打造为唯一能够为他们发声的力量，在这种情况下，左翼应该探索出一种新的政治话语模式来替代右翼民粹主义的排外话语，“如果存在一种不同的语言，许多人可能会以不同的方式来感受他们的处境，从而参与到进步斗争”③，墨菲的意思是，左翼需要创造出另一种民粹主义语言，通

① Chantal Mouffe, *For a Left Populism*, Verso, 2018, p.63.

② Inigo Errejon, Chantal Mouffe, *Podemos: In the Name of the People*, Lawrence & Wishart, 2016, p.127.

③ Chantal Mouffe, *For a Left Populism*, Verso, 2018, p.22.

过对于新自由主义霸权的历史解释和责任分析，为不满的选民提供一种解释他们当下困境的合理逻辑，从而将所有的抗争力量整合在左翼的旗下，将民粹主义斗争导向以平等和人民主权为目标的左翼进步斗争。

新自由主义的统治无疑是过去三十多年资本主义世界的最主要特征。而福山的"历史终结论"则是新自由主义意识形态霸权的象征及最强势声明，按照这一话语体系，在资本主义与西方自由民主之间存在着某种预定的和谐，西方民主能够平衡贪婪而任性的资本，同时充分发挥市场经济的竞争性和创新性。作为一个从马克思主义理论范式来理解资本统治的学者。墨菲当然不认同上述解释，不认为西方自由民主能够自动地平衡和消除资本的缺陷，在资本家阶级与其他阶级之间求得一种天然的平衡。西方国家在自由与平等之间，在资本与劳动之间的平衡是暂时的和偶然的，这种偶然性平衡是一系列内外因制约因素的产物，是国内外受压迫群体不断抗争的结果。在《霸权与社会主义策略》中，墨菲、拉克劳就对20世纪七八十年代兴起的资本主义劳动过程理论进行了回顾分析，阐释在资本与劳动之间动态平衡的历史，梳理国际共产主义运动在这一过程中所起的历史作用。因而，面对着以社会民主党为代表的传统左翼的衰败，瓦解当下全球金融资本主义的霸权的任务将由左翼民粹主义承担。

新自由主义的意识形态霸权也与这一模式下资本的新的积累方式有关，墨菲借助大卫·哈维提出的"合法侵占型积累"(accumulation by dispossession)概念来指称这种新的方式，"哈维的这一术语指的是通过诸如私有化和金融化在内的一系列新自由主义实践，财富和权力高度集中于少数人手中"①，其重要特征就在于以合乎"道德规范"和法律的形式来实现资本的占有。新自由主义在20世纪80年代的兴起伴随着人权等话语体系的流行，正如哈维所指出的，尽管新自由主义的实质是将自由理念还原为实践中的企业自由，但新自由主义资本的统治成功地以个人自由和个人自主的观念被包装出来，它成功地创造了一套以"人权""自由"等理念为核心的话语体系来将自身势力的扩展合法化。人类文明追求的各种价值或权利之间存在着冲突，文明的进步在于这些相冲突的理念之间的某种平衡，而非某个理念压倒其他理念，而新自由主义的欺骗性话术就在于，它片面强调和提升那些有利于资本统治的个别权利，将其他的理念或权利视为这一基础权利所派生出的次要权利，但是，"将这些派生性权利

---

① Chantal Mouffe, *For a Left Populism*, Verso, 2018, p.59.

置于首位，而把私有权和盈利权等首要权利变成派生权，会在政治经济实践中引起意义重大的革命”①，从而直接挑战新自由主义的统治。可见，对于人权概念的解释本身就是一种意识形态斗争的领域，新自由主义通过将自身塑造为人权理念的捍卫者，成功地代表“人民”说话。

正是在这个意义上，墨菲提出霸权确立的第一个层面就是特殊性如何代表普遍性的问题，霸权中内在包含着一种特殊的普遍性，即一种特殊性能够超越自身而成为普遍性的代表从而确立霸权地位，如何理解这种“特殊的普遍性”，它意味着两个层面，“特殊性与普遍性之间永不可消解的张力，以及霸权的这种普遍性功能是可逆的而非永恒的”②。这种分析适用于新自由主义确立自身霸权的过程，它一开始确实代表了大众对于福利国家制度体系中的官僚主义的广泛不满情绪，从而将资本对于政府监管的不满这种特殊诉求上升为社会普遍诉求的代表，并推动了对政府监管体系中的官僚主义层面的改进。但新自由主义的特殊利益很快便与社会的普遍利益分道扬镳，对于政府监管的消除走向了一种对于资本任性自由的肯定和人民利益的损害。但新自由主义意识形态成功通过一种欺骗性话术，将资本自身的特殊自由和权利美化为社会的普遍自由和权利，从而使大众相信资本自身特殊利益的追求就等同于社会普遍利益的实现，从而继续维系新自由主义的霸权地位。

因此，反霸权斗争也首先是在这一领域展开，“一个特殊范畴成功地将自身呈现为普遍性，并且也会随时被反霸权斗争所质疑。”③墨菲认为，鉴于群体的分化和对抗存在于任何可能的社会之中，作为一种普遍性的共同利益总是以不稳定形式存在，没有一种绝对的普遍性，而只有不同的特殊性所轮流代表的普遍性，不同霸权之间激烈争夺的就是这种普遍性。任何政治运动总是起源于某些特殊偶然的事件，并在某种环境中迅速从一种特殊的诉求发展为普遍的诉求，而这一过程的前提就是能够为大众提出一种普遍认同的斗争对象，针对一个最为集中的目标而在最广泛的

---

① ［美］大卫·哈维：《新自由主义简史》，王钦译，上海译文出版社2010年版，第210页。

② Ernesto Laclau and Chantal Mouffe, *Hegemony and Socialist Strategy—Towards a Radical Democratic Politics*, Verso, 2001, introduction xiii.

③ Inigo Errejon, Chantal Mouffe, *Podemos: In the Name of the People*, Lawrence & Wishart, 2016, p.42.

抗争群体中打造共识和团结，通过对于斗争对象的指认和谴责，将各种异质性抗争力量链接为一个有机的整体。

在这个意义上，墨菲强调了左翼民粹主义策略的重要目标，就是引导受压迫的劳工阶级重新将斗争对象指向新自由主义金融霸权，通过一种左翼民粹话语体系的打造，将建制派精英与新自由主义经济精英绑定，成功地在包括劳工阶级在内的受压迫的人民与处于特权地位的新自由主义精英及其政治代理人之间划出清晰的政治界限，从而推动“我们”的斗争来迫使“他们”妥协和让利。不过，将新自由主义霸权指认为斗争对象只是建构人民的消极维度，还需要为人民给出一个共同的奋斗目标来指引大众斗争的积极方向，否则大众运动就有可能走向单纯的社会泄愤或破坏。因而，墨菲强调，集体意志围绕着大众对于某些共同善的认可而形成，“人民的打造来源于对共同善的一种给定解释。”①

一定程度上，对于新自由主义霸权的反抗与找回共同善理念是相辅相成的，在新自由主义的反国家话语体系中，共同善理念受到排斥和解构，它高举自由和人权至上的旗帜，基于一种个人主义范式而将个人自由与政府调控或社会责任等范畴对立，从而导致了对于政治共同体中的共同善理念的消解，它是对于社会大众的团结精神的瓦解从而有助于新自由主义寡头的统治。在这个意义上，左翼民粹主义策略是社会主义理念在当下的体现，体现了在民粹主义时代的一种新的社会主义方案的打造，而左翼的任务是重新为这一社会主义理念填充适应于当下时代的新内涵，以一种重新界定的共同善来引导社会大众的共同斗争，围绕着一种共同善而建构集体意志和人民主体。鉴于新自由主义意识形态主导的学术界和媒体对于共同善范畴的排斥，如何给这一范畴做出正确的解释，将共同善与个人善的辩证统一关系梳理清楚，就成为墨菲建构左翼民粹主义策略的重要理论命题。

## 二、围绕共同善来打造集体意志和人民主体

善(good)的意思其实就是好，人类社会自古以来就存在对于好人及好社会的推崇，或者说每个人都希望在一个最好的政治共同体中追求一种最好的人生，这也就是为什么对最好/至善的追求在亚里士多德的伦

---

① Inigo Errejon, Chantal Mouffe, *Podemos*: *In the Name of the People*, Lawrence & Wishart, 2016, p.41.

理-政治学中扮演了拱顶石的角色，对于个人善与共同善的辩证关系的讨论长期以来都是政治思想史的重要线索。近代以来，卢梭可能是对于共同善最为关注的启蒙思想家，他认为在一个特定的共同体中，成员既有个人的善也有共同的善，而对共同善的认同和追求也是一个政治共同体得以建立和稳固的基本前提。但正如墨菲指出的，共同善的概念需要在一个特定的政治共同体中来解释和分析，这一概念由于与国家认同和爱国主义等范畴的关联而受到政治学界越来越大的质疑，认为对于共同善的强调会导致对于个人自由和权利的侵犯。

墨菲认为，政治学界意识到了共同善范畴存在的潜在风险，它在当下的政治实践中表现为两种极端，新自由主义排斥共同善这一理念，而右翼民粹主义则将共同善实体化。在一个国家内，如果某个政治力量对于什么是共同善给出一个定义，并且独断地强调自己的定义是唯一可能的共同善，那么这种为共同善给出实质定义的行为就意味着对于多元主义社会的侵犯。例如如果说某个国家政府将某一宗教的教义确定为社会所有成员都需要遵守的规范，并将对于宗教教义的维护视为社会的共同善，而任何对该宗教的质疑声音都是反动力量，那么这就构成对于个人自由和权利的侵犯。在这个意义上，个人善与共同善这两个范畴处于一种永远不可能实现和解的张力之中，这种张力的根源就是自由原则与平等原则之间的张力，而这也正是当代民主政治共同体的生命力所在。

因此，墨菲认为，“民主斗争要求诉诸共同善，但同时又必须承认不存在所谓唯一一种共同的善”。①对于墨菲而来，共同善是民主政治中一个重要的空的能指(empty signifier)，集体意志及政治主体的形成围绕着对共同善的信念而生成，但共同善这个能指其实是流动的概念，没有任何政党或政客能够将自己界定的唯一的共同善强加给人民。在如何界定共同善的问题上总是存在着斗争，没有哪种势力能够垄断对于共同善的定义权，从而给出一种关于共同善是什么的实质定义。在这个意义上，墨菲指出共同善就是一种类似于地平线(horizon)的理念，海天交接处的地平线似乎就在不远的地方等待靠近，人们共同以地平线为目标而携手前进，但是真正到达这一地平线是永不可能的。因此，“共同善作为一种‘社会想

---

① Inigo Errejon, Chantal Mouffe, *Podemos: In the Name of the People*, Lawrence & Wishart, 2016, p.41.

象'而起作用"①，这一理念对于一个政治共同体是必须的，它是共同体成员的一种共同虚构或共同想象，一个指引他们行动或前行的共同认可的希望。当然，这种对于共同善的追逐也必须符合自由和平等原则，正是对于共同善的追求唤起了公共精神和政治共同体的政治参与和认同，这种对地平线的追逐也就是普遍性以特殊性的形式道成肉身的实现方式，正如拉克劳所说的，"特殊性能够扮演普遍性的角色而代表整体，在这个意义上，普遍性是地平线而非地面的某个地址"②，某个组织作为一种特殊性提出某个共同目标来赋予整体或共同善以内涵，实现这一目标只是意味着到达了某个更为靠近地平线的地址。

政治共同体的成员因为都认可某种共同善而结合起来，共同善的理念是公民的团结感和政治认同感的来源，但却没有哪种势力能够为共同善给出一个实质性的定义，并声明我们可以到达或已经到达了这一"地平线"，而只能是以某种暂时的共同目标来指代共同善这个能指，而这个目标也需要自带包容性或灵活性，可以由不同个人或群体做出符合自身观念或利益的解释，且这一目标的基本解决只是向地平线更靠近了一步，并需要提出一个新的目标来填充共同善的内容，动员人民继续携手向着地平线前行。可见，共同善是作为一种象征性的团结资源而起作用，它并不强求每个公民牺牲自己的自由和权利，而是号召他们在法律和规则的范围内团结起来为共同善的实现添砖加瓦，这样对于共同善的追求就不会构成对于个人权利的侵犯，"既然共同体并没有强令、禁止或担保某些实质性的言行，那么这种联合体模式就是尊重个人自由的。"③例如"中国梦"在这种意义上就构成了这样一个共同善，不同的个人或群体可以做出自身的解释，人民围绕着这一共同善的目标而携手奋斗，而中华民族的伟大复兴也同样是新时代的共同善。一个执政党的活力和能力的重要体现就是，它是否始终能够恰到好处提供能得到最广大人民所认同的战略目标，从而使得这一"共同善"能够尽可能地团结人民携手前行。

---

① [英]尚塔尔·墨菲：《政治的回归》，王恒、臧佩洪译，江苏人民出版社 2005 年版，第 113 页。

② "Not a Ground but a Horizon: An Interview with Ernesto Laclau", Sutherland Megan with Brian Price, *World Picture* 2, Fall 2008.

③ [英]尚塔尔·墨菲：《政治的回归》，王恒、臧佩洪译，江苏人民出版社 2005 年版，第 95 页，译文有改动。

因此，关键在于如何理解和构建共同善，墨菲对共同善的解释基于其反本质主义哲学，要求不能对共同善的进行本质主义的解读，似乎某种共同体就对应着某个本质上的善。因而基于这种反本质主义的共同善理念而建构的人民主体也不再是一元主体，“左翼民粹主义策略基于一种反本质主义哲学路径，‘人民’是政治话语建构的产物而非指代某种现实经验中的主体。”①“人民”不能被理解为某种社会学范畴，它是由霸权在打造等同链条基础上形成的集体意志，这种(暂时)统一性并不会消解差异性和多样性。这就显示出墨菲对左翼民粹主义与右翼民粹主义的概念区分，面对当下的民粹主义时刻，如何表达受压迫群体的诉求和不满并将他们联合起来，是左翼和右翼民粹主义的共同命题，“这两种民粹主义都旨在将需求未得到满足的群体结成同盟。但它们的方式截然不同，不同在于‘我们’的构成以及作为对手的‘他们’的界定。”②尽管民粹主义政治都强调其代表了特定共同体的共同善或人民的利益，但左翼民粹主义的宽容性和多元性在于，他们并不会给出对共同善的唯一正确的解释，左翼民粹主义的斗争是不断以某些诉求或目标来填充共同善的内涵，而右翼民粹主义提出的是唯一的共同善概念(“the” common good)，试图对于何谓人民的共同利益给出一劳永逸的真理性的解释，并且将所有不认同其主张的政治观点视为需要打败的敌人。当然，墨菲只是努力在理念上做出区分，在实际的政治斗争和实践中则更为复杂，她以生态政治为例做出了说明。

墨菲认为，鉴于环境保护越来越成为能够团结大众的人类社会的共同善，生态政治需要成为左翼民粹主义政治的重要阵地。传统左翼处理的问题主要是局限于从属和压迫等“社会问题”，但是在生态破坏日益成为关注焦点的今天，任何左翼政治方案也必须考虑到“地球的未来”，即任何对于这些社会问题的解决方案都必须纳入地球环境承载量的视域之下来思考，“不可能设想一个不以‘生态问题’为核心议程的激进民主方案。”③因而，如何揭露新自由主义模式对于环境这一共同善的破坏，也成为左翼民粹主义话语的重要目标。通过揭露新自由主义模式对于环境的破坏，在更广泛的群体中确立新自由主义是美好生态的敌人这种社会常

① Chantal Mouffe, *For a Left Populism*, Verso, 2018, p.62.

② Ibid., p.23.

③ Ibid., p.61.

识，成为有效破除新自由主义霸权合理性及合法性的重要路径，“以民主和生态价值的名义发起反对新自由主义模式的反霸权斗争大有希望，这有助于打破其所依赖的历史集团，从而扩大激进民主方案所依赖的集体意志的范围。”①因此，环境问题是西方政治的核心议题，也构成了民粹主义政治的重要议题。在美国，分别代表不同利益集团的共和党与民主党的重要交锋便是《巴黎气候变化协定》，这一协定对于美国的经济也会造成冲击，特别是对于那些依赖于化石能源开采和冶炼的州冲击更明显，这就构成坚持本土主义的特朗普政府的重要政策方向，并与坚持普遍主义的民主党之间构成冲突，拜登上台第一天签署的第一份行政令就是重新加入《巴黎气候变化协定》。

墨菲认为，在大众斗争之中集体意志的形成需要依靠同一链条的打造，在抽象层面意味着围绕着共同善而团结起来，但在现实政治层面共同善又需要以体现为一些可见可感知的载体，即人民大众需要围绕着某些具有象征意义的符号或物件团结起来。一场大众运动总是要通过某些东西而标识自身，例如共同的口号、服饰、旗帜等象征物，这种将大家团结起来的象征物的形成则是该运动的特殊情势的产物，人民的团结情感及其政治激情总是体现为对于某些政治象征物的浓烈情感，即激情需要投射于某种外在的对象，这种投射常常体现为对于某个人物的热爱，因为某个有血有肉的活生生的个人总是容易成为大众投注其情感的对象。例如在特朗普的右翼民粹主义动员中，特朗普就是这一大众运动的重要象征，以至于有些评论者指出美国共和党已经变成特朗普党。在这个意义上，共同善的范畴与克里斯马领袖范畴常常相互交织在一起，思考魅力领袖在民粹主义运动中的功能成为墨菲左翼民粹主义霸权策略的重要命题。

## 三、魅力型领袖在代表人民中的功能及其策略

即使是在日常生活或创业活动中，个人魅力都是将团队成员团结起来共同奋斗的重要因素，更何况是想要动员成千上万的人参与一项集体活动。对于民粹主义运动，领袖的个人魅力因素更是不可或缺，由于民粹主义运动特有的反建制特征，如何将“人民”集合成群，并形成具有战斗力的政治行动主体，往往离不开魅力型领袖的作用。在很大程度上，魅力型/克里斯马领袖问题对于左翼政治理论来说是一个空场，墨菲强调，“对

① Chantal Mouffe, *For a Left Populism*, Verso, 2018, p.62.

于很多人来说，克里斯马领袖这一观念看似很成问题，而且领袖带来的可能是负面政治影响，但这不能掩盖这一问题的重要性”①，也不能就此否认政治领袖有可能推动左翼运动的前进，如果回避这一问题将导致右翼民粹主义将领袖的因素发挥到极致。事实上，历史上取得重要影响力的民粹主义运动基本上离不开魅力型领袖，很多民粹主义运动更是以运动领袖的名称而被熟知，例如墨菲着重分析的撒切尔主义，撒切尔夫人的个人魅力无疑是助推其右翼民粹主义话语霸权打造过程中的重要因素。近些年关于魅力型政治家的讨论也呈现出升温的趋势，这意味着当今时代对于魅力型领袖的社会心理需要在增强，这种呼唤英雄的社会氛围或背景正是需要政治学者做出分析的。

这不能不说是当今左翼政治理论的一个遗憾的缺失。因为墨菲所提出的魅力型领袖问题，实际上是对于马克思主义相关论述的发挥。尽管马克思主义反对历史是由英雄所创造的英雄史观，但马克思恩格斯却从来不否认特定个人在历史变迁中扮演的重要作用，或者说马克思恩格斯虽然反对英雄史观，但马克思恩格斯思想中存在着英雄观的维度，例如在对 1848 年欧洲大革命的分析中，马克思恩格斯对于政治领袖的历史作用进行了分析。从马克思对路易·波拿巴的历史作用的分析中，我们可以得出马克思的英雄观的基本逻辑，马克思既反对雨果通过突出个人主动性而将波拿巴写成决定历史走势的巨人，也反对蒲鲁东把波拿巴的作为完全视为历史发展的必然结果，从而为波拿巴的反动政治做出历史辩护。

具体来说，一方面，马克思认为政治领袖的个人因素是影响历史走势的重要历史偶然性，人类历史的演进不可能是由背后的某种力量在操纵，否则历史就会成为带有宿命性质的神秘主义，马克思指出，“如果‘偶然性’不起任何作用的话，那么世界历史就会带有非常神秘的性质，发展的加速和延缓在很大程度上是取决于这些‘偶然性’的，其中也包括一开始就站在运动最前面的那些人物的性格这样一种‘偶然情况’”②，这意味着马克思论述的伟大人物在历史进程中的加速或延缓作用。另一方面，马克思又不认为伟大人物能起到扭转乾坤的历史作用，偶然性所能起的作用是有限的，就像马克思试图分析的波拿巴时代的法国，“法国阶级斗争

---

① Inigo Errejon, Chantal Mouffe, *Podemos: In the Name of the People*, Lawrence & Wishart, 2016, p.109.

② 《马克思恩格斯文集》第 10 卷，人民出版社 2009 年版，第 354 页。

怎样造成了一种条件和局势，使得一个平庸而可笑的人物有可能扮演了英雄的角色”①，而阶级斗争局势的背后是法国的经济结构和政治形势。拿破仑的政治幽灵始终笼罩法国政坛，法国人对于拿破仑的崇拜是为第二个拿破仑的崛起准备了大众心理条件，而拿破仑三世的血统及其始终将自己打造为拿破仑传人的政治人设的设计，在欧洲普遍经济困境而导致的欧洲大革命的特定背景下，为拿破仑三世的崛起提供极其有利的条件，在此情况下，他只要略施阴谋诡计并少犯政治错误，就能够借助民主选举而控制法国。

波拿巴这么一个小丑式的人物，能够以绝对多数的优势当选为总统，并且以绝对优势成功地废除共和国并改行帝制，其实在很大程度上也得益于他有效完成了特殊性代表普遍性的过程。一方面，波拿巴代表的是占法国选民总数七成的法国小农阶级，但是他们因为自给自足的生产生活方式而彼此分离和缺乏组织，因为财力、视野、教育水平、名望等因素的限制，没有哪个真正的农民能够形成强大的号召力或代表性，或者说没有形成一个能够代表农民的全国性政治组织，因而，“他们不能代表自己，一定要别人来代表他们”②；另一方面，相对于其他的法国资深政客都或多或少带有某个阶级或群体的烙印，在得到部分人的坚决支持的同时被其他人所坚决反对，波拿巴又是一个成长于海外的素人政客，尽管他作为拿破仑的传人而天然受到小农的拥护，但他与法国社会各利益集团的联系最疏远，波拿巴反而能够成为各个阶级都勉强能够接受的人物。在这个意义上，波拿巴成功将自己的名字塑造为一个空的能指，因为他不代表任何人从而能够代表所有人，波拿巴这个政治符号就能够以特殊性来代表普遍性。

十月革命之后，由于列宁在其中所发挥的重要作用，关于个人在历史中的作用问题，就成为马克思主义解释历史时的重要课题，托洛茨基的《俄国革命》在一定程度上就是为了解释这一问题，而葛兰西在《狱中札记》中也对于该问题进行了分析。葛兰西将这个问题界定为“凯撒主义”，这一问题的实质在于，某些个人想要在历史的转折关头产生重要作用，需要具备一些怎样的时代背景，“凯撒主义总是表明在各种力量势均力敌、走向毁灭的政治历史关头，可以把‘仲裁’的重任委托给某个伟人……它

---

① 《马克思恩格斯文集》第 2 卷，人民出版社 2009 年版，第 466 页。

② 同上书，第 567 页。

可以具有进步和反动的双重性"①。英雄造时势的前提是时势造英雄,在社会几种相互斗争的力量处于势均力敌的微妙时势,某些处于特殊位置的个人的行为选择就能够起到打破平衡的作用,从而创造出新的时势。每个历史事件的进程中都存在着偶然性,否定偶然性就会划向历史神秘主义,而夸大偶然性的结果是认为历史事件都是纯粹偶然和意外的。

墨菲的理论可以视为对于马克思主义英雄观思想的继承和发挥,从而对民粹主义时代某些政治领袖的横空出世做出分析,特别是对于美国这种世界性霸权而言,特朗普就成为马克思所说的加快或延缓世界历史演进的重要偶然性因素,从而使得克里斯马领袖的问题越发成为当代政治学的重要理论空场。墨菲认为,作为历史偶然性因素的克里斯马领袖并不必然有助于左翼革命斗争,因而左翼常常排斥对领袖这一元素的历史作用的讨论,但这不是左翼放弃这一政治元素的理由,"左翼的政治学说脱离了历史现实,很难找到没有杰出领导人的重要政治运动的例子,也没有理由把强有力的领导等同于威权主义。"②这取决于领袖与人民之间打造何种关系,而右翼民粹主义的危险在于,领袖总是将自身的考虑和利益辩称为代表"人民"的声音,这也是左翼民粹主义需要注意的问题。墨菲对于左翼民粹主义如何审视魅力型领袖问题的分析可以分为以下三个方面:

首先,民粹主义政治尤其离不开魅力型领袖这一维度。"人民"是由相互之间存在差异的各种诉求所结成的暂时同盟,"将这些异质的需要转化为一种集体意志,所必需的是有一个能代表这个全体的人物,可以肯定的是,我不认为没有领袖能够有一场民粹主义运动"③,真正的草根阶层几乎不可能成长为能够左右大局的民粹主义领袖,能够操纵或引导民粹主义的往往来自真正的精英阶层,因为他们的个人素质和魅力,教育水平和能力,个人的财力和社会知名度等等,都为他们在政治上的崛起提供了草根所不具备的一系列基础和便利。克里斯马领袖行使的并非主要是霸权,而是行使代表权赋予合法性从而具有权威,很大程度上成为人民的代

① [意]安东尼奥·葛兰西:《狱中札记》,曹雷宇等译,中国社会科学出版社2000年版,第176页。

② Chantal Mouffe, *For a Left Populism*, Verso, 2018, p.70.

③ Inigo Errejon, Chantal Mouffe, *Podemos: In the Name of the People*, Lawrence & Wishart, 2016, p.109.

表或象征，或者成为拉克劳所说的一个空的能指。

其次，如何看待魅力型领袖的辩证作用。传统左翼学者往往不愿意触碰政治领袖问题，总是有意无意将领袖的作用与对于乌合之众的操纵相等同。墨菲指出，魅力型领袖概念被左翼学者妖魔化，这实际上取决于领袖与人民间的关系形式，要寻求更扁平化的而非垂直的关系，它在右翼民粹主义中是种威权关系，所有决定都来自上层而没有真正的底层参与。这种激情和认同政治需要象征、神话、标识。霸权可以不是从属关系而是代表的关系。事实上，民粹主义及领袖对人民呼声的回应，本来就是西方代议制民主的缺陷或运转不灵的补充。

最后，魅力型领袖的作用与其激进民主原则如何兼容。这又源自墨菲的反本质主义哲学，反本质主义意味着代表权理念不能被理解为对既有“主体”的代表，即政党不是对既定群体利益的简单代表，“代表权是一个建构认同的过程”①，或政治即是关于认同的建构，政治主体是外在力量在特定形势下刻意打造的结果，也涉及魅力型领袖在其中起到的作用。当然，领袖的作用范围与一个国家的制度化水平也有关系，制度化水平更高的社会中领袖能起到的作用更低，这就涉及如何理解制度化水平，它其实主要指的是一个国家能否提供充分的渠道供民众有序地表达自己的不满和诉求，这既取决于制度设计是否合理，也涉及制度的合法性。另外，原先运转良好的制度也可能走向保守僵化，特朗普的横空出世就是美国的民主制度走向衰败的重要结果和标志，它意味着相当一部分民众不相信自己的不满和诉求有表达的途径。因而，民粹主义就被视为一个国家的制度是否能够随着时代变化而不断改进的重要表征，而魅力型领袖的作用也可以成为一种民主制度是否足够成熟稳固的衡量标准。

可以说，魅力型领袖的作用问题，在某种意义上成为民粹主义论争令人着迷的重要原因，也是墨菲左翼民粹主义霸权策略最大争议之一。这是左翼民粹主义霸权策略的第一个方面。尽管墨菲并没有对于这一问题提出系统化的解释和论证，但她成功唤起左翼对这一问题的关注和重视。成功的民粹主义政治往往需要依赖于魅力型领袖，但反精英的民粹主义群体如何将自身对精英的拥戴合理化，民粹主义精英领袖如何将自己与

---

① Inigo Errejon, Chantal Mouffe, *Podemos: In the Name of the People*, Lawrence & Wishart, 2016, p.112.

精英阶层切割，如何将自身对原先所处的阶层的“背叛”为群众所信任，这些都涉及意识形态霸权塑造和争夺的问题，也是对民粹主义的意识形态分析能够持续深入研究的基本主题。

## 第二节　左翼争夺意识形态霸权以掌握群众

墨菲左翼民粹主义霸权策略的第二个方面在于，霸权形成的关键在于确立一种社会大众自愿服从的社会秩序，“成功地在社会大众中确认自身的霸权(leadership)，使得人民以统治者的语言、概念和观念来审视和理解这个世界”①，这一过程在很大程度上是通过争夺对于大众信念社会常识的塑造权来实现的，通过这种方式使得民众在既有体制内来追求及实现某种人生理想，从而赋予其以生活的意义。墨菲的霸权理论是对于葛兰西的文化霸权理论的批判性继承，霸权的实质和基础就在于一种文化霸权或意识形态霸权，或者说就像阿尔都塞所说的意识形态国家机器相对于暴力国家机器的主导作用。

正如马克思所说，“物质力量只能用物质力量来摧毁；但理论一经掌握群众，也会变成物质力量。理论只要说服人，就能掌握群众。”②对于墨菲来说，左翼民粹主义霸权策略就是要通过说服人来掌握群众，如何通过说服来打造人民主体就成为能否建构左翼霸权的关键，因而左翼民粹主义霸权在某种意义上体现为一种意识形态霸权，它在某种意义上也就是马克思主义视角下的理论如何大众化的问题。这意味着对于民粹主义，政治话语的妙用在掌握群众的过程中是非常重要的，也是需要做出微妙区分的。墨菲霸权理论属于话语政治理论的范畴，强调话语的微妙区分在政治动员中的重要作用，而如何充分地建构民粹主义话语体系，以精妙的话语结构来获取大众的认同和支持，成功地重塑大众的信念及社会常识，成为左翼民粹主义策略想要成功的必要途径，在这一信念和常识塑造的过程中艺术实践也扮演着不可或缺的功能。

---

① Inigo Errejon, Chantal Mouffe, *Podemos: In the Name of the People*, Lawrence & Wishart, 2016, p.43.

② 《马克思恩格斯文集》第1卷，人民出版社2009年版，第11页。

## 一、民粹主义话语的意识形态属性及其感染力

墨菲的意识形态理论是对于西方马克思主义相关思想源流的延续，她最初作为一个正统派阿尔都塞主义者进入学术舞台，尽管墨菲后来基于对阿尔都塞的某些反思而更关注葛兰西的思想遗产，但这并不妨碍她对于这两者意识形态思想遗产的整合。在葛兰西和阿尔都塞对资本主义意识形态批判中，都曾经专门论述过对于大众信念和常识的塑造在资本主义统治中扮演的重要角色。这成为墨菲思考民粹主义的意识形态功能的重要来源。民粹主义话语模式的意识形态功能在很大程度上集中于如何争取"人民"的拥护。韦伯在《社会学论文》中指出，任何统治阶级都不会只满足于占有权力的既定事实，同时希望"把纯粹的事实的权力关系转变为应得的权利体系，并希望看到自己因此而受到尊敬"①。在这个意义上，对于"人民"代表权的争夺往往构成意识形态的重要战场，构成政党和政客得以崛起的核心环节之一，也成为民粹主义意识形态成功的关键环节。

墨菲认为，"人民"这个术语是民粹主义政治话语体系中最重要的能指，但在任何语言中，都存在着用以指称"人民"的各种具有微妙区分的名词。在中国，老百姓、人民、公民、群众等能指都能表达"人民"，但他们常常被用于不同的领域和场合，其含义和指代的对象存在一些差异。在不同的国家及不同的场合，针对不同的群体，如何合理地选择哪个能指对于激发人民的情感认同是很重要的，而把握这些细微差异是政治经验和政治艺术的体现，也是左翼民粹主义想要建构霸权而必须严肃应对的问题。基于墨菲的左翼民粹主义霸权策略中能指问题的重要性，不难理解为什么墨菲和埃雷洪在《以人民的名义》中会以大量的篇幅来讨论不同的"人民"术语的微妙差别。

墨菲和埃雷洪讨论了西班牙民粹主义政治中的相关情况，西班牙"我们能"党如何在不同的场合下熟练切换三种有关人民的术语，包括 gente, pueblo, ciudadania，这三个术语在汉语中并没有完全贴切的对应词汇，大致分别对应于汉语中的老百姓、人民、公民。而且对于具体名词的使用需要考虑各种历史的、现实的因素。"在霸权斗争之中如何重新表述那些关

① 转引自汪行福等著：《意识形态星丛：西方马克思主义的意识形态理论及其最新发展态势》，人民出版社 2017 年版，第 261 页。

键能指，必须将政治对手的策略及其回应纳入考虑范围”①，因为政治竞争对手之间“以子之矛攻子之盾”的策略是很常见的，对手之间的话语体系总是会在相互竞争之中交叉和融合，他们始终都在相互败坏对方的名誉或合法性，也始终在相互学习对方的有用策略和做法。因而对于重要能指的使用不可能有一种一劳永逸的标准或确切定义，这些漂浮的能指会在不同场合或时间发生词义的变化，这都要随着竞争的形势变化而做出适时的调整。例如尽管 pueblo 这个术语用于指称人民可能更合适，但是 pueblo 是西班牙弗朗哥法西斯政权时期的官方常用词汇，这种历史包袱使得这个术语在当下已经很少被使用，因此“我们能”党最常用的术语是 ciudadania。

可以说，如何在各种术语或名词之间做出微妙区分，并在不同的场景下熟练的切换，是任何成功的民粹主义政治的拿手好戏。不过，虽然这是一个值得讨论的理论问题，但其实更多的是一个政治实践的问题，没有哪一种理论解释能够在事先给出一个针对性的合理结论。具体选择哪个能指需要不断在政治实践根据所动员对象的喜好和利益而反复验证，即“如何解读特定的文化背景中人们的共识或分歧，如何基于每种特定环境来形成不同的策略”②，就成为左翼民粹主义政治的至关重要的问题，而作为一种理论的左翼民粹主义霸权策略更多的是呈现出这一理论维度的重要性。

对于“人民”这一政治话语的微妙运用，无非更好地在人民与精英之间做出区分，从而推动人民这一政治主体的建构。应该说，将社会区分为精英与平民，是人类观察社会结构的基本出发点，不过，如果仅仅是简单地批判精英的贪婪和弘扬人民的伟大，这种民粹主义话语作为意识形态是空洞而乏味的，仅仅凭借其很难持久打动人心，因而民粹主义更多需要的是其意识形态表述的感染力。民粹主义的崛起代表了社会遇到危机时存在的普遍恐慌情绪，而且相对剥夺感往往比绝对贫困更容易激起民粹主义情绪，穷困的社会最底层常常并不是民粹主义力量的主要成员，而那些相对剥夺感最强的中等偏下层阶级往往最容易成为民粹主义者，因为这些人的心理不安全感最强，他们面临的阶层下滑的风险往往是最大的，这使得他们对于经济危机和收入下滑的感受最为敏锐。因而能够发泄他

①② Inigo Errejon, Chantal Mouffe, *Podemos: In the Name of the People*, Lawrence & Wishart, 2016, p.139.

们的共同愤怒心理及给他们带来团结感的激情演讲受到普遍欢迎，如何以一种最"亲民"的方式来表述社会的问题和危机，打造一种具有强大社会渗透力的话语结构，以一种活跃而在场的话语体系来引发大众的担忧和共鸣，成为民粹主义意识形态能否激发民众的理解和拥护，从而建构意识形态霸权的重要途径。

正是在这个意义上，民粹主义政治话语满足了意识形态最基本的功能，因为"意识形态能为其追随者提供一个活生生的社会现实感，而这是冷冰冰的科学语言所不能提供的"①，意识形态的情感功能使人们产生对于所处共同体的依恋和归属，从而更好地在个人善与社会共同善之间取得谅解，能为了长远的社会整体利益而暂时牺牲个人利益甚至生命，至少在个人的感知层面能够更为真切地感知到与共同体的亲近。在这个意义上，民粹主义作为一种道德化的动员话语所具有的感染力，所依赖的更多是其情感功能而非说理功能。当然，激发激情的另一面常常是煽动仇恨，右翼民粹主义常常被指责为宣扬排外性仇恨话语及带有反多元主义的倾向，这也是墨菲提出左翼民粹主义策略的原因，左翼需要勇于下场去制服这头烈马并驮负自身前行，而不能让极右翼势力将这种能够"改变世界"的政治动力引向极端。

当然，对于墨菲而言，作为一种政治策略的民粹主义在严格意义上并不是一种意识形态，但是民粹主义策略必然包含意识形态斗争的维度，或者说民粹主义政治话语需要扮演意识形态功能，民粹主义主要是一种运用人民话语来实现政治动员的有用策略，"它是一种政治动员的方式，能够基于特殊的时间和地域而采用各种各样的意识形态形式"。②墨菲在论述撒切尔夫人的右翼民粹主义霸权的确立中，就重点阐述了这一过程中意识形态策略的关键作用，撒切尔主义将自身界定为对于"伟大"的古典自由主义意识形态传统的传承和捍卫，而桑德斯则将自己的纲领视为对社会主义理念的践行。因此，有些意识形态利用民粹主义的灵活特性来壮大自身，例如法国总统戴高乐就被很多学者认为带有较强的民粹主义色彩；而有些意识形态则被民粹主义所"蛀空"，从而成为披着一层其他外衣的极端民粹主义，尽管这些运动或政党可能自称为社会主义或民族主

① [美]伯纳德·萨瑟：《意识形态的实质》，劳批译，选自黄岭峻主编：《多元社会背景下意识形态传播与治理研究》，湖北人民出版社 2015 年版，第 336 页。

② Chantal Mouffe, *For a Left Populism*, Verso, 2018, p.11.

义。民粹主义的意识形态风险正是在于这种可操纵性和不确定性。

通过打造意识形态霸权来获取人民代表的身份,在很大程度上是诉诸"常识"(common sense,它更确切的翻译可能是大众认知)的塑造权,不同的霸权争夺者总是试图确立自身对于"常识"的解释权,例如在过去三十多年,新自由主义寡头就成功地把所谓历史的终结和别无选择塑造为一种"常识"。常识也是民粹主义政治中常常被引用的词汇,因为常识/大众认知与人民这个词很容易挂钩,即常识就是任何普通人都能够理解和认同的某些社会知识和论断。民粹主义者借助常识概念来宣扬自己的理论或纲领的合理性,而精英阶层的可恨之处就在于对于常识的蔑视或违背,从而通过对常识的解释在人民与精英之间划出清晰的界限,并借助精英对常识的蔑视而进一步激发人民的反抗激情。在墨菲对左翼民粹主义策略的阐释中,"常识"概念出现的频率非常高。墨菲对于"常识"概念的理解基于其反本质主义哲学,同时也来自葛兰西的相关分析。霸权的形成在于成功打造了人民对某些常识的认可,从而建构一种同一链条,但是"常识"的可变性也决定了霸权的不稳定性,从而构成反霸权斗争的重要意识形态阵地。

## 二、通过阵地战争夺大众信念和常识的塑造权

对于"常识"界定权的争夺是民粹主义政治中的重要战场,在墨菲的话语体系中常识这一术语就是一个漂浮的能指,它指称的对象其实是不确定的。寻求共识是任何人类社会存在的一种共同心理,人民大众总是会认为有些东西就是理所当然的,而由这些理所当然的知识构成的常识就成为当下社会或体制的合法性来源,后者要努力将自身的价值和追求描述为对大众信念和常识的遵从,并将自身的意识形态刻画为对于共同体的一般常识的体现。这也是马克思主义理论中的相关命题,葛兰西认为马克思强调了常识及其带来的大众信念的坚实可靠性,但"马克思指的,并不是这些信条的内容的有效性,而是它们在形式上的坚实可靠性"①,因为在任何社会中人们总是会将某些信念当做理所当然,问题在于哪种力量能够在这种形式的可靠性之中填充上具体的内容。

马克思强调无产阶级革命需要重新塑造一种常识或者大众信念,这

① [意]安东尼奥・葛兰西:《狱中札记》,曹雷宇等译,中国社会科学出版社2000年版,第339页。

又涉及无产阶级政党的知识分子如何深入群众的问题，或者说知识分子精英与人民大众的关系问题，即无产阶级知识分子如何用群众的语言创造一种“民族-人民的”文化。大众的共识或常识并不是天然存在的，而是很大程度上来自既有霸权的塑造，如果成功地改变了常识或大众信念，就成为审视和改造既定社会，从而改变世界的一个方向。各种政治势力都试图按照自身的利益和理解来界定“常识”的内涵和所指。或者说每种政治力量都试图垄断这个漂浮能指的定义权，同时赋予其符合自身理念的内容。因而在常识这个能指对应的所指常常是变化的或漂浮的。

正如墨非指出的，“将‘常识’视为话语链接的结果，使我们能够理解‘常识’是如何被反霸权的干预所转变的。”①“常识”的重要作用就是让既有霸权的统治显得理所应当，即让人民以霸权意识形态来思考和行动，正如马克思对资产阶级政治经济学家的批判，“他们认为只有两种制度：一种是人为的，一种是天然的……经济学家所以说现存的关系（资产阶级生产关系）是天然的，是想以此说明，这些关系正是使生产财富和发展生产力得以按照自然规律进行的那些关系”②，从而论证资产阶级生产关系是永恒支配社会的“自然”规律。因而，一种反霸权斗争首先就在于对当下生产关系或统治秩序中的统治与被统治关系的揭露，通过对于既有的统治力量及其统治的隐秘手法的揭露，成功说服大众认识到其中存在的压迫与被压迫、强制与服从的不合理关系，认识到既有的秩序并非一种“自然秩序”。这种对于常识的重新塑造，有助于激起对于当权政治经济精英的统治合法性的质疑和不满，从而是任何想要改变世界的力量的关键步骤。

在这个意义上，新自由主义意识形态的欺骗性就在于努力隐藏自身的“人为”属性，从而将其霸权自诩为符合“天然”法则的历史终结。正如大卫·哈维所指出，美国资本主义成功地在劳工阶级中确立了意识形态霸权，使得他们将民主党与共和党的轮流坐庄视为是自身民主权利的体现，在这种政治选举游戏中，“美国工人经常自愿投票反对自己的物质利

① Chantal Mouffe, *For a Left Populism*, Verso, 2018, p.77. 墨非并没有像葛兰西那样区分常识与健全认知，她对于常识的使用相当于葛兰西所使用的健全认知概念。

② 《马克思恩格斯文集》第1卷，人民出版社2009年版，第612页。

益，为的是文化民族主义，宗教、道德价值等理由”①，这种意识形态的统治使得劳工阶级看不清自己的敌人。新自由主义霸权甚至会怂恿或者打造一种反对自身的社会观念，通过一种民粹主义话语体系来促进民众怨气的宣泄，一种无助于任何政治制度改变和利益调整的单纯情绪宣泄。正是在这个意义上墨菲认为“占领华尔街”运动其实并没有突破新自由主义埋下的陷阱。而哈维在 2005 年就认为美国有可能出现表面上反新自由主义的右翼民粹政治，这种民粹主义打着反新自由主义的旗号来赢取工人的支持，实质上实施的却是反对工人权益的新自由主义政策，特朗普的崛起及其对于美国劳工阶级的利用无疑是哈维十多年前预言的验证。

因而，如何揭露出新自由主义意识形态的欺骗性，就成为左翼民粹主义话语如何深入群众的出发点，正如葛兰西所说，马克思主义者要在吸取天主教会的成功经验的基础上实现超越，因为后者打造大众信念及实现意识形态统治的机制是，“把‘普通人’滞留在常识的原始哲学的水平上的倾向……限制科学活动并在群众的低水平上保持统一”②，而马克思主义者却要充分地发动民众的批判意识，从而确立一种连贯性的健全的常识。即通过引导群众对于其既有的世界观的自我反思和批判，形成一种融贯一致的哲学世界观，这种如何打破既有常识而塑造新的健全认知其实就是马克思主义如何大众化的问题。因而世界观的变革是一种政治行为，因为常识的变迁直接影响到人们的行为模式，对于常识的塑造权的争夺成为霸权阵地战中的主要战场。左翼民粹主义需要正视右翼民粹主义者的诡计，后者充分认识到塑造民众常识在建构霸权中的关键作用，他们试图对于人民的苦难提出一种看似有理的解释，而将人民的不满引向更弱势的群体。

因此，墨菲强调左翼民粹主义者要实现对于极右翼的批判性超越。墨菲以这撒切尔主义的重要操作为例来做出说明，撒切尔主义用纳税人和消费者的概念来取代公民概念，从而将政治视为一种类似于市场上的经济纠纷和博弈的消费者行为，因而“反对新自由主义霸权斗争中的一场关键战役，就在于将‘公共’范畴重新塑造为公民能够发言和行使公民权

---

① ［美］大卫·哈维：《新自由主义简史》，王钦译，上海译文出版社 2010 年版，第 229 页。

② ［意］安东尼奥·葛兰西：《狱中札记》，曹雷宇等译，中国社会科学出版社 2000 年版，第 243 页。

利的领域，以取代个人主义和目前占主导地位的将公民视为'消费者'的个人主义"①。以撒切尔主义所代表的新自由主义霸权成功地确立了何谓民主的社会常识，"这种常识将民主理解为严格意义上的自由式的，并试图将任何质疑这种情形的努力贬低为'民粹主义'"②，这种滥用自由原则的意识形态霸权甚至走向了自身的反面，开始威胁到新自由主义模式本身，这在疫情中体现地十分明显，是否戴口罩就被赋予了政治含义，一个科学问题变成了"自由"问题，将戴口罩的命令或建议视为对于个人自由的侵犯，新自由主义塑造的"常识"已经变成对于常识的违背。人民主权意味着对于绝大多数人利益的尊重，自由和平等原则的张力的存在，意味着在个人自由和利益与社会的自由和利益之间存在着难以消解的张力，并非是抽象的个人自由至上或集体自由至上，而是在特定时空中的两种自由之间的调和。

墨菲还以"民主"这个能指为例，阐释了霸权在塑造人民的政治常识中的具体机制。在大众政治动员中，民主往往是重要的口号或诉求，不管在政治竞争或对抗中的各种力量之间有多大的分歧和矛盾，他们在追求民主这一问题上总是能够达成一致，无论他们如何贬低或妖魔化竞争对手的诉求或价值观，却总是不遗余力地将自身的立场辩护为民主道路。因而如何使得民众尽可能相信自身是一股符合民主价值观的力量，或者更进一步，如何将自己对于民主的理解传导给绝大部分人，从而使得自身的政治诉求或纲领的民主特质被人民当做"常识"，这就成为霸权斗争的意识形态主战场。正如墨菲强调的，左翼民粹主义以平等和人民主权这两个原则为基础，尤其要牢牢掌握民主这一话语阵地，要将左翼民粹主义有效嵌入左翼追求民主的政治传统之中，尽管民主这一能指也常常被反动势力滥用，却从没有使得民主理念失去其激进的潜质，"当民主这个能指被批判性地使用而强调其平等主义维度时，就构成了霸权斗争中创造新常识的有力武器。"③

因此，墨菲认为，无论是在国家共同体内部，还是在国际竞争领域，对于霸权的争夺既包括国家政权的层面，也包括市民社会的层面，也就是葛

① Chantal Mouffe, *For a Left Populism*, Verso, 2018, p.66.

② Inigo Errejon, Chantal Mouffe, *Podemos: In the Name of the People*, Lawrence & Wishart, 2016, p.93.

③ Chantal Mouffe, *For a Left Populism*, Verso, 2018, p.41.

兰西所说的文化霸权的概念。这意味着不能狭隘地理解国家机器，左翼政党仅仅是满足于取得议会多数或者拿到国家领导人席位这样的成就是远远不够的，想要推动政策的制定和实施就会面临着市民社会中的重重障碍，即"目标不是夺取国家政权，而是葛兰西所阐释的'变成国家'"①，要充分认识到市民社会的政治性质，将市民社会变成霸权斗争的主战场，这样才能够为民主的激进化准备更充分的社会条件。多元主义政治的前提是参与者对于某些基本规则的共同遵守，这既不是去刻意营造一种理性对话的状态，也不是主张宽容和价值多远，而是为不同的观点或生活方式提供一种基本的平台，供政治对抗的力量之间争夺霸权，也是争夺对于社会观念和社会常识的塑造权。以作为当今西方社会的热点的身份政治为例，在异性恋群体与 LGBT② 等性别政治之间存在着分歧，对于前者，后者最多是一种由于其事实存在而不得不被宽容的身份诉求，但后者并不甘心始终处于一种被宽容的境遇，他们发动起了声势浩大的 LGBT 骄傲活动，试图将自身的诉求提升为同等价值甚至是更高价值的生活方式。墨菲认为，既不可能采取强力措施来压制任何一方的诉求，这两种生活方式和政治力量的对抗也不是理性协商的问题，生活方式或价值的冲突是难以调和和对话的，两者之间其实是(意识形态)权力和霸权争夺的领域，是希望通过各种方式来塑造社会观念和社会常识的领域，后者试图通过各种公共教育、影视等等渠道将自身塑造为一种炫酷的、先进的文化，这种对于意识形态霸权的争取是前者所坚决抵制的，因而公共教育、媒体平台等意识形态国家机器就成为双方激烈争夺的领域。

墨菲强调了常识的塑造在左翼民粹主义霸权策略中所起的作用，左翼民粹主义需要形成一种新的政治话语，有力地干预和塑造常识领域，"结合来自'常识'中的各种话语元素，形成一种能够打动和感染人民的方式。"③它当然不可能塑造一种全新的常识，而是在既有的常识范围内，给

---

① Chantal Mouffe, *For a Left Populism*, Verso, 2018, p.47.

② LGBT 指的是女同性恋(Lesbian)、男同性恋(Gay)、双性恋(Eisexual)、跨性别者(Transgender)这四个性别政治的平权运动的合称，由于这个领域的身份越来越多，现在 LGBTGIA+的称谓更为流行，包括酷儿(Queer)、间性人(Intersex)、无性恋(Asexual)及其他，当然由于性别政治中内部纷争不断，这一新的术语由于将某些新的身份所隐藏，也可能受到越来越大的质疑。

③ Chantal Mouffe, *For a Left Populism*, Verso, 2018, p.76.

常识中带来新的内容和维度，这种文化霸权的争夺是阵地战而非运动战，而艺术领域是打动和感染人民的重要路径，从而成为其中最重要的需要反复争夺的阵地之一。

## 三、艺术与文化实践在掌握群众中的关键作用

文化霸权的确立与哪种力量能够塑造共识或常识有关，“常识的形成在很大程度上是在文化领域，而且也是在文化领域能够被推翻，这也是我对于艺术和文化实践感兴趣的原因。”①在《竞争性政治》一书中，墨菲专门用“竞争性政治与艺术实践”的整整一章的内容来解释其重要性，并在其他著作中反复强调这一命题的重要价值。通过对于西方马克思主义传统中相关流派的梳理，墨菲试图论证艺术实践在左翼民粹主义策略中的地位和功能。

墨菲认为，关于艺术实践在社会革命中的功能，在西方马克思主义传统之中大致有两派相对立的观点。一派是以法兰克福学派为代表的“文化工业”派，认为文化艺术领域已经成为资本主义生产体系的一环，“艺术与广告之间界限的模糊使得公共批判空间的理念已经失去意义……所有的批判姿态都很快被企业资本主义（corporate capitalism）的力量化解或中性化”②，意思是在当今的企业资本主义社会中，世界越来越被少数几家大公司所控制，这些大资本家染指包括文化艺术行业在内的几乎所有赚钱的领域，以各种直接或间接的方式控制了大量媒体平台，使得艺术创作为资本的利润服务，即使还存在某些看似很尖锐的批评，也很快能被无远弗届的资本引导为有利于自身的宣传。不过，墨菲对艺术实践的反资本主义功能的认识并非那么悲观，她赞同的是以“艺术行动主义”（artistic activism）为代表的另一派观点，认为“文化工业”派过分忽略了主体拥有的抗争力量。

艺术行动主义认为，“文化工业”派的观点主要立足于以物质劳动为主体的福特主义生产方式，而非物质劳动的兴起进一步确立了艺术实践所具有的革命作用。在当代社会，商品销售不仅是销售产品，它更多的是

---

① Inigo Errejon, Chantal Mouffe, *Podemos: In the Name of the People*, Lawrence & Wishart, 2016, p.45.

② Chantal Mouffe, *Agonistic: Thinking the World Politically*, Verso, 2013, p.85.

生产一种消费者对某种生活态度和生活方式的想象或憧憬，而产品只是这一生活方式中的某个必要的配件，“为了维系自身的霸权，当下的资本主义体系需要不断地激发人民的欲望及塑造他们的身份认同，广告宣传的关键技巧即在于对买家特定身份的建构”。①例如当下装修风格中极其盛行的所谓北欧风，这种风格与这些国家临近北极圈的地理环境密切相关，是与人口密度低、冬季极寒、光照不足等条件相对应的装修风格，而商家则将北欧风炒作为一种“高档时髦”的生活方式，它本身也是北欧国家的富裕生活方式带来的光环效应，大多数买家不一定需要知道北欧风的内涵是什么，也不需要确定这种风格是否适合自身，甚至最后装修完不一定喜欢这种风格，而是在这种装修风格中营造某种想象中的审美式生活态度，并在这种貌似“高档时尚”的生活方式中建构某种虚幻的身份认同。因此，资本越来越依赖艺术和文化实践来塑造人们的生活方式，这种霸权建构机制也为反霸权实践提供了空间及可能性。

正是因为新自由主义资本霸权越来越依赖于艺术实践，这就确定了艺术实践在霸权与反霸权的斗争之中的关键作用，而艺术实践的作用首先在于揭露这种机制中的操纵及从属性，正是在这个意义上，墨菲指出政治与艺术是难以区分的，“政治中有美学的维度，艺术中也有政治的维度。从霸权理论的视角来看，艺术实践在建构和维持(同时也意味着解构和挑战)一种既定的象征性秩序中扮演了重要角色，这就是为什么艺术必然内含政治性的维度”。②因而，左翼对于新自由主义霸权的抗争是要充分调动艺术的政治功能，艺术实践就是政治实践或霸权实践。

墨菲阐释了新兴的艺术行动主义对新自由主义霸权的挑战，他们通过打破既存的“共识”来影响人民的观念，“他们的目标是针对那些以人民的幸福生活为代价来增进新自由主义的机构，通过揭露这些机构的真实身份来提供正确的选择”③，例如他们对世界贸易组织(WTO)、国际货币基金组织(IMF)等国际经济组织进行了揭露，这些组织将自身的身份和价值表述为增进国际福祉和带动后发国家跨越式发展，将自由贸易、自由金融等观念塑造为增进全人类自由和利益的基石，通过塑造这种“自由共

① Chantal Mouffe, *Agonistic: Thinking the World Politically*, Verso, 2013, p.90.

② Ibid., p.91.

③ Ibid., p.98.

识”而确立其干预发展中国家的经济金融政策的合法性。实际上他们是美国资本巨头控制世界经济和金融的重要抓手，也是一些发展中国家屡屡发生经济危机的幕后推手，而当这些资本寡头发现发展中国家已经逐渐开始在世贸组织等组织中掌握主动权，能够运用“合法”的手段来维护自身权利之后，他们马上就可以发动宣传机构来将世贸组织污名化为“经济自由”的障碍，从而打破那些自己原先所建构和捍卫的“共识”，一脚踢开这些机构而重新建立更好控制的新的机构和规则。所以艺术行动主义者建立了高度模仿这些国际组织官方网站的新的网页，对于他们的日常所作所为提出一种新的描述和解释，试图通过各种历史和现实的介绍来揭露他们的真实身份和角色，从而将他们作为新自由主义霸权的守护者的身份揭露出来。

可以说，这种批判新自由主义霸权“共识”的艺术实践是一种阵地战，因为社会常识的塑造总是由日常生活中的点点滴滴而形成，因而墨非一再强调，“文化和艺术领域是建构不同主体形式的一个非常重要的阵地……艺术和文化实践在左翼民粹主义策略中扮演了重要角色”。①艺术和文化实践首先是揭露作用，在这个意义上我们能够理解为什么乌合麒麟讽刺澳大利亚在阿富汗暴行的漫画，能够在西方舆论界掀起如此巨大的风浪，导致西方某些政要和媒体的歇斯底里。正是因为特定的艺术实践具有远远超过语言本身的直击人心的作用机理，从而更为有效地抓人眼球。这也是为什么各种艺术实践能够经久传世，能被跨越千年甚至万年的人类文明所共同理解和欣赏的原因。当然，墨非也强调艺术行动主义只是意识形态霸权争夺中的一个体现，不可能仅凭这一组织就打破新自由主义霸权。它除了需要上述解构的维度，还需要建构的维度。

在这个意义上，墨非认为，艺术和文化领域的理论工作者其实就属于葛兰西所说的有机知识分子，“通过打造新的实践和新的主体性，他们有助于既有权力结构的颠覆。”②这些作为艺术家身份的有机知识分子，既要有敏锐的洞察力来发现和揭露那些以最隐蔽的方式而体现的统治者的意识形态，也要以人民喜闻乐见的通俗方式来引导他们如何树立新的观念。正如拉克劳所说，人民作为一个政治主体需要以某种形式来“秀出自

① Chantal Mouffe, *For a Left Populism*, Verso, 2018, p.77.

② Chantal Mouffe, *Agonistic: Thinking the World Politically*, Verso, 2013, p.105.

身”，也就是国旗、国歌等象征物品所形成的仪式感的作用，一场运动或一个主体总是要以某种象征性的物品而表现出来，一种神话、歌曲、旗帜、纪念日、文学，“所有这些象征性的武器，使得他们从单纯的反对派而转变为一种新的总体利益的建构，再成长为能够挑战既有霸权的力量。”①这些文化和象征体系就成了将异质化的群体粘合为一体的情感胶带，例如马克思就是反资本主义者团结起来的重要象征，马克思的门徒就成了他们共同的身份，而不论切·格瓦拉本身及其革命道路存在着怎样的历史局限性，他都成了左翼革命斗争的某种精神象征。

当然，政治实践远远比政治理论更为复杂，一种成功的政治策略只有通过切实的政治实践才可能被付诸实施。左翼民粹主义要以新自由主义霸权为斗争目标，但仅仅是提出一个抽象的新自由主义概念不可能激发人们的斗争激情，普通民众并不会被简单口号或理论所动员，而只有他们感觉到这些政治话语能够触碰到他们日常生活的痛点时才能起作用。因而要深入了解人们日常生活中的苦恼和困难，将对于这些困难的解决和斗争引导为反新自由主义霸权的组成部分。政治动员只有引发人们的情感认同才有可能，“要在人们日常生活中遇到的问题中产生共鸣，从他们的现实处境和感受出发，提供一个能够给他们希望的未来愿景，而不是将谴责和希望停留在空洞手册上。”②因而墨菲再次强调了常识的塑造在其中所起的作用，一种新的政治话语需要干预和塑造常识领域，“结合来自‘常识’中的各种话语元素，形成一种能够打动和感染人民的方式。”③它当然不可能塑造一种全新的常识，而是在既有的常识范围内，给常识带来新的内容和维度，这也包括如何将政治激情以民众所能够理解和感同身受的方式传递给他们，从而获得一种强大的政治动力。这种理解人民的痛苦并将战胜痛苦的希望有效传导给人民的话语能力，其实也是当代伟大政治家的必备素质和要求，更是任何成功的民粹主义政治的重要来源。正是因为社会常识总是由日常生活的点点滴滴所形成，墨菲一再强调，“文化和艺术领域是建构不同主体形式的一个非常重要的阵地……因而艺术和文化实践在左翼民粹主义策略中扮演了重要角色”。④

---

① Inigo Errejon, Chantal Mouffe, *Podemos: In the Name of the People*, Lawrence & Wishart, 2016, p.108.

②③ Chantal Mouffe, *For a Left Populism*, Verso, 2018, p.76.

④ Ibid., p.77.

## 第三节　左翼民粹党打造新型民主代表制

墨菲左翼民粹主义霸权策略的第三个层面就在于将任何反对力量纳入既有体制的抗议渠道，甚至使得反抗力量消弭为一种促进体制改良自身缺陷的积极力量，“这种权力建构了游戏规则，建构了一种政治常识，从而迫使任何试图击败他的反对者在他所设定的游戏规则内活动”。①墨菲指出，霸权最重要的是在“市民社会”赢得主导地位，这意味着它并非一种单纯的压迫关系，霸权在打造“共识”的同时，在一定程度上也容许甚至鼓励不同声音的存在。在这一方面，典型案例就是英国前首相撒切尔夫人的政治成就，布莱尔为首相的工党在选举中的成功是以放弃旧工党的价值为代价的，他们以隐秘的方式向撒切尔的新自由主义霸权投降，对于既有的权力关系和制度框架全盘接受。这恰恰是撒切尔新自由主义霸权地位的最明显写照。

因而，墨菲认为，左翼民粹主义霸权也需要形成一种新的民主制度和游戏规则，而这对于民粹主义政治模式是一个重要挑战。各种民粹主义思潮或运动都存在着某种内部张力，即反建制斗争与建制内斗争两者间的调和问题。民粹主义具有天然的反建制、去中心化倾向，倾向于将既有的制度体系视为当权精英的工具，但民粹主义者又需要形成某种组织化的力量，不可能完全推倒重来，或者完全拒斥在既有制度框架内的任何政治参与，而是要在既有建制的通道内实现制度化的改良以达成自身的诉求。如何解决这一问题，就成为左翼民粹主义霸权策略需要解决的问题，墨菲认为，“左翼民粹主义策略要求在‘纵向’和‘横向’的政治干预层面的链接，包括代议制机构和各种社会组织和社会运动”②，即左翼需要充分运用大众运动的建构性力量来改变既有的权力关系和利益格局，在此过程中打造一种有助于将横向的建制外与纵向的建制内斗争相结合的“运动型”左翼民粹党，并推动形成一种新型的民主代表制。

---

① Inigo Errejon, Chantal Mouffe, *Podemos: In the Name of the People*, Lawrence & Wishart, 2016, p.44.

② Chantal Mouffe, *For a Left Populism*, Verso, 2018, p.67.

## 一、引导建制外大众运动成为制度变革动力

大众运动是人类政治演进发展的重要动力，也在历史上备受争议。一方面，对于人民主权的推崇是民主政治的内在要求，另一方面，对于乌合之众的恐惧也是西方政治学的一个传统维度。马克思主义一贯强调“群众”的威力，在马克思主义中国化的进程中，群众路线是毛泽东思想三个活的灵魂之一，但“教育群众”也是毛泽东思想的重要维度，有组织性有战斗力的“群众”是被党所打造的结果。因而，如何审视和发挥马克思主义的群众观，引导建制外的大众运动成为建制内改良的强大动力，进而形成一种更具有代表性的民主制度，就成为墨菲左翼民粹主义策略的一个必要环节。

围绕着对新自由主义资本寡头的斗争而打造人民，左翼民粹主义政治的具体目标何在？它当然不可能重起炉灶而与既有的制度体系彻底断裂，而是伴随着协商和妥协；即找到一种政治斗争的模式，“能够将各种异质的不满转变为一种集体的、民族-人民的意志，从而能够对于国家权力产生影响”①，并改造既有的新自由主义权力关系。需要指出的是，墨菲提出的制度变革与通常理解的狭义制度概念并不相同，她提出的是一种广义的制度概念。墨菲认为，尽管左翼民粹主义霸权策略的斗争对象锁定为新自由主义霸权，但实际运动中的斗争对象往往要求比较具体，它不能是诸如帝国或资本主义这种抽象的能指，对于这种抽象对象的斗争往往会沦为一种大众情绪的宣泄，甚至使得这种反资本主义的怨气宣泄成为资本主义统治得以巩固的保证，而是需要设定具体的斗争对象。

既然左翼民粹主义霸权斗争是一场阵地战，那么就需要为反新自由主义的大众斗争不断设定阶段性的对象，“必须针对并改造那些能为新的霸权创造条件的权力节点”②，这些权力节点远远不只是暴力国家机器，还包括阿尔都塞所说的意识形态国家机器以及国际组织，它既包括诸如国际货币基金组织这种金融资本控制世界金融的工具，也包括脸书、推特等由美国资本巨头控制的垄断性的世界网络社交平台等等。那些看似属

① Inigo Errejon, Chantal Mouffe, *Podemos: In the Name of the People*, Lawrence & Wishart, 2016, p.80.

② Chantal Mouffe, *Agonistic: Thinking the World Politically*, Verso, 2013, p.75.

于私人资本却把持着重要公共权力的机构或平台，既是新自由主义霸权实现统治的权力节点和工具，其实在广义上又构成了资本主义统治的制度体系的不可分割的一部分，围绕着这些权力节点和制度平台的大众斗争就成为左翼重建自身霸权的策略的一个环节。

可见，墨菲的思想是对葛兰西的市民社会的文化霸权理论的继承发挥，而文化霸权的斗争就离不开对于"群众"运动这一维度的思考。基于此墨菲对"主流"左翼对于大众运动的遗忘提出了批判和反思，某种意义上，对于"群众"的漠视甚至反对已经成了左翼的一种时代精神。早在冷战刚刚结束之时，墨菲就指出了社会主义的严重挫折导致一种"告别革命"的思想氛围，例如在哲学上后现代主义思潮的兴起及其对宏大叙事的排斥，这种后现代主义思潮也逐渐渗透到各个学科和领域，包括在西方马克思主义政治学领域。吉登斯提出的以生活政治来代替解放政治的呼吁风靡一时，试图以一种个人主义的方法论来取代集体主义的方法论。墨菲认为，这种后政治的共识思维，"拒不承认社会总是通过权力关系的某些结构霸权化地被建构的，就会导致对现存的霸权的接受"①，这种告别霸权政治的思潮其实就是对于解放政治的背弃，即对于人类能够通过集体行动来改善自身处境的信心的丧失。

随着苏东剧变后所谓的超越左与右模式成为主流，第三条道路成为西方左翼的主要政治模式。墨菲认为，这一模式实质上就是传统左翼向新自由主义投降而放弃了霸权斗争。由于西方"主流"左翼的衰败，他们不再能够以一种接地气的具有吸引力的纲领来维系选民的支持，大量原先拥护左翼政党的选民流向了右翼民粹主义。西方"主流"左翼对于右翼民粹主义的兴起是非常警惕的，他们希望能够动员和引领选民抵制民粹主义的煽动。不过，墨菲认为，它所害怕的并非是右翼的民粹主义运动，实际上是对于任何形式的大众运动都感到难以适应，僵化保守的西方"主流"左翼已经在很大程度上失去了引领社会运动的能力，因为左翼坚持一种"后政治"的立场，将任何需要诉诸政治激情的政治动员打上了非理性的标签。由于人民被剥夺了选择，"政治就变成了对既有秩序的事务治理，一个为专家所预留的领域，人民主权被宣布为过时而需要被淘汰。"②

① ［英］尚塔尔·墨菲：《论政治的本性》，周凡译，江苏人民出版社2016年版，第52页。

② Chantal Mouffe, *For a Left Populism*, Verso, 2018, p.17.

但是大众斗争的维度又不可能在政治对抗中完全消失，这种贬低就导致大众政治容易走向激烈，甚至以更极端的右翼民粹主义表现出来。因而墨菲提倡左翼要运用民粹主义策略来重建霸权，以抗衡右翼对于大众抗争力量的滥用。

由于社会民主党成为新自由主义意识形态的守护者，他们不愿意正视"民粹主义时刻"对左翼的挑战，"作为后政治教条的俘虏，他们不愿意承认自身的错误，无法认识到右翼民粹主义政党提出的许多要求是民主要求，必须给出一个进步的答案。"①右翼民粹主义成功地将很多在新自由主义全球化中的输家集合在自身的旗号之下，他们假装理解并倾听这些弱势群体的合理诉求，并将这些民主诉求为自身的极端、排外的政治方案服务。在这种情况下，新的左翼势力必须重新认识到大众运动中包含的"改变世界"的力量，对于人民的力量的关注和引导就成为重建左翼霸权的必由之路。墨菲的左翼民粹主义试图给西方社会提供选择，这是在社会民主主义与雅各宾模式之外的第三种选择，如果说后者代表了正统的苏联模式，并在苏东剧变后失去了吸引力，前者则代表了传统的社会民主主义的方案，在苏东剧变后成了新自由主义的同路人。但这两种方案的失败不代表左翼或社会主义的彻底失败，左翼的方案或社会主义道路并非只有这两种选择。这其实也就是对马克思主义解放政治的继承和发挥。

墨菲对于当代如何复兴解放政治进行了分析，在西方"主流"政治学中，解放政治与苏联模式被视为一体而受到摒弃，因而他们希望拯救出解放政治这个理念，而又不重蹈苏联模式的失败陷阱，这也是墨菲对后马克思主义宗旨的再次确认，即后马克思主义是"解放政治母体之中生成的一种理论思维方式，并试图超越传统解放政治的狭隘视域"②。它是对于马克思主义"改变世界"的解放精神和抗争传统的继承和发扬，因为马克思主义革命理论旨在将广大受压迫的民众联合起来，结合成一个具有强大战斗力的斗争主体，他们基于对既有体制的不满，并为了一个更美好的未来而斗争。至于说这个斗争的主体是被压迫的无产阶级还是被压迫的人民，则需要依赖具体的时代背景而确定。

因此，墨菲的左翼民粹主义策略体现为对于马克思主义解放精神的

---

① Chantal Mouffe, *For a Left Populism*, Verso, 2018, p.21.

② Inigo Errejon, Chantal Mouffe, *Podemos: In the Name of the People*, Lawrence & Wishart, 2016, p.39.

继承和发扬，而西方“主流”左翼则背弃这一战斗精神的批判。西方左翼的衰败并不主要在于具体的政策措施的失误，更主要的是西方左翼已经失去对于通过大众运动来“改变世界”的主动精神。从西方左翼及其媒体对于西班牙“我们能”党的态度可以看出，主流左翼对于社会运动“表现出准审美意义上的拒绝，一种对大众（masses）及其政治激情的不信任”①。某种意义上，西方左翼经历了一次“告别革命”的心理意义上的审美式断裂，这种意识形态的终结意味着对于任何宏大的社会改良计划的怀疑，本能地从心底排斥任何与革命政治和革命话语沾边的政治元素。“取法于上，仅得为中，取法于中，故为其下”，对于“改变世界”信心的丧失带来的是一种守护既有社会成果的保守心态，从而对于任何有可能冲击既有社会秩序的大众运动保持过分的警惕和恐惧，因而导致对新自由主义霸权的妥协和退让，使得既有的福利国家制度的成果也难以保持，工人阶级的实际生存状态每况愈下。

防民之口甚于防川，试图消灭所有矛盾冲突的完满社会不可能存在，总有些群体或个人正在遭受着某些痛苦，墨菲的竞争性多元民主就基于对这种永恒存在的对抗维度的强调。因而墨菲强调，比痛苦本身更令人无法接受的是没有得到命名的痛苦，也就是被“主流”媒体标签为“非理性”而不承认其合法性的痛苦，“群体对峙或大众运动并不必然带来危险，真正的危险在于难以找到一套政治语言来表达人民的痛苦。”②这正是当下民粹主义时刻来临的时代背景，新自由主义霸权在很大程度上陷入了自满和僵化，已经很难将反抗力量吸收为自身改良的推力，而是将后者妖魔化为非理性的邪恶势力。因而左翼需要吸收民粹主义政治话语和动员模式，通过民粹主义话语来整合各种反抗力量，同时确立一套新的制度和游戏规则来容纳这些不同声音，从而将民粹主义引导为有助于左翼价值的积极力量，这也离不开对运动型的左翼民粹主义政党的打造。

## 二、打造运动型左翼民粹主义政党

围绕着民粹主义运动的反建制与建制内斗争的张力，如何调和上述两种斗争就形成理论和实践上的分歧，这被墨菲概括为出走战略与介入

① Inigo Errejon，Chantal Mouffe，*Podemos：In the Name of the People*，Lawrence & Wishart，2016，p.97.

② Ibid.，p.117.

战略的分歧。它在某种程度上类似于19世纪后期马克思恩格斯与无政府主义之间的斗争。墨菲的左翼民粹主义策略在一定意义上其实是对于马克思主义政党理论的继承和发挥，马克思主义高度重视革命斗争中的组织问题。既关注如何将工人阶级组织和团结起来，又对于无产阶级组织走向僵化和腐朽保持高度警惕。墨菲认为，从左翼民粹主义运动中崛起的左翼民粹主义政党，需要将人民的力量转为改造既有的制度体系的力量，既不能停留于广场占领运动，也不能仅仅满足于选举胜利，而是要充分运用群众的激情来完成左翼的进步方案的实施。

大众斗争的意义往往在于昭示既有霸权的统治危机，从而为新的形势的形成打开局面，但“群众”也很容易随着政治激情的消退而解体，因而大众斗争只有转化为一种能够深入制度体系变革的组织化力量，才能在一定程度上将运动继续推进，或者保住一些既有的成果。为了动员人民以抗争新自由主义的寡头统治，需要左翼民粹主义在多样性的民主需求之间建立同一链来，在质疑和打破现存秩序的基础上建立一个新霸权。“我构想的左翼民粹主义是一种融合两种模式的新型政治组织形式，通过传统的纵向的政党表达形式和某些横向的表达形式来链接民主需要”①，当然具体形式则在不同国家是多样的。横向主要意味着市民社会的意识形态霸权争夺的层面，而纵向则意味着政党竞争和权力斗争的层面，这也是南欧一些左翼民粹主义政党的成功经验。

墨菲基于斯宾诺莎的论断指出，“对于左翼民粹主义战略而言，认识到激发共同情感的重要性是不可或缺的，正如斯宾诺莎热衷于强调的，一种情感只能被另一种相反的、更为浓烈的情感所压制和替代。”②激情的重要性来自政治的党派性，政治动员离不开对于某种信念和群体的热情，政治竞争不可能采取一种完全的理性对话和协商的形式，一种对于个人利益的简单算计。因此，墨菲认为：“我们需要一个‘运动型政党’，它将选举层面与大众运动层面相链接，但两者又是相互区分和独立的。”③这种

① Inigo Errejon, Chantal Mouffe, *Podemos: In the Name of the People*, Lawrence & Wishart, 2016, p.125.

② Chantal Mouffe, *For a Left Populism*, Verso, 2018, p.78.

③ Waleed Shahid, America in Populist Times: An Interview with Chantal Mouffe, https://www.thenation.com/article/archive/america-in-populist-times-an-interview-with-chantal-mouffe/.

试图将政治激情纳入作为政治动力的新型的政党组织，既是一个选举机器，也是社会运动的领导者。

一方面，左翼民粹党不可能通过简单的选举上的胜利来确立左翼霸权。

新自由主义霸权的秘诀在于一种文化霸权，这种霸权的重要支撑是它成功地塑造了一种社会常识，通过将政府监管和国有企业妖魔化为自由的敌人，将资本的任性自由披上了个人自由的外衣，从而败坏政府制约任性资本的合法性，在这种情况下，违背社会“常识”而轻言政府监管，就有可能陷入追逐“自由”的选民的汪洋大海，这也成为依靠政府权力来制约资本的任何政治努力的重要障碍。因而，墨菲指出，以反新自由主义统治为重要目标的左翼民粹党不能简单地通过参与选举而进入政府，他们面对的是新自由主义霸权对于西方民众意识深层的支配权力。这种重新塑造新的社会常识的意识形态斗争，正是葛兰西所说的阵地战而非运动战，以常识为体现的大众认知具有相对的稳定性，需要通过一场持续的社会教育运动而缓慢推进，不可能通过一次选举胜利就一劳永逸地解决问题，“我们需要通过阵地战而使得进步力量确立真正的影响，这些阵地包括市民社会、统治机构、主流文化和媒体等。”①

一种新的意识形态霸权的确立也需要处理共性与个性间的张力。政党作为一种组织化和同质化的力量而存在，政党所要求同质性只能以排除某些威胁性的异质性因素为前提。一个既定的政治共同体的形成建立于对于外部成员排斥的基础上，成员与非成员之间不可能实现彻底的平等，或者说居住于其中的外来者不可能被平等地对待，因而人人平等的自由理念是外在于民主共同体的，它只能是一种伦理理想而不可能是一种政治组织形式。自由主义的理性主义理念认为可以通过不同意见之间的自由交流来达到真理，似乎思想的交锋和竞争会达到某种预定和谐，从而政治论辩就像是一种市场中的很容易达成交易的商业谈判行为。

这种阵地战在某种意义上就是在践行激进民主理念。墨菲提出了对于何谓民主制度的巩固的理解，指望通过一种理性的学术辩论来塑造对民主制度的忠诚是不现实的，“对于民主的忠诚，不是基于理性而是源自

---

① Waleed Shahid，America in Populist Times：An Interview with Chantal Mouffe，https://www.thenation.com/article/archive/america-in-populist-times-an-interview-with-chantal-mouffe/.

对日常生活的各种形式的参与”①,只有民主价值已经与日常公共生活中的种种元素化为一体时,因而日常生活就是在体验民主及践行民主,这样才能论及所谓的忠诚。墨菲认为,维特根斯坦在《文化和价值》中对宗教信仰的相关阐释值得借鉴,对于一般的教徒,宗教信仰并不表现为对于各种宗教典籍的熟稔或宗教教条的死记硬背,而是各种基于宗教教义的习惯和仪式已经化为他们日常生活的一部分,构成他们的潜意识和无意识领域的重要来源。这种情况下,对于宗教的激情其实已经转化为生活中的热情,而对于宗教的批判也就成了对于他们的生活的破坏。

因而左翼民粹党的意识形态斗争也需要从反宗教运动中吸取经验,声势浩大的群众运动很难真正地触及心灵,而是需要从细微之处入手持续发力,通过耐心的教导而将宗教教义与他们的日常生活尽可能地切割和分离。对于民主价值的忠诚也是这个道理,这种忠诚不是来自理性,而是对已经化为人伦日用的民主价值和民主制度的一种无意识的捍卫。这是墨菲所说的“民主革命”的真正内涵,也是墨菲阐释左翼民粹党如何发挥“群众路线”的着眼点所在。群众不是一张等着被涂抹的白纸,人的个性或差异性只是被暴露出来的冰山一角,而那些被其所处的共同体塑造的潜意识和无意识才是更为关键的。墨菲批判自由主义学说不愿意接受群体心理学的研究成果,而认为仅仅通过合理性辩护就能够塑造对于民主制度的忠诚,“社会主体被解释为抽象的人,而忽视了使得主体得以形成的各种社会和权力关系、语言、文化和一整套社会实践。”②左翼民粹党的意识形态霸权斗争需要形成充分的认识,思考什么才是真正的“群众路线”。

另一方面,通过选举胜利来改良既有的制度体系也是不可或缺的。

仅仅是反建制的议会外斗争是不够的,仍然需要通过政治上的成功来实现其诉求。尽管一些激进左翼学者对此表示反对,他们甚至将传统的政党政治的政治参与视为对于运动本身的一种腐蚀,认为这种政治将重新走向精英主义的腐化政治,墨菲认为,由于民粹主义话语通常将权力精英与经济寡头视为一个统治集团,因而他们的一个重要倾向就是对于腐败的政治制度的拒斥,这种政治倾向的重要体现就是“自治主义”(autonomism)。其实这恰恰是拉美和欧美的很多左翼民粹主义运动失败的

---

① Chantal Mouffe, *For a Left Populism*, Verso, 2018, p.75.

② Chantal Mouffe, *The Democratic Paradox*, Verso, 2000, p.95.

教训，使得看似热闹的大众运动很快沉寂，“它凸显了在多元民主制度的框架内改造既有权力结构的重要性，这需要将议会内斗争与议会外斗争相结合”。①因此，墨菲认为，左翼民粹党也需要将自身打造为一个选举机器，通过选举上的胜利来真正地进入建制内部，并着手推动制度化变革。

因此，墨菲认为左翼民粹党需要依赖其“运动型”特征来建构霸权，新自由主义确立意识形态霸权的重要支撑是成功主宰了对于何谓民主的解释权，即确立了“一种将民主理解为严格自由主义式民主的政治常识”②，它通过推崇自由原则而几乎完全遮蔽了人民主权原则，严重削减了政治民主在社会决策和治理中起到的作用，使得即使是成功当选的左翼政党也难以贯彻其反资本纲领，同时，它将民粹主义刻画为一种非理性的社会失序运动，将反抗力量视为民主政治的敌人，试图将大众运动污名化为社会秩序的破坏者甚至罪犯。在这种情况下，左翼民粹党不能局限于新自由主义霸权指定的诸如议会等斗争平台，而是要充分发挥自身的“运动”性质而冲破既有霸权强加的桎梏。

当然，民粹主义政党的“运动型”特征还体现在其对于克里斯马领袖这一因素的依赖。对于墨菲而言，关于领袖问题的理论分析其实就是民主政治中的代表权分析，正是在代议制民主本身的裂缝中产生了对于克里斯马领袖的召唤，而后者到底是成为民主制度的完善者还是破坏者，这并非一个能够被预先确定的必然性命题。领袖作为人民呼声和诉求的代表，被视为直接民主的体现，领袖只有不断地了解和回应人民的诉求，才能始终维持住自身与人民之间的代表与被代表关系，否则就会走向一种新的支配关系。当然，克里斯马领袖的理论问题的重要性也不能过于强调，它只是对于民粹主义政治的某个阶段特别具有价值，以大众动员为主要形式的直接民主总是难以持久的，民众的政治激情及其政治参与会很快就消退并回归正常生活，包括革命政治在内的大众斗争要想稳固既有的成果，迟早要被一种更制度化的代表形式所取代。

## 三、将代议制民主改造为新型民主代表制

民粹主义兴起的直接背景是西方代议制民主制度的僵化，“各种需求

---

① Inigo Errejon, Chantal Mouffe, *Podemos: In the Name of the People*, Lawrence & Wishart, 2016, p.85.

② Ibid., p.93.

及不满的增长在传统的政治通道中得不到表达或回应”①,因而民粹主义代表了超越西方民主制度的普遍心理,左翼民粹党需要推动既有的民主制度体系的改良,从而使得那些被忽视的声音和诉求能够得到表达。这就涉及对民粹主义政治的另一个常见的争论,即代表民主与直接民主的关系问题。民粹主义政治崛起的重要诉求是认为民主代议制成为代表少数当权派的精英民主,从而要求诉诸各种直接民主的方式来形成民主决策。而这种直接民主的要求又得到互联网时代的技术赋能,从而对于西方传统的代议制民主构成新的挑战。

正如墨菲指出的,霸权确立的重要前提在于,“对于当下霸权秩序的各种挑战就能被既有体系所吸收,通过剥离各种不满和诉求的颠覆性潜质,并通过某种体系内的通道来满足其诉求”②,即任何的霸权秩序得以建立和巩固的前提都是提供顺畅的制度化路径,从而将各种具备颠覆潜质的革命力量转化为促进制度改良和进步的动力。在这种情况下,左翼民粹主义霸权也包括一种新型民主制度体系的建构,从而有利于墨菲的激进多元民主理念的实践和推进。因而如何审视西方代议制民主面临的危机,探究民粹主义与民主代表制之间如何调和,也成为墨菲左翼民粹主义策略的重要内容。

这一问题其实是所有研究者都或多或少需要触及的理论命题,一些研究者将民粹主义与代议制民主界定为一种共生关系。玛格丽特·卡农范(Margaret Canovan)关于民粹主义是民主自身的投影的论断常常被学界所激烈争辩。卡农范认为,民粹主义是西方代议制民主弊端的周期性产物,这又取决于民主制度的两个面向,它同时包含了理想主义的救赎面向和现实主义的经验面向,民主理念要求实现一种众生平等和人民当家作主的理想政治制度,但现实中的民主政治必然要求专业性的官僚科层制及代理人制,始终都与人民当家作主的诉求之间存在着难以消解的张力,因而作为救赎理念的民主政治始终潜藏着一种反制度冲动。这种理想承诺与现实匮乏之间不可弥合的心理落差,就是民粹主义思潮周期性产生的根源。“救赎民主的救赎承诺至少在某种程度上是经验民主机器运行

① Inigo Errejon, Chantal Mouffe, *Podemos: In the Name of the People*, Lawrence & Wishart, 2016, p.98.

② Chantal Mouffe, *Agonistic: Thinking the World Politically*, Verso, 2013, p.73.

的必要润滑剂，如果它不出现在主流政治体制内部，它也会以民粹主义挑战的形式表明自身。”①鉴于此，如何应对民粹主义挑战就成为当代代议制民主政治的必要课题，如果应对得当，周期性的民粹主义政治的浪潮及其回潮，可以使得民主政治成为“一个自我纠错系统”。

墨菲的政治学著作在某种意义上也是对上述民主困境的集中论述，她使用的术语是“民主的悖论”，试图在新自由主义霸权的背景下对民主的上述两个面向间的张力及其调和问题提出新的阐释。西方民主政治实际上已经进入“后民主”社会，而民粹主义的兴起就是这种“后民主”政治的产物。因而，民粹主义意味着对“后民主”社会的救赎，“为什么是民粹主义？因为他们旨在推动民主元素的复兴”。②不过，墨菲也试图弱化民主的救赎层面，而基于左翼民粹主义策略对于民主的经验层面注入更多的思考，也就是说，如何在现实的民主政治中推动更多元和包容的议程设置，从而使得当代民主政治在一种包容性的政治对抗中螺旋前进，而不是以所谓的政治共识来压制反体制的声音，这也就是墨菲激进多元民主理论的最新发展，希望通过左翼民粹主义而确立一种新型民主代表制。

墨菲认为西方的代议制民主面临着深刻的危机，而民粹主义政治的兴起有可能生成一种新的民主代表制，这在某种意义上也是对马克思主义相关批判的发挥。在新自由主义霸权下，西方民主代议制已经名存实亡，变成马克思主义批判的“清谈馆”，因为当下的代议制民主并没有给选民提供真正的选择，这种“有选票无选择”的精英民主直接导致西方民粹主义浪潮的兴起。正如马克思在《法兰西内战》中所说的，资产阶级议会制的本质在于玩弄普选权，“只是让人民每隔几年行使一次，来选举议会制下的阶级统治的工具。”③在此基础上，列宁在《国家与革命》中对未来的无产阶级民主与代表制度之间的关系进行了设想，他认为，即使是无产阶级民主也需要代表机构的存在，但这种代表机构的存在与资产阶级议会制是截然不同的，“摆脱议会制的出路，当然不在于取消代表机构和选

---

① ［英］玛格丽特·卡农范：《相信人民！民粹主义与民主的两个面向》，郭中军译，《国外社会科学前沿》2019年第5期。

② Inigo Errejon，Chantal Mouffe，*Podemos：In the Name of the People*，Lawrence & Wishart，2016，p.91.

③ 《马克思恩格斯文集》第3卷，人民出版社2009年版，第196页。

举制，而在于把代表机构由清谈馆变为‘实干的’机构。”①墨菲的阐释在某种意义上就是左翼如何运用民粹主义力量将代表机构打造为实干机构。

西方代议制民主的危机可以分为政治和经济两个方面。一是共识式政治没有提供真正的选择，西方民主政治一直被认为是能够有效将各种不满和诉求纳入既有的建制化通道，辅以强大的国家能力来避免社会不满转变为反体制的抗争，分化各种反抗势力，防止各种不满之间结成同盟，并在反馈不满的过程中不断扩大其群众基础。民主政治能够有效地驯化和安抚社会的不满，能够将政治社会化解为市民社会，即能够将一个作为斗争整体的人民分化为各为自身利益相互博弈的市民，并为了自身诉求的实现而诉诸既有建制的相关部门，但这种能力由于各种原因逐渐退化。二是经济上的，全球金融资本主义的发展带来了新的压迫形式，既有的建制难以有效表达。这就导致西方民主严重的代表性危机。而传统的理论资源和政治话语的枯竭，使得这些不满并不能很好地表达出来，例如美国右翼民粹主义的主要拥护者是白人男性，如果说美国左翼曾经代表了经济上的弱势群体，现在美国左翼已经逐渐被身份政治绑定，为了性政治和少数族裔而斗争，白人男性在这种主导话语中被视为一种压迫性身份，他们的不满和诉求很难在当下的左翼身份话语中得到表达。在这种情况下，他们开始接受民粹主义话语体系，将自身认同为被精英所忽视和被压迫的“人民”，而由于这个群体中弥漫的白人种族主义氛围，使得他们比较容易受到极端排外民粹话语的煽动，从而成为特朗普的铁杆支持者。

西方代议制民主的危机还体现在利益集团和游说集团的崛起之中，进一步削弱了代议制民主对于真正的民意的代表。学术界和媒体基于一种泛政治化的界定而对各种表演性的抗议活动备加推崇，并将这些行动宣称为新时代政治参与的典范，但其实很多有影响的“民主”抗议活动是由寡头小团体组织和操纵的，以媒体曝光为取向的精英政治，基本上游离于有效的民主程序之外，即使是这些组织的一般参与者对于组织政治决策的影响也很小，从而进一步使得西方民主政治蜕变为一种寡头政治。这种行为政治在很大程度上是新自由主义模式欢迎甚至操纵的。

因此，墨菲认为，“我们面对的并非民主代表制本身的危机，而是作为

① 《列宁选集》第 3 卷，人民出版社 2012 年版，第 151 页。

其当下载体的后民主形态的危机”①，当下的西方民主代议制缺乏一种竞争性的对抗，它拒绝给选民提供真正的选择，尽管民众看起来还能通过一些途径来表达诉求，但这种拒绝提供其他社会方案的代议制其实剥夺了公民的发声权利，“补救办法不在于废除代表制，而是使各种机构更具代表性。这正是左派民粹主义策略的目标。”②

关键在于如何使得民主代表制更具有代表性，这又取决于如何理解国家概念。马克思主义对于资本主义民主政治的虚伪性批判就着眼于对国家与市民社会关系的分析，批判自由和人权实质上沦为资产阶级私有财产权的保护。墨菲认为，左翼民粹主义霸权策略的特点在于对于国家的本质及其角色的认知，既然霸权的建立依赖于塑造民众对民主理念及其制度体系的观念，那么霸权的争夺就不可能仅仅通过竞选上台或简单地夺取国家政权。墨菲认为葛兰西对于霸权理论的关键贡献就在于提出了“完整国家”(integral State)的概念，也就是认为市民社会也是国家的不可分割的一部分，而并非像一般的资产阶级理论对于公域与私域的二分，将市民社会界定为一种不同于政治社会的私域范畴，这其实就是一种资产阶级得以维系霸权的意识形态欺骗，将资产阶级掌控的媒体、教育机构、宗教等社会组织的思想霸权中性化，将这些霸权争夺的领域定义为韦伯所谓的“价值中立”领域。因而，左翼民粹主义策略要认识到市民社会的诸领域都是霸权争夺的阵地战战场，这些领域的争夺是民主代表制不可或缺的维度，而这些领域霸权的获得，也是民主代表制能够真正落到实处的保证。

在这个意义上，墨菲的激进多元民主思想内在包含着一种对抗哲学或斗争哲学，即任何制度形式都是霸权链接的产物，是既有霸权打造的一种秩序形式，但任何制度或人类社会的秩序形式都有内在的衰败趋势，这既来自社会变迁带来的挑战，又来自制度本身的某些内在缺陷。只有不断斗争才能够与时俱进，这在某种意义上也能够被归结为墨菲的“不断革命”的思想。在这个意义上，将任何制度形式拔高和神话，认为某些完满的制度形式能够保证社会秩序的长治久安，这是一种思维懒惰和想象力的贫困，最终会导致一种扼杀社会活力和多元主义的一元思维。民主需要有弥赛亚的维度和解放政治的维度，但是不能幻想达成一种彻底的解

---

① Chantal Mouffe, *For a Left Populism*, Verso, 2018, p.53.

② Ibid., pp.56—57.

放，幻想实现一种彻底的解放就会走向自身的反面，对于一些有可能新出现的问题或矛盾，要么不承认其存在或不命名这种痛苦，要么就以非理性观念的沉渣泛起等批判性话语来否认其合理性。这正是历史终结幻象支配下的自由资本主义的写照，而民粹主义的崛起也成为自由资本主义不得不承受的代价。

通过对于霸权的三要素的解释，墨菲试图提出，反霸权斗争当然是要揭露既定霸权的统治手法，但反霸权斗争又不是与既有霸权的彻底决裂，而是一种既有体制内部斗争与外部斗争相结合的产物，社会秩序从来没有被缝合，但社会秩序从来也不可能被彻底推倒重来。既有霸权也是历史上各种政治实践陈陈相因的结果。因而它并非从头开始重建一种新的民主制度体系，而是基于对于既有制度体系的不断改良。墨菲并不认为存在着一种彻底的断裂的可能性，她认为新的实践及其制度形式都是历史上的所有政治实践的遗产的总和，是对于既有的西方民主制度的一种批判性超越而非一种绝对的断裂。

# 第五章

## 墨菲左翼民粹主义霸权策略的评价

新自由主义统治的全方位危机使得西方民粹主义逐渐来临，右翼民粹主义势力成功地赢得了诸多社会弱势群体的支持，并构成对于左翼政治的严峻挑战，这成为任何具有现实感的左翼思想家都需要思考的时代命题。冷战结束之后的西方"主流"左翼在政治策略的思考上陷入迷茫，他们对于传统宏大叙事感到担忧和排斥，对于日益恶化的社会两极化又束手无策，他们"相信威胁个人自由的并非少数当权寡头的专断，而是一个新的多数的建构及政治激情和宏大政治理念的重新回归"①，从而将任何与集体意志或新的斗争主体相关的政治模式妖魔化，并指望一种所谓的理性对话和协商能够自动实现社会的平等与和谐。正如马克思所说的，"归根到底，这就等于指望资本大发慈悲，好像资本本身能够大发慈悲似的。一般说来，社会改革永远也不会以强者的软弱为前提，它们应当是而且也将是弱者的强大所引起的"。②对于墨菲而言，左翼民粹主义霸权策略正是将社会弱势群体团结起来，共同反抗新自由主义统治的政治动员模式。

在此情况下，墨菲的理论建构成为总体上处于衰退的左翼思想的重要理论创新，推动了对左翼政治斗争的思考和探索，并开始产生重要的理论和现实影响。不过，墨菲的相关论述也并非十分完善，存在着一些不足和缺失，尽管她高扬对马克思主义解放精神的继承，但是总体上并没有提出一种能够真正替代西方自由资本主义的可行方案，对于数字资本主义时代西方社会的新的经济政治形势的阐释也不够充分，这些不足都使得其理论创新中存在着很多薄弱环节。墨菲的这些思想贡献及其理论不

---

① Inigo Errejon, Chantal Mouffe, *Podemos: In the Name of the People*, Lawrence & Wishart, 2016, p.91.

② 《马克思恩格斯全集》第4卷，人民出版社1958年版，第284页。

足,为其左翼民粹主义策略的前景带来某种不明朗性,围绕着墨菲思想的这些贡献和不足也已经在左翼阵营展开了理论论争,而面对着新冠疫情危机对于西方社会形成的挑战,如何思考后疫情时代的左翼民粹主义运动也成为包括墨菲在内的左翼学者的新的理论命题。

## 第一节　墨菲左翼民粹主义霸权策略的理论贡献

当下西方社会的形势展现出一种对于左翼很讽刺的形势,一方面欧美的经济不平等和阶级矛盾的恶化达到几十年来的最严重,另一方面却是左翼的失语及工人阶级选民的流失。在这种情况下,民粹主义作为一种有用的政治动员工具被墨菲提上议事日程。西方左翼政党在 19 世纪晚期的社会运动中形成并壮大,并借助工人阶级的政治激情而不断推动资本主义社会的改良,从而最终带来了福利国家制度的确立,但今天的左翼政党已经开始"脱离群众",由于西方主流左翼的衰败,他们不再能够以一种接地气的具有吸引力的纲领来维系支持,大量原先拥护左翼政党的选民感觉左翼已经成为精英势力的代表,感到绝望的工人阶级转而投向右翼。

墨菲左翼民粹主义霸权策略可以视为左翼思潮和左翼政治困境的产物,西方左翼难以提出一种具有引领性的、现实性的政治策略。正如墨菲所说的,"尽管霸权范畴是由左翼思想家提出和发展的,但霸权理论也能被右翼据为己有"①,当代"主流"左翼实质上已经放弃对于霸权的斗争,而将左翼的阵地拱手让与右翼。对于左翼的这种"告别革命"的时代精神,也许可以用马克思评价资产阶级民主派的一句话来形容墨菲对"主流"左翼的批评,"当群众墨守成规的时候,资产阶级害怕群众的愚昧,而在群众刚有点革命性的时候,它又害怕起群众的觉悟了"。②正是由于"主流"左翼对于"改变世界"的排斥,民粹主义这个术语就成为他们用来贬低所有抗争性的社会运动的最贴切能指。在这个意义上,墨菲左翼民粹主

① Thomas Decreus and Matthias Lievens, "Hegemony and the Radicalization of Democracy. An Interview with Chantal Mouffe", *Tijdschrift voor Filosofie* 73. 4 (2011), p.688.

② 《马克思恩格斯文集》第 2 卷,人民出版社 2009 年版,第 568 页。

义策略其实是对于左翼重新介入大众斗争的一种呼吁，是对陷入僵化的左翼政治理论的勇敢探索和深入推进。

## 一、对后马克思主义霸权理论的批判发展

墨菲左翼民粹主义霸权策略与其后马克思主义霸权理论之间的关系，或许是界定前者理论定位而需要回答的首要问题。毕竟作为后马克思思潮的重要创始人，墨菲在西方左翼学术圈内的定位是后马克思主义者。事实上，墨菲在相关理论阐释中也一再就这一个问题做出解释，多次概述了其后马克思主义霸权理论的民粹主义转向的原因，或者说她基于后马克思主义霸权理论而提出左翼民粹主义霸权策略的原因。某种意义上，我们可以将左翼民粹主义策略视为墨菲后马克思主义霸权理论在今天的发展形式，或者说墨菲的出发点在于，以马克思主义解放精神为宗旨的左翼需要在当下采用民粹主义策略来重建霸权。

墨菲概述了其霸权思想的发展演变过程，并提出了其左翼民粹主义霸权策略与后马克思主义霸权理论的批判继承关系。墨菲提出理论创作的重要出发点就是强调对于现实的把握和干预，并为左翼政治的发展和左翼霸权的建构提出创造性的建议。在 1985 年提出后马克思主义霸权理论时，墨菲、拉克劳面对的是正在兴起的新自由主义对社会民主主义霸权秩序的挑战。随着西方福利国家制度基本建成，长期实行凯恩斯主义累积的一些社会矛盾开始爆发，自由和平等这两个原则之间呈现出某种程度的失衡，继续深入推动福利国家建设面临着各种各样的困难。如何巩固左翼的霸权，提出一种能够继续引领社会前行的左翼政治纲领，就成为左翼思想家的理论课题。基于其话语政治理论，墨菲、拉克劳认为左翼不能再局限于经济领域的斗争，而是需要重点关注正在兴起的各种新社会运动，通过霸权斗争将他们的诸如身份平等的诉求与左翼价值相链接，从而进一步巩固和扩大左翼的选民基础。即后马克思主义霸权理论的主要目标是破除左翼的阶级本质主义思维，链接新社会运动中的多元诉求，并在此基础上追求一种将平等进一步延伸至各种社会关系的激进民主。

在三十多年之后的“民粹主义时刻”这一时代背景下，上述政治形势发生了根本的逆转。当前的局势是以中左翼自居的社会民主主义向新自由主义霸权屈服，自由资本主义被视为历史的终结，受压迫群体的不满和反抗以排外的右翼民粹主义的形式表现出来。墨菲指出，随着与新社会运动相关的边缘人群的政治诉求已经上升为左翼的政治议程，他们的权

益在过去三十多年里得到很大的推进，然而，“今天的形势可以说与我们三十年前所批评的形势刚好相反，正是工人阶级的诉求被忽视”①，因而墨菲霸权理论的关注重点和斗争目标也需要随之做出调整。左翼当下的奋斗目标是重点关注经济领域的不平等和民主赤字，保卫社会民主主义的既有制度成果。

墨菲的左翼民粹主义思想在很大程度上是其后马克思主义霸权理论的应用和延伸，她将《霸权与社会主义策略》中所确立的很多分析框架和概念应用于对民粹主义的分析。墨菲在《霸权与社会主义策略》中批判传统马克思主义中的某些本质主义要素，确立了以霸权和对抗两个概念为基础的理论框架，并一直延续到对民粹主义的分析。该书在很大程度上是解构而非建构式的著作，很多问题的结论是开放式的，比如最关键的霸权链接如何实现，大众斗争与民主斗争的张力问题，阶级话语弱化之后的政治主体问题等，这些有待解决的问题在他们后来的民粹主义理论中得到继续探讨。墨菲左翼民粹主义策略与后马克思主义霸权理论的批判性继承和发展体现在两个方面。

一方面，后马克思主义是墨菲建构左翼民粹主义霸权策略的基础。墨菲指出，新的时代面临着不同的社会背景和挑战，这就要求新的社会主义策略，但是，“我们在《霸权与社会主义策略》一书中所捍卫的核心主张仍是合理有效的，特别是对抗和霸权仍是理解政治斗争的两个核心范畴。”②墨菲一再指出，霸权理论本身是关于如何理解政治和操作政治的实践理论，他们试图建构一种基于话语理论的政治斗争学说，以重新打造一个有行动力的政治主体。同时他们又是马克思主义解放精神的门徒，试图基于话语政治理论而推动马克思主义的振兴，这就是后马克思主义霸权理论的含义所在。在这个意义上，左翼民粹主义策略是话语政治理论的最新体现或应用。墨菲一再哀叹，正是新自由主义和极右翼最有效的遵从和利用了话语政治理论来建构其霸权，因而采用民粹主义策略来建构霸权就成为左翼当下的主要政治任务。

霸权斗争来自社会中对抗维度的不可消解性，即一个政治共同体中总是会存在着对抗，设想一个能够消解所有对抗维度的理想社会就是乌

---

① Chantal Mouffe, *For a Left Populism*, Verso, 2018, p.59.

② Inigo Errejon, Chantal Mouffe, *Podemos: In the Name of the People*, Lawrence & Wishart, 2016, p.36.

托邦。墨非指出，社会永远不可能被彻底缝合，“政治的霸权维度就在于社会的开放、非缝合性质”①，但不能被缝合的社会不意味着就是无序社会，一个社会共同体中虽然必然存在着对抗并产生裂缝，但总是需要被某种机制将这种对抗控制在一定的烈度范围内，并用一种纽带将社会裂缝粘连起来，但这种纽带有可能被新的纽带所取代，这个取代的过程即是新霸权对旧霸权的替代，或者说霸权就在于提供一种“胶水”将异质性的社会所粘合起来，而一个新的霸权则是将旧的胶水熔化之后涂上一层新的胶水，墨非将这一过程称为从去-链接到再-链接的过程。在当下的民粹主义时刻，左翼正是要先打破摇摇欲坠的新自由主义霸权，并建构新的左翼霸权，以民粹主义话语来动员人民正是左翼在当下的需要采取的介入策略。

另一方面，墨非在《霸权与社会主义策略》中的很多具体策略和论述需要被更新。因为其原来的理论任务是保卫正在受到冲击的社会民主主义霸权，而今天的任务却是在反新自由主义霸权的基础上重建左翼霸权。对新自由主义霸权的斗争呈现出复杂性，一是随着后福特主义的兴起及制造业链条的全球分散，工人阶级也变得越来越碎片化和多样化，传统左翼的阶级政治方案也面临更大的困难；二是随着资本的势力进一步进入社会各个层面，伴随着非物质劳动的兴起并占主导地位，受到冲击和伤害的群体更多，冲突领域显著扩大，很多冲突或对抗都已经在传统左翼政治的关注视域之外。因而，新的左翼政治必须考虑如何把这些新的被压迫力量融入左翼的霸权斗争，“如果运用一种充分的左翼霸权政治，就可以动员比以前更多的人参与进步方案。然而，这也使得将这些民主需求链接为一个集体意志更为复杂，毕竟我们现在面临着更多样性和异质性的需求。”②这就是新自由主义霸权危机给左翼霸权策略留下的挑战和机遇，也是墨非提出以左翼民粹主义霸权策略将这些民主需求链接为一体的缘由。

墨非试图将民粹主义话语纳入左翼的或社会主义方案的范畴之内，这首先需要解释为什么弱势群体的反抗最终普遍倾向于民粹主义的方式，而非以传统的阶级动员的方式。或者说民粹主义话语的兴起源于传

---

① Ernesto Laclau and Chantal Mouffe, *Hegemony and Socialist Strategy—Towards a Radical Democratic Politics*, Verso, 2001, p.138.

② Chantal Mouffe, *For a Left Populism*, Verso, 2018, p.60.

统左翼抗争话语的衰败。应该说,大众斗争往往都是被压迫的多数人群体对于上层压迫者的抗争,这种抗争以何种话语出现则具有某种偶然性,以何种的区分方式来建构“我们”来反对“他们”,这取决于当下社会的流行话语。新自由主义模式下资本的统治越来越隐身,弱势群体在主流的社会评价体系和动员话语模式中,难以找到一种批判性的话语体系来将自身的愤怒和诉求合理化,这就导致简单化的区分下层人民与上层寡头的民粹主义话语的流行。这种背景就为民粹主义政治的崛起提供了基本的条件。

对于人民与精英的区分是一种古老的政治动员模式,随着冷战后左翼的衰败与传统左翼抗争话语的沦落,“人民感觉愤怒和被抛弃,却不能援引任何评价标准来系统表述这种愤怒”①,问题的关键在于这些不满和愤怒能够以何种方式链接起来,并被打造为一个集体意志。尽管这些不满和挫败具有可能完全不同的形式或内容,但他们在对于当权者的愤怒感和自身的挫败感上是能够达到情绪共鸣,正是这种心理共鸣为他们形成集体意志提供了条件,“一旦将所有这些需求或不满整合起来,一种国民的集体人民意志就建构起来”②,进而成为具有重要影响力的政治势力。墨菲站在后马克思主义解放哲学的立场介入民粹主义政治斗争领域,并践行左翼的霸权规划和目标,在这个意义上,可以将左翼民粹主义策略视为广义的后马克思主义思潮的最新形态。

## 二、推动左翼对民粹主义的重视和介入

左翼民粹主义策略的提出被西方“主流”思想视为一种异端。墨菲指出,“主流”左翼往往运用民粹主义来妖魔化对手,“一些所谓的‘左翼’政党特别喜欢用民粹主义作为谴责武器来避免自我批评……因而止步于一种道德化批判而避免采取一种严肃的政治分析”③,从而走向了一种恶性循环,他们越来越频繁地运用民粹主义术语来指责反建制运动,就可以将这些抗争运动刻画为非理性行为,从而越来越无视人民的不满和呼声。

墨菲的思想在很大程度上体现了对这种僵化保守的左翼思想的某种

---

① Inigo Errejon, Chantal Mouffe, *Podemos: In the Name of the People*, Lawrence & Wishart, 2016, p.102.

② Ibid., p.103.

③ Ibid., p.96.

破题。左翼民粹主义政治的崛起反映了两个问题，一是鉴于排外和种族主义在西方的敏感性，右翼势力越来越开始借助左翼的传统话语来实现政治动员，将反精英的诉求与排外的诉求相链接，这使得他们开始吸引了越来越多的传统左翼拥护者的吸引力，并借助为弱势群体主持正义的旗号来掩盖其臭名昭著的排外特性；二是民粹主义正在成为主导型的政治动员模式，传统上刻意与之保持距离的左翼也不得不正视其巨大能量，从而开始在理论上关注这一社会政治问题。因此，墨菲左翼民粹主义霸权策略的产生正是这种西方政治形势的产物，

因而墨菲将民粹主义视为一种需要被左翼运用的政治动员模式，以及政治主体的建构方式。关于何谓民粹主义，墨菲指出，“我无意进入关于民粹主义‘真正本质’的枯燥乏味的学术辩论”①，并不倾向于给出一个关于民粹主义的本质是什么的本体论式的概念，事实上本体论式概念根本上是与墨菲的反本质主义哲学是相矛盾的。墨菲的话语政治理论决定了她坚持概念产生于“语言游戏”的分析方法，从而会导向一种对民粹主义概念的泛化使用，即按照家族相似和社会的通行用法，将诸多带有某些相似特征的思潮和运动归入民粹主义范畴。即民粹主义坚持政治对抗的永恒性及政治的党派性，并通过形成一套话语体系来将社会区分为人民与精英，而当下的左翼民粹主义的斗争目标是新自由主义资本寡头，并通过一种反霸权的政治运作来重新建构左翼霸权，从而以激进民主为目标来推动左翼政治议程。墨菲将借助左翼民粹主义界定为“当前形势下为恢复和深化构成民主政治要件的平等和人民主权理念的一种合乎需要的战略”②。

研究者普遍认为民粹主义概念难以捉摸，以至于对于这一术语都没有形成比较公认的定义，这并不被墨菲视为理论建构的障碍，墨菲左翼民粹主义霸权策略的可行性就在于民粹主义话语的灵活性或可塑性。可以说，尽管民粹主义往往是政治动员的强大工具，但民粹主义意识形态仅靠自身很难达成制度化的政治参与，要么是以其他某种意识形态展现，要么是被某种主流意识形态纳为己用。墨菲正是在这个意义上强调了民粹主义政治的可塑性，将民粹主义更多视为一种左翼政治动员的策略，或者实现左翼社会主义方案的重要模式。尽管左翼在当下需要与民粹主义模式相链接，但墨菲倡导的是一种左翼民粹主义策略而非民粹主义左翼立场，

---

①② Chantal Mouffe, *For a Left Populism*, Verso, 2018, p.9.

是要用左翼的价值和诉求来审视和引导民粹主义动员模式，以左翼意识形态来填充和完善民粹主义话语的空洞性，以激进多元民主的理念来平衡和抵消民粹主义模式的一元化潜质，从而使得民粹主义力量被引导为实现左翼进步议程的政治动力。简而言之，墨菲认为左翼在链接民粹主义话语以建构霸权的过程中需要把握两个方面的问题。

一方面，通过推动民粹主义概念的去妖魔化，提倡一种中性的民粹主义概念的形成。墨菲认为有可能扭转大众对于民粹主义政治模式的偏见，“有必要去重新挽救和界定概念，赋予左翼民粹主义概念以积极的意义”①。民粹主义概念最初带有积极内涵，它产生于19世纪90年代的美国的人民党运动，这场运动虽然昙花一现，但它成为20世纪初的美国进步主义运动的重要推动力，其理念一直延伸到罗斯福新政。尽管短时间内民粹主义概念仍然不被待见，但可以通过一种持续的学术论辩而将这个概念中性化，而对于当下的左翼政治斗争，左翼民粹主义更多是一种描述性的分析概念，用于指称那些家族相似的左翼政治势力，尽管这些政党在现实政治中的名称和纲领都是多种多样的。

墨菲强调，“主流”学者对于民粹主义概念的妖魔化并非仅仅针对这一概念本身，而是对于大众政治和革命宏大叙事的整套话语体系的排斥和歪曲，他们对于诸如人民主权、革命激情、集体意志、爱国主义、民族认同、霸权理论等一系列概念都感到难以接受。自由主义学者基于一种个人主义和理性主义的思维，坚持认为仅仅通过理性对话和利益博弈就可以实现社会的预定和谐，对于涉及集体主体和政治情感等相关的术语都予以排斥。如果说他们在20世纪下半叶主要是将这些相关话语归类为新纳粹、极权主义等，那么随着民粹主义话语的流行，他们又将这些话语统统贬称为民粹主义。这就使得他们有意无意地成为新自由主义意识形态的捍卫者，将任何对这一霸权的不满和抗争都贬称为非理性情绪的产物。

因此，左翼既需要重新找回反精英的人民话语等传统左翼话语，还需要吸收那些被右翼僭取的诸如政治激情、爱国主义等话语。在这个意义上，左翼民粹主义就成为弱势群体和弱势国家保卫自身利益的重要政治动员模式，这对于发达国家内部的国家利益之争同样有意义，新冠疫情以

---

① Inigo Errejon, Chantal Mouffe, *Podemos*: *In the Name of the People*, Lawrence & Wishart, 2016, p.127.

来，在发达国家内部为争抢防疫物资而展现的不同国家之间的地位之别，让我们感受到欧盟内部的某种地位差别，这也就是为什么《以人民的名义》中要提出爱国主义话语这一理论维度的问题，因为这一命题是处于弱势地位的国家维护自身利益的重要力量。

另一方面，作为一种政治斗争策略，左翼民粹主义运动或政党的自我称谓可以是灵活的。鉴于民粹主义这个概念在西欧的严重污名化，左翼民粹主义“是用于概括性分析和学术性分析的有效概念，但其在媒体一线辩论中并不实用”①，如果说在一种理性的学术辩论中有可能形成一种中性的描述性民粹主义概念，但在相互攻击抓取眼球的传媒领域，基本上西欧没有任何的政党或政客会选择以民粹主义来标签自身。作为政党高层的墨菲的对话者埃雷洪表示，民粹主义概念的中性化在理论学术分析上有望实现，但在日常政治生活和媒体领域是不可行的，至少需要很长时间，在当下的新媒体时代，政治动员需要的是道德化的言辞，动听的名称和纲领以及简单化的措辞。因此，尽管墨菲提出了左翼积极介入和引导民粹主义力量的号召，但左翼民粹主义策略也需要根据不同国家的特殊情况而调整，这种策略的关键在于建构人民，而建构的具体话语形式及过程也依赖于本国左翼政党的创造性发挥，而且左翼民粹主义政党的名称也是多元的，正如欧洲的右翼民粹主义政党自称为自由党、国民联盟等。

对于左翼民粹主义策略而言，反新自由主义霸权的斗争不可能在事先画出清晰的蓝图，而是要基于特定国家的具体历史背景来打造同一链条，并建构一种以当权寡头为斗争目标的人民。“新的霸权的命名将取决于特定的环境和背景”②，它可以被设想为各种形态，例如“民主社会主义”“生态社会主义”“协商民主或参与民主”等等。生态马克思主义也是西方生态思想体系中的重要派别。墨菲并非以生态主义思想家而存在，但其左翼民粹主义霸权策略中也不可避免地提到了生态政治的重要性，将生态保护问题视为左翼民粹主义必须认真对待的政治问题。例如在某个具有社会主义传统的国家的特定时间段内，如果新自由主义模式导致大范围的环境的严重破坏，对于环境污染的不满已经成为链接绝大多数民众的最大公约数，那么对于环境污染及其背后元凶的批判和追究就能

---

① Inigo Errejon, Chantal Mouffe, *Podemos: In the Name of the People*, Lawrence & Wishart, 2016, p.126.

② Chantal Mouffe, *For a Left Populism*, Verso, 2018, p.51.

够将人们团结起来，人民因为对环境污染的不满情绪而建立起同一链条。左翼民粹主义策略就需要在把握这种社会心理的基础上重新划定政治边界重新，一边是受到环境污染所危害的人民，另一边则是在环境的破坏中得利的资本-权力寡头，进而通过引领一种反抗寡头的话语来建构起具有行动力的“人民”主体，最终通向政治制度体系的变革而重构权力关系格局，建构一种有助于推动环境保护的新的制度体系。因而这场左翼民粹主义运动就是围绕着生态问题而兴起的，而取代旧的新自由主义霸权的新霸权形态就是一种“生态社会主义”。

## 三、对西方左翼政治斗争的反思和探索

苏东剧变之后，反宏大叙事的后现代主义在左翼思想中盛行，虽然墨菲的霸权理论基于后结构主义思想，但她反对这种后现代主义思潮，因为“对他们来说，到处都弥漫着非总体化和去中心化的气息”①，政治主体的问题对于他们而言实际上不存在了。而即使是一些看似关注政治主体问题的激进左翼，也存在着过多理性主义的维度，今天某些激进左翼思潮的错误在于，“他们并不关心其理论如何适应现实大众斗争，而只是试图使大众斗争适应其理论”②，因而他们认为只要通过揭示资本主义的压迫这种抽象观念就能够揭示社会现实，而并未真正深入揭示新自由主义霸权的统治机制，也并未深入思考左翼如何开展反新自由主义霸权斗争。基于对既有的西方左翼政治理论的反思和批判，墨菲对于西方左翼霸权斗争的探索和发展主要表现在三个方面。

第一，对于马克思主义解放精神和革命主体理论的继承。

墨菲从反本质主义哲学出发，认为不存在什么先验的或本来的主体，主体的身份(认同)是被话语所建构出来的。他们对阶级本质主义的批判不是要彻底地放弃主体范畴，“否认在主体地位之间存在着一种先验的、必然的联系，并不意味着那种力图在它们之间建立起历史性的、暂时的、可变的联系的经常性努力也不存在。”③虽然人们不可能彻底完满地获得任何一种身份，这并不意味着诸如民族、阶级、族裔等身份概念的消解，而是可以通过同一链条的打造来实现身份的局部确定化，这一过程就是左

①③ [英]尚塔尔・墨菲:《政治的回归》，王恒、臧佩洪译，江苏人民出版社 2005 年版，第 103 页。

② Chantal Mouffe, *For a Left Populism*, Verso, 2018, p.50.

翼建构霸权的过程，而它在今天的体现就是对于“人民”这一主体身份的重视和运用。

基于这种身份的话语建构理论，墨菲所说的对抗关系并不是一种客观的冲突，而是一种立足于某种话语结构的主观冲突。社会中总是会因为各种经济的、文化的、权力的因素而存在矛盾，这种矛盾可以体现为个体之间的冲突乃至搏斗，但这种矛盾并非必然从个体之间的冲突转化为一种政治身份的对立，即这种个体的冲突转化为一种政治性的冲突需要建立于某种话语结构基础上。“矛盾（contradiction）并不必然意味着一种对抗性关系……这依赖于对这种矛盾的解释”①，例如美国一个黑人与他的白人邻居因为某件琐事而产生矛盾冲突，这种仍局限于具体事件的矛盾很容易和解，但鉴于美国已经存在着广泛的族裔冲突，个体的冲突就很容易被打上种族歧视的色彩，并有可能从一件生活琐事转变为政治性的事件，甚至有可能成为大规模种族冲突的导火索。在这个意义上，某个具体冲突本身的原因和性质已经不那么重要，它产生了意义的“剩余”而成为大规模政治对抗的象征。基于新自由主义霸权下西方社会两极化的加剧，受压迫的人民与精英集团的对抗已经成为当下主导型的抗争话语，这就导致很多具体事件会被媒体和舆论置于这一语境下观察和分析。

当然，一些知名的激进左翼学者也在强调大众政治斗争和马克思主义的解放精神。正如墨菲所说，阿兰·巴迪欧也在近二十年来的各种著作中也强调了类似于“政治”与“治理”两个范畴的区分。巴迪欧用法语定冠词来区分两种政治：表示统治的阳性政治（治理）与真正大众解放的阴性政治（le politique/la politique）。在以民主代议制为主要载体的阳性政治这一霸权性的政治意识形态下，人民的政治诉求“被区分为合理的与不合理荒诞的诉求，前者可通过一定的方式被代表，成为一种被消毒的虚构的‘人民’的声音——一种阉割的政治”。而巴迪欧指出，政治是一种群众运动，而在治理中国家预先用某种政治哲学架构某种程序正义的合理性体制凌驾于政治之上。巴迪欧与墨菲都强调了“历史终结论”的流行所导致的意识形态迷雾，强调了大众斗争的重要性，当然两人的思想也是有差异的，巴迪欧强调真理政治在于对事件的忠诚，而墨菲则站在阵地战的立场上认为这是一种总决战的倾向，认为巴迪欧的事件政治“通向了一种政

① Ernesto Laclau and Chantal Mouffe, *Hegemony and Socialist Strategy—Towards a Radical Democratic Politics*, Verso, 2001, p.124.

治的死局"①,墨菲认为左翼要正视民粹主义力量的潜力,而不是将解放的希望寄托于某个虚幻的主体。

第二,对于左翼如何开展反新自由主义模式斗争的分析。

墨菲左翼民粹主义策略的主要斗争对象就是新自由主义霸权,因而反资本主义的平等诉求始终是其内在要求,但墨菲认为需要重新构思和打造一套新的左翼话语体系。苏东剧变后,马克思主义和阶级话语体系在整个西方社会被严重污名化,传统的资本主义与社会主义围绕着经济不平等而对立的二元对抗话语已经不敷使用。在这种情况下,反资本主义斗争不一定需要直接诉诸简单的反资本主义话语,即左翼的复兴并非像某些激进左翼所说的要重建一套反资本主义的话语体系,"他们的反资本主义修辞没能在他们所假装代表的群体中引发任何回响。这正是他们总是被边缘化的原因。"②可以围绕着民主的激进化的推进来实现反资本主义的诉求,需要用一套新的更贴近于当今时代的话语体系来引领大众。人们对于资本主义的斗争往往并非围绕着对于资本主义这种抽象实体的斗争,而是因为当下的资本主义统治秩序对于民主的压制及对于平等的破坏,需要在对人民主权和平等的追求中反抗资本主义。

对于左翼民粹主义策略而言,既然不能简单地对资本主义提出抽象批判,反新自由主义霸权的斗争将如何具体展开?它既可以像上文中所说的针对着诸如脸书推特等新自由主义统治的权力节点,也可以围绕着诸如生态社会主义等体现社会共同善的命题。墨菲认为,从来没有任何社会是从真空中建构的,它是基于对既有社会的继承和改进,要承认既有社会的某些共同观念和精神的相对稳固性,但同时也不能认为这些共同观念就是本质上存在的、不能变动的,共同精神包含的内容本身是流动形的,例如一个对于社会主义观念有深刻认同的国家,他们对于社会主义的认识其实可以不断被赋予新的内涵,而新的霸权正是在这一过程中逐渐形成。这正如马克思对常识的理解,形式是不变的,而内容是流动的。鉴于生态政治在今天的流行,传统的阶级政治就需要在生态政治的视域下来审视,环境问题是左翼在今天必须面对和处理的核心命题。今天的左翼政治不可能再局限于处理资本与劳动之间的二元关系,福利国家制度

---

① Chantal Mouffe, *Agonistic*: *Thinking the World Politically*, Verso, 2013, p.17.

② Chantal Mouffe, *For a Left Populism*, Verso, 2018, p.50.

在一定程度上是通过消费主义来收买和安抚劳工阶级，今天则需要在生态政治的背景下审视这一问题，“通过提升消费需求和经济增长，凯恩斯式的解决方案是环境破坏的重要推动者，面对生态危机的这种挑战，激进民主方案需要将生态问题与社会问题相链接”①，而不能指望简单地回到传统的凯恩斯主义模式。

第三，揭露和批判西方左翼学者的西方中心主义和后殖民主义心态，推动西方左翼“睁眼看世界”。

墨非认为，尽管包括左翼在内的西方学者看似很关心非西方国家的政治运动和抗争，但总是不愿意正视和承认非西方的思想和政治实践的可取之处。这种“认识论上的殖民主义”心态充满了“教师爷”的傲慢，总是将非西方的所有政治经济文化实践视为向西方的学习和补课的过程，将这些鲜活的经验视为西方人历史上已经走过的道路的复制，而且是一种低劣的甚至是畸形的复制，其实根本不承认非西方的政治革命实践中存在着任何理论创新的可能性，这也体现在民粹主义理论论争之中，与其说西方（左翼）学者对于拉美左翼民粹主义运动主要持质疑和批判态度，不如说他们实际上是没有态度，他们对于拉美的经验教训基本上是无视的。

正如马克思恩格斯这样的革命理论家一贯坚持的立场，任何实际的革命运动都包含了大量的问题和错误，因而马恩对于落后国家的革命斗争总是抱有同情和理解的态度。而当下的西方左翼则很难理解或同情第三世界的社会主义实践。正如著名经济学家张五常对于中国发展模式的评价，“我可以在一个星期内写一本厚厚的批评中国的书。然而，在有那么多不利的困境下，中国的高速增长持续了那么久，历史从来没有出现过……中国一定是做了非常对的事才产生了我们见到的经济奇迹。那是什么呢？这才是真正的问题。”②中国以七十多年时间走过了欧美两百年的历程，欧美现代化历程经历过的马克思恩格斯揭露和批判的那些痛苦，中国人不可能完全避开，而且常常是在某些特定的时间段内集中爆发，这些历史节点被如获至宝的欧美学者作为“中国崩溃论”的依据而大肆传播，但中国在经历了短暂的徘徊和焦虑之后还是很快完成了平稳过渡。

---

① Chantal Mouffe, *For a Left Populism*, Verso, 2018, p.52.

② 张五常：《中国的经济制度：中国经济改革三十年》，中信出版社 2009 年版，第 117 页。

直到今天,西方"主流"媒体和学者关注的仍然是中国正在以巨大的进步而迅速克服的那些社会治理难题,尽管这些在欧美历史上可能更严重的问题由于时间上的距离而被淡忘。

可以说,抱有西方中心主义的那些学者如果不"睁眼看世界",他们的左翼理论与世界左翼实践之间的脱节将越来越严重。这也让我们更为深刻地体会到习近平总书记所说的,"当代中国的伟大社会变革,不是简单延续我国历史文化的母版,不是简单套用马克思主义经典作家设想的模板,不是其他国家社会主义实践的再版,也不是国外现代化发展的翻版。"①只有将一种普遍的革命原则和革命精神,与特定时空的具体状况相结合,并不断地总结失败的教训和成功的经验,才可能不断推动社会的改进和发展。

正是在这个意义上,墨菲对于拉美左翼民粹主义经验教训的重视,代表了一种具有现实主义心态的马克思主义理论家的开放心态。她认为西方主流学者对拉美民粹主义的排斥验证了西方的倒退,反映了西方社会几乎丧失了反思和批判意识,对于现状的任何改变感觉到本能的恐惧,而完全不愿意正视或期待如何引导大众斗争来改变不合理现状的尝试。这反映出欧美的所谓自由民主已经基本上失去了民主这一维度,沦为替既有的新自由主义资本霸权辩护的政治-意识形态机制。它忘记了西方社会历史上的进步不是来自统治阶级大发善心,而是来自马克思主义指导之下的被压迫者的反抗和斗争,从而迫使精英统治者的不断妥协和让步,而且这一进步的维系来自不断演进政治博弈,并没有一种自动地平衡机制保证资本寡头的让利。如果将任何大众斗争的维度妖魔化,等待西方社会的只有新自由主义霸权的稳固和社会两极化的加剧。

## 第二节　墨菲左翼民粹主义霸权策略的不足

面对新自由主义霸权所造成的各种社会危机和社会问题,墨菲提出了左翼民粹主义霸权策略,并试图为左翼提出一种替代性选择和方案,但总体上,墨菲的分析视域也存在着一些局限,对于智能化时代数字资本主

① 习近平:《在纪念马克思诞辰 200 周年大会上的讲话》,《人民日报》2018 年 5 月 5 日。

义的新态势的关注不够充分，对该时代对左翼民粹主义政治的挑战和机遇的认识也存在某些不足，同时，墨菲的激进多元民主方案对于西方自由资本主义的基本架构的突破性有限，她难以提出一种能够替代既有制度体系的制度化体系，这也使得墨菲对于如何链接各种抗争势力的具体民粹策略的阐释力度不够，对于如何将传统的阶级力量和身份政治的力量纳入民粹主义势力，总体上存在着语焉不详的地方。正如齐泽克在评论墨菲时所说的，尽管在理论上墨菲、拉克劳的民粹主义论述代表着当今少数具有真正概念说服力的理论，但总体上"民粹主义在实践上是好用的，但理论上并不够好"①，可以将之视为一种短期的实用主义妥协而给予一定的理解和支持。墨菲的左翼民粹主义策略更多是一种实用主义的斗争策略，它并非要提出一种系统性的替代方案，而是复兴左翼政治的政治动员模式。因而墨菲的左翼民粹主义策略在理论上仍然不够充分和完善，有待于进一步丰富和充实。

## 一、对数字时代带给民粹主义的影响论述不充分

民粹主义时代的来临得益于资本主义生产方式的变迁，数字资本主义时代的来临为民粹主义的兴起推波助澜。经济上，数字时代的来临和非物质劳动的兴起，使得西方传统的蓝领工人阶级队伍趋于瓦解，进一步导致社会两极化程度的加深；在意识形态上，网络新媒体革命对于传统媒体时代造成冲击，使得传统主流媒体的公信力及权威性不断下滑，为民粹主义话语的兴起提供了便利，自媒体的兴起也为一些民粹主义政客的民粹主义动员提供了历史机遇。应该说，墨菲对于新的时代的关注还是比较早的，早在2000年的《民主的悖论》中就提出，"信息革命的后果是社会两极化的不断加剧，体现在拥有稳定的规律性的工作的人与那些失业或兼职的、不稳定的、不受保护的工作的人之间"②，因而需要一个对抗新自由主义模式的新的左翼方案，这最终汇聚于墨菲对于左翼民粹主义策略的思考。不过墨菲对于数字资本主义时代的具体论述仍然不够充分，对于这一时代为民粹主义政治带来的机遇和挑战的阐释力度不够，这主要

① Slavoj Žižek, Should the Left's Answer to Rightist Populism Really Be a Me Too, 2018, https://thephilosophicalsalon.com/should-the-lefts-answer-to-rightist-populism-really-be-a-me-too-part-i/.

② Chantal Mouffe, *The Democratic Paradox*, Verso, 2000, p.124.

表现在以下两个方面。

一方面,墨菲对于数字时代资本主义经济政治的新态势的论述比较有限,也难以回答左翼民粹主义成功建构霸权之后如何真正克服西方社会危机的难题。

为了建构一种新型的左翼革命策略,墨菲的理论建构过程当然离不开对于资本主义社会新的演进动态的观察,墨菲对于资本主义社会结构的关注视角,主要集中于从福特主义到后福特主义的转变这一维度。墨菲指出,“需要关注从福特主义向后福特主义转型过程中带来的资本主义运行模式的根本转变”①,墨菲的关注视角在于,如何在霸权理论的框架内把握上述转型,即这一根本转变对于左翼政治主体的打造形成哪些新的挑战?

在后福特主义生产模式下,一方面是生产链的全球配置,企业的各个生产环节和零部件生产分布在大量国家,大量的制造业岗位转移到后发国家,而只有前端的产品设计及末端的销售网络掌握在发达国家内部,表面上看西方发达国家仍掌握着高利润的前端和末端,也就是学术界常常说的两段高中间低的微笑曲线,但这也伴随着大量从事制造业的蓝领工人阶级的失业;另一方面,即使对于留在国内的生产环节。大量的工作职能也被外包给国内外一些劳务公司,这些员工不需要受到劳工合同的制约,工人的力量被分散,同时工人之间也形成了森严的等级之分,在确立少数核心工人稳定性的同时,化解了大部分工人的反抗。这其中也有非物质劳动逐渐占主导的因素,并不是物质劳动消失了,物质生产也永远不可能消失,他们只是被转移到了成本更低、劳动保护更不健全、工人阶级组织性和战斗力更差的后发国家,从而使得发达国家的非物质劳动占主导,一方面是服务业的主导,另一方面是制造业领域的白领阶层的工作占主导。背后当然有非常复杂的原因,资本以追逐利润为核心,“在去工业化、技术进步及产业转移到劳动力更廉价国家这些因素的共同影响下,西方发达国家的许多就业机会丧失了。”②而工人的抗争只是原因之一,还有法律制约、环保等一系列因素。

因而后福特主义是资本主义控制工人阶级的一种新模式,它的一个

---

① Chantal Mouffe, *Agonistic: Thinking the World Politically*, Verso, 2013, p.72.

② Chantal Mouffe, *For a Left Populism*, Verso, 2018, p.18.

重要特征是对工人阶级的工作和生活稳定性的冲击，大量的稳定工作被不稳定性工作替代，在人数日益稀少的蓝领工人中，不稳定工人逐渐占主导。工人变得更分散，或者用墨菲的术语则是工人被解除链接，关键问题在于如何再链接(re-articulation)。而正是在这一问题上"主流"左翼存在严重失误，"这就为非进步力量来重新链接这些弱势群体提供了空间。"①事实上，历史上常常是右翼而非左翼能够抓住和利用既有政治秩序的危机而崛起，这在当下的体现就是西方右翼民粹主义的崛起，大量对于新自由主义霸权不满的劳工被他们蛊惑和吸引，例如在美国，那些高中及以下文化程度的不稳定工人阶级或下岗工人阶级成为特朗普最忠实的拥护者。

关键在于西方左翼如何改变这一不利态势，或者说墨菲左翼民粹主义霸权策略能否真正改善弱势群体的处境，毕竟西方发达国家的产业链转移及制造业空心化是符合经济发展规律的必然现象，左翼民粹主义如何形成一种新的政治经济政策来遏制这一问题，从而将就业机会和福利保障重新找回。毕竟面对着西方发达国家不断加剧的政府债务危机，任何试图维系或者推进福利国家政策的左翼政治都必然面临着钱从何来的问题，简单地对于资本寡头征收重税的经济政策，只能更快地导致资本的外流和产业的衰退，这些问题构成西方社会的总体难题和困境。即便西方左翼能够借助民粹主义策略而重建霸权，新的左翼政府在解决这一难题中如果束手无策，仍然会面临霸权重新失落的问题。因此，如果西方社会不能探索出一种替代新自由主义模式的全新方案，仅仅停留于对这一模式的批判是不够的。这也是齐泽克认为墨菲的方案"在理论上不够好"的真正原因，尽管齐泽克也不能提出更好的理论，墨菲的思想探索无法给西方左翼思想的总体困境提供一种新的道路。

另一方面，墨菲对于数字时代中新兴媒体在民粹主义政治中的作用不够重视。

围绕着新媒体革命及其带来的传播剧变，民粹主义政治也经历了演进升级，并构成带有很多新特征的民粹主义意识形态风险形成机理。一些学者据此认为基于全媒体时代的新型传播格局和政治动员模式，一种2.0版本的民粹主义已经形成。部分学者着重强调借助自媒体崛起的

---

① Chantal Mouffe, *Agonistic: Thinking the World Politically*, Verso, 2013, p.73.

民粹主义政党和政客对传统政党体制的变革，特朗普的"推特治国"，意大利五星运动的成功模式，都成为 2.0 版民粹主义的典型案例。自媒体的赋权使得舆论传播和大众心理的主导权从主流媒体手中逐渐滑落。那些善于借助新媒体的政治势力因而能够攫取巨大的社会影响力和政治权力。

墨菲对于左翼民粹主义策略的阐释，也关注到了网络时代新媒体在民粹主义政治动员中发挥的作用，但墨菲对于新媒体的相关作用的关注明显不够重视。学术界对于社交媒体作用的夸大，例如对于所谓"推特革命"在"阿拉伯之春"中作用的分析，墨菲认为将之称为互联网革命是可笑的，这似乎预示着这些运动的某些全新的特征和某种断裂性。事实上，在中东很多国家以及其他发展中国家，电脑及互联网的普及率在人口中的覆盖面被夸大了，互联网的影响力体现在占人口少数的、受过良好教育的、相对国际化的中产阶级青年，而以阿拉伯语播报的电视才是普通民众日常生活中最重要的信息来源，也是在诸如咖啡馆等人们交流沟通动员的发酵地的主要信息来源，半岛电视台在其中的作用被互联网所遮蔽，"在中东的案例中，正是电视而非互联网在运动中起到决定性的作用，因为前者才是真正通向千家万户的信息平台"。①或许一些学者过于强调了数字时代所导致的政治动员模式的"断裂特征"，但这并不能忽略自媒体在民粹主义动员中越来越大的作用，而在这方面墨菲的论述留下了一个较大的空白。

人类社会进入信息时代深刻影响了传播格局，对当下的媒体格局形成诸如"自媒体时代""新媒体时代""融媒体时代"等各种称谓。2019 年初，习近平总书记首次提出了全媒体时代概念，"出现了全程媒体、全息媒体、全员媒体、全效媒体，信息无处不在、无所不及、无人不用"，②导致舆论生态、媒体格局、传播方式发生深刻变化，从而成为导致民粹主义意识形态高涨的重要技术背景。

随着全媒体时代的来临，政治动员和社会运动模式也随之发生重大转变。正如穆德指出的，"民粹主义者不遗余力地制造危机感……他

---

① Chantal Mouffe, *Agonistic: Thinking the World Politically*, Verso, 2013, p.108.

② 习近平：《推动媒体融合向纵深发展　巩固全党全国人民共同思想基础》，《人民日报》2019 年 1 月 26 日。

们的议程设置和影响政策的能力，与他们刻画可信危机的能力密切相关”①，如果他们成功地将危机的成因归结为掌权精英的不作为和对人民的漠不关心，那么他们就完成了一次成功的民粹主义政治动员，而全媒体时代为人们宣泄自身的体验提供了基础性的平台，为不满的传播和情感的共鸣提供了前所未有的通畅途径。但在墨菲的左翼民粹主义策略之中，除了偶尔提到了左翼对于新媒体的运用，几乎没有对于这个问题进行过真正系统的阐释，这不得不说是墨菲理论中的一个需要继续填补的空白。

## 二、对西方自由资本主义制度基本架构突破有限

墨菲试图阐释其激进民主方案对于自由资本主义制度的超越，并解释这一方案相对于其他左翼方案的特点。她将自己的立场区别于传统的中左翼及某些新兴的激进左翼，她将左翼政治的光谱分为三类，第一种是“纯粹改良主义”，它是对于既有的新自由主义霸权的公开或隐含的接受和认同；第二种就是墨菲自己坚持的立场；第三种则是某些激进左翼的主张与既有的社会政治秩序的彻底断裂的“革命政治”，既包括传统的彻底打烂既有民主制度体系的雅各宾模式，也包括以哈特、奈格里为代表的无政府主义性质的出走策略。这三种左翼政治的分歧集中体现在对于国家的本质及其角色的认知。墨菲将自己的立场界定为“激进改良主义”(radical reformism)或“革命改良主义”(revolutionary reformism)，“左翼民粹主义霸权策略旨在通过民主的程序来改变既有的政治体制，它超越了改良与革命之间的非此即彼的两难困境。”②

墨菲仍然将自由和民主这两个原则的平衡作为理想社会需要遵循的基本逻辑，自由-民主的理念之下可以体现为不同的霸权形态及其制度体系，需要区分自由民主理念的伦理-政治原则与体现这一原则的具体的霸权形态，“通过揭示能够与自由民主社会形式相适应的各种霸权形态，有助于我们设想霸权转换与革命断裂之间的区别。”③相对于纯粹改良主义而言，激进改良主义的特点在依赖于集体意志及人民主体的打造，新自由

---

① Cas Mudde, Cristobal Kaltwasser, *Populism: A Very Short Introduction*, Oxford University Press, 2017, p.106.

② Chantal Mouffe, *For a Left Populism*, Verso, 2018, p.45.

③ Ibid., p.44.

主义霸权之下的代议制格局已经脱变为维系既有的金融资本霸权的工具，已经难以依靠自身的力量来完成改良，只有靠大众斗争的力量才能够改变这种政治僵化和制度衰退。这被墨菲认为是对于马克思主义的改变世界的革命精神的继承。另外，这种大众政治也不是以激进左翼的彻底断裂为目的，而是要通过大众的压力来推动既有的政治格局的不断改良，通过推动制度体系的改革和优化来满足人民的诉求。通过对于霸权的争夺来展示出“人民”所具有的颠覆性力量，革命改良主义“追求的是通过民主的方式，深刻改变既定社会经济权力关系的结构”①。

左翼民粹主义方案试图颠覆新自由主义模式的统治，新自由主义霸权试图将一切可能的领域都市场化，从而使得资本的利润原则能够主宰所有领域，这方便了资本支配权力在最大范围内的最大化。民粹主义几乎成为唯一能够抗衡这一资本任性自由的力量，并试图通过国家的力量来限制资本的权力范围，因此，“再多的对话和道德谴责都不可能劝服统治阶级放弃自身的权力，国家不能将自身的权力限制为处理市场失败所导致的社会后果”②，左翼民粹主义需要借助国家权力来制约任性的资本力量。在这个意义上，可以将墨菲的左翼民粹主义策略视为其社会主义策略的一种演进形式，她在一定程度上仍然使用社会主义与资本主义的对立和区分。在《霸权与社会主义策略》中，墨菲、拉克劳对于什么是社会主义给出了一个抽象含义，将社会主义设想为是民主向社会关系的更广阔领域的延伸，“社会主义被理解为经济民主化的一个过程”③，社会主义在某种意义上可以理解为经济民主。社会主义理念在苏联模式消亡之后重新得到释放和拯救，它要求抵制自由主义的那种自私自利的个人，同时又不能由此而将个人还原为一个有机社会整体的毫无个性和私利的简单元素，在这个意义上，“社会主义传统就可以为这一工作提供有效洞察力了”。④这种社会主义范畴的运用也部分沿用到今天。

可见墨菲对于资本主义自由民主体制的突破仍然是有限的，她难以

---

① Chantal Mouffe, *For a Left Populism*, Verso, 2018, p.46.

② Chantal Mouffe, *The Democratic Paradox*, Verso, 2000, p.15.

③ Ernesto Laclau and Chantal Mouffe, *Hegemony and Socialist Strategy—Towards a Radical Democratic Politics*, Verso, 2001, p.122.

④ [英]尚塔尔·墨菲:《政治的回归》，王恒、臧佩洪译，江苏人民出版社 2005 年版，第 134 页。

提出一种能够替代既有模式的新的替代性选择。新自由主义霸权的重要手法是将资本主义与自由民主制度绑定,似乎资本主义自由民主是唯一可能的自由民主制度,“不幸的是有些马克思主义者也参与了这一绑定过程,将自由民主制度当做为资本主义的上层建筑”①,因而要区分政治自由主义与经济自由主义,使得政治自由主义能够被用来限制或挑战资本主义生产关系服务,但墨菲界定的自由主义国家仍需要以权力分立、普遍选举权、多党竞争体系和公民权利等为基础。

或许齐泽克的评价能够使我们理解墨菲所处的这种理论困境。齐泽克在拉克劳转向民粹主义的2005年,曾经高调地提出了反对意见。近几年,齐泽克尽管仍坚持左翼政治要抵制民粹主义诱惑,但他对民粹主义的评价更为积极,并且承认民粹主义的崛起是新自由主义霸权下别无选择的结果,同时他也认为,拉克劳、墨菲的民粹主义是一种在民主体制内的诉求,它主要是一种资本主义统治下的民主化运动。民粹主义在当代政治图景中起着关键作用,是弥补代议制的不足和纳入那些体制外诉求的途径,但它不触动资本主义的统治,它所抨击的是体制内的坏人而不是坏的体制本身。而真正的解放政治不是要取代这些当权者,是要摧毁资本主义统治,因而解放政治的重兴政治要抵制民粹主义诱惑,去寻找一种新的政治动员形式。但齐泽克对于新的政治动员形式一如既往的语焉不详,他只是提出,依靠国家不可能对抗全球资本,“应该只有一个新的政治性的国际组织或许能够驾驭全球资本”②,这就是激进左翼在未来的政治任务。齐泽克的这一评价或许点出了墨菲左翼民粹主义策略的性质,也指出其总体上的有限突破性,但墨菲和拉克劳一贯认为在当下只有主权国家范围内政治斗争才有可行性,所以他们批评齐泽克的浪漫主义的政治构想是“等待火星人”。

或许我们应该回到墨菲的激进多元民主里面来理解其对于理想社会的设想,她认为资本与劳工的阶级对抗只是当今社会的对抗形式之一,这一对抗的缓解是社会进步的重要一环,但并不会带来社会的自动和谐。自由和平等这两大原则之间的张力是任何社会都难以摆脱的宿命,任何新的霸权或制度体系都只是在这两者之间取得一种新的平衡,而这种平

① Chantal Mouffe, *For a Left Populism*, Verso, 2018, p.48.

② [斯]斯拉沃热·齐泽克:《民粹主义的诱惑》,选自[德]海因里希·盖瑟尔伯格编:《我们时代的精神状况》,孙柏等译,上海人民出版社2018年版,第302页。

衡也有可能被经济政治发展的新形势打破，从而需要通过霸权斗争来求得新的平衡，而左翼民粹主义的斗争正是基于新自由主义模式下自由原则的全面压倒地位。这也是墨菲所说的作为其思想宗旨的民主革命的内涵所在，正如墨菲、拉克劳在《无怨无悔的后马克思主义》一文中指出，"平等话语和权利话语在集体认同的重构中起着根本作用"。[①]正如恩格斯所说，工人阶级是德国古典哲学的传人，要继续资产阶级革命半途而废的历史使命。在这个意义上，墨菲将民主革命的承担者扩展为所有人，而不是赋予了某个特定群体以当然的革命主体或领导者的特权角色。一切的目的都是为了民主革命，即以解放政治改变世界精神为宗旨，一种朝着更美好的未来社会不断迈进的解放精神。

因而，墨菲的左翼民粹主义策略只是将反新自由主义作为社会进步的一个里程碑，正如有学者指出墨菲是反对"后真相时代"这种概念的，墨菲对于共识式民主的批判是对于所谓后真相时代这一范畴的解构，因为这意味着对于真相时代的追寻。但墨菲的话语政治理论则强调不存在与"客观"事实相对应的真理，因为客观现实是主观的。对于"真理"的追寻与对于"民主"的追寻都是一种调节性的理念，人们在对于真理或民主的共同追寻过程中团结起来，但如果哪个人或政治势力想要垄断对于真理或民主的解释权，那就是走向了偏离。墨菲的这种政治理念并不是走向虚无主义，而是说人类的文明在于自由和平等这两种难以平衡的原则的追寻，即使取得短暂微妙的平衡也是等待着被超越的。在这个意义上，新自由主义模式一开始具有某种合理性，反新自由主义是基于前者彻底打破了上述平衡。因此，"民主政治并非对世界中的各种'客观真理'的反映，因为任何政治决策都可能对不同人或群体产生不同的影响，从而他们会对某个政策或制度产生不同的立场或观点，民主政治就在于反映和表达这些他们各自持有的'真理'"[②]，墨菲始终将左翼民粹主义视为一种大众斗争的有效政治工具。

---

① ［英］恩斯特·拉克劳：《我们时代的革命新反思》，孔明安译，黑龙江人民出版社2006年版，第157页。

② Johan Farkas, A Case against the Post-Truth Era: Revisiting Mouffe's Critique of Consensus-Based Democracy, in *Fake News: Understanding Media and Misinformation in the Digital Age*, Edited by Melissa Zimdars, Kembrew McLeod, The MIT Press, 2020, p.51.

## 三、对民粹主义如何整合传统左翼力量语焉不详

墨菲左翼民粹主义策略试图尽可能广泛地将各种反抗群体团结起来，从而结成打击新自由主义霸权的强大主体，这必然面临着如何整合传统左翼力量及其支持者的命题。在一定意义上，阶级政治和身份政治是当今西方"主流"左翼依赖的主要力量，也是后马克思主义霸权理论试图链接的两种主要斗争主体。墨菲指出，对于新自由主义霸权的不满集合了政治、经济、文化等多个层面，而"民粹主义的时刻成为一系列异质性需求的表达形式，它们不能仅根据与特定社会范畴相关的利益来表述"①，某种程度上，墨菲仍然延续了其三十多年前的政治诉求，希望将身份政治纳入左翼的政治议程，但鉴于身份政治已经从边缘性话语走向舞台的中央，从一种受到阶级话语所压制的声音转变为遮蔽阶级话语的声音，所导致的结果是不满的中下层阶级被右翼民粹主义话语所吸引，左翼政治越来越难以得到工人阶级的认同。墨菲提出在身份政治与阶级政治之间求得新平衡的命题，而左翼民粹主义就是试图在多种政治话语和诉求之间寻求新的平衡和新的政治链接的斗争形式。

围绕着民主的理念与现实之间的落差，形成了对于资产阶级自由民主的反抗，在 19 世纪中叶到 20 世纪末，主要体现为以阶级话语为主导的国际共产主义运动，苏东剧变标志着共产主义运动的严重挫折，以及左翼的阶级斗争话语在西方世界的污名化，身份政治成为左翼新的斗争重点和方向。随着西方社会经济两极化的加剧，民粹主义政治逐渐成为反资本主义自由民主制度的主要力量，20 世纪 90 年代之后兴起的西方右翼民粹主义运动，由于其批判和反对的精英主要是新自由主义霸权下的国际资本巨头，它从一开始就带有反对资本主义的诉求和内容，只是这种诉求被某些右翼政治引导为带有强烈的排外和反全球化倾向。因而，民粹主义运动包含着阶级平等的诉求，"左翼民粹主义策略的倡导者常常被某些马克思主义者指责为否认阶级斗争的存在，这源于对前者的误解"②，一些带有社会-经济性质的对抗能被称为是阶级矛盾或对抗，这只是各种对抗形式中的一种。在左翼的反资产阶级话语与民粹主义的反精英式的

---

① Chantal Mouffe, *For a Left Populism*, Verso, 2018, pp.5—6.

② Chantal Mouffe, A Left Populist Strategy for Post-Covid-19, https://brave-neweurope.com/chantal-mouffe-a-left-populist-strategy-for-post-covid-19.

人民话语之间，它们的张力是否能够取得调和，从而被左翼成功整合为一种解放的力量，就成为墨菲左翼民粹主义策略必须解释的问题。这也是学术界判断墨菲左翼民粹主义策略能否成立的重要落脚点。

因而墨菲强调，左翼民粹主义策略要尽可能将各种抗争力量团结起来，"这就需要在工人、移民、不稳定中产阶级、诸如 LGBT 群体为代表的民主需求之间建设一个等同链条，"①其中重要的是如何在阶级政治与身份政治之间实现链接，这也是墨菲的激进多元民主理念的内在要求，但墨菲并没有在这些命题上形成系统和清晰的阐释。

一方面是对如何发动和团结传统左翼阶级政治的阐释力度不够。

墨菲提出左翼民粹主义需要纳入传统的阶级话语，但是对于具体的策略和手法并没有进行深入的探讨。墨菲指出，后马克思主义所推动的对工人阶级的"天然"领导者的特权地位的消除，目的是不是要消解工人阶级诉求的合法性，也并非是确立新型运动和新型主体的特权地位，"左翼对各种反抗从属形式的斗争的链接不是要赋予任何反抗形式以先天的中心地位"②，更不是要将新社会运动的成就建立于工人阶级的牺牲基础之上。而"主流"左翼却是一种去阶级的话语，例如在以吉登斯为代表的第三条道路中，阶级概念已经被视为过时之物，"'阶级'这一概念恰恰是他的'生活政治'意欲废弃并以'生活方式'问题取而代之的东西"③，既然是"生活方式"之间的差异，那么不同阶级或群体之间的冲突和对立就很容易被消解。

因此，"左派民粹主义战略的挑战在于重申'社会问题'的重要性，同时考虑到'工人'日益碎片化和多样化，以及各种民主需求的特殊性。"④后马克思主义的产生是基于将身份政治纳入左翼议程的目标，而身份政治开始主导左翼议程，掩盖和遮蔽了左翼对于政治不民主和经济不平等的固有主题，造成左翼政治新的困境。如果说身份政治一度代表了对于多元民主和真正平等理念的理解，从而赢得社会的普遍理解和支持，随着身份政治越来越成为某种支配性的政治话语，也蕴含着某种支配性的层

---

① Chantal Mouffe, *For a Left Populism*, Verso, 2018, p.24.

② Ibid., p.3.

③ ［英］尚塔尔·墨菲：《论政治的本性》，周凡译，江苏人民出版社 2016 年版，第 49 页。

④ Chantal Mouffe, *For a Left Populism*, Verso, 2018, p.61.

面，从而引发了越来越大的争论和不满，而身份政治在社会舆论和主流媒介中的主导地位，又使得这种不满没有表达渠道，真正的难题是扭转过去三十年不断增大的社会经济不平等趋势。消除文化上不平等的议题更受人关注也更容易解决，这种状况也引起了包括福山在内的右翼学者的关注，福山在《身份》一书中指出，身份政治变成社会总体改良的一种廉价替代品，“但这丝毫无助于解决最上层的 1% 和剩余 99% 人群间的显著分化”。①从而引发了反精英的民粹主义浪潮，这成为墨非转向民粹主义研究的重要背景。

英国巴斯大学的学者阿雷利恩・莫顿（Aurelien Mondon）基于墨非和拉克劳为代表的话语政治理论来解释民粹主义，他认为，长期以来，基于对弱势群体动员的人民话语一直以来都是左翼所专属的政治动员武器，那么 21 世纪之后的极右翼是如何开始僭取人民话语，并得到越来越多劳工阶级支持的。莫顿试图通过对英法两国右翼民粹党在大选中的选民结构的分析，解释右翼政党是如何通过对人民话语的操纵来赢得工人阶级的支持，即“人民这个空的能指已经取代了工人阶级这个能指，逐渐成为社会弃儿的代名词”②，同时，由于掌权精英和主流媒体滥用了民粹主义这个概念，将所有对新自由主义现状不满的群体，人民话语由左翼用来捍卫受压迫者因而传统上带有解放特征的积极概念，越来越被歪曲为一个反动的暴民政治的概念。在这个过程中，极右翼政党也开始通过人民与权贵的区分，来赢得生活状况不断恶化的工人阶级的拥护，莫顿通过对英国和法国几次重要选举中投票的梳理，分析作为英国第三大党的独立党，与作为法国第二大党的国民联盟，分析他们在不同职业和收入的群体中的得票率，数据显示在所有群体中，工人阶级和中下等级收入群体，对于这两个党的支持率都明显高于其他群体。

另一方面是对如何动员和纳入左翼身份政治莫衷一是。

墨非后马克思主义霸权理论的重要着眼点是试图链接以身份政治为代表的新型社会力量。身份政治是新社会运动中的主流，试图将左翼的

---

① Francis Fukuyama, *Identity: The Demand for Dignity and the Politics of Resentment*, New York, Farrar, Straus and Giroux, 2018, p.116.

② Aurelien Mondon, Limiting Democratic Horizons to a Nationalist Reaction: Populism, the Radical Right and the Working Class, *Javnost—The Public*, 24(1), July, 2017, p.2.

平等理念延伸到种族和性别领域。尽管马克思主义中天然包含着女性解放的主题，但长期以来，工人阶级的解放运动往往被白人男性领导或垄断，女性劳动者的地位和作用一直受到遮蔽。随着工人阶级地位的提高和阶级矛盾的缓和，身份政治在西方越来越开始进入政治议程。拉克劳、墨菲试图通过宣扬激进和多元民主理念，将身份政治等运动纳入左翼政治议程。

拉克劳、墨菲对于身份政治的关注无疑是顺应了时代发展的潮流，这也是后马克思主义能够产生较大的学术和现实反响的重要原因。20 世纪 80 年代以来，身份政治逐渐成为左翼主流政治话语的重要组成部分，甚至开始成为标签西方左翼政治的某种象征。如果说身份政治的兴起在一定程度上，是对于白人男性垄断平等理念的不满，及对于性别、种族等问题上压迫关系的抗争，那么随着身份政治的兴盛和分化，它也在一定程度上走向了自我背反。特别是在 2008 年全球金融危机以来，身份政治的困境和局限越来越被凸显。后马克思主义的理论的出发点是希望推动左翼关注和引导身份政治，但随着苏东剧变之后左翼政治话语的衰落，左翼失去了传统的社会经济改革的雄心，身份政治越来越成为左翼政治的救命稻草，身份政治某种程度上在左翼运动中确立了话语霸权，从而挤压或掩盖了左翼的传统问题和诉求。

近些年身份政治的盛行越来越开始带有这些负面效应。具体表现在以下几个方面。首先，身份政治越来越表现为一种政治行为艺术或者表演型政治。舆论热点和大众的注意力是个需要争夺的稀缺资源。社会焦点越来越专注于不断涌现的定义越来越狭窄的某些边缘人群，传统的那些更大的群体面临的困境却被社会忽略，越来越难以上升为政治议题。其次，身份政治越来越强调生存体验的神秘性和不可通约性，其营造的政治正确的讨论氛围压制批评甚至谈论。他们的诉求往往也很难得到"主流"的理解。最后，左翼试图在不同的身份群体之间的联合的政治策略实施起来很困难；正如福山指出的，"当今政治围绕着一系列不断增值的、外人难以置喙的群体认同展开，这对于民主制度的有效实施构成了挑战"。①

墨菲后马克思主义的民粹主义转向，一个重要原因就是对于身份政

① Francis Fukuyama, *Identity: The Demand for Dignity and the Politics of Resentment*, New York, Farrar, Straus and Giroux, 2018, p.123.

治的疑虑。后者的兴起在很大程度上遮蔽了社会的主要问题，身份政治的自我背反成为左翼学者都需要应对和思考的问题。现代身份政治威胁到了交往和集体行动，并且进一步分化或瓦解了已经越来越边缘的劳工阶级群体，因而，如何将阶级群体和身份群体这些传统左翼所依赖的力量成功整合，是左翼民粹主义霸权策略的重要环节。墨菲试图基于对于新自由主义霸权而打造一种对人民主体的认同，通过阐释一种激进民主的公民身份，以一种国家认同和爱国主义情感来链接身份政治与阶级政治，对边缘人群的承认和认同的理念应该保留，但不同群体也可以通过讨论和共识以达成共同目标，但对于具体的操作过程等则语焉不详，可以说，墨菲并没有很好地解决这一问题，对于民粹话语与身份政治之间的张力，民粹主义反精英话语如何更好地链接阶级的反资本话语，墨菲似乎并没有形成特别系统和成熟的想法。

综上所述，墨菲的左翼民粹主义霸权策略试图推动当下左翼的政治斗争，她基于对民粹主义时刻对左翼政治带来的挑战和机遇的阐释，对左翼如何应对挑战和重建霸权提出自己的认识。不过对于这一庞杂系统的理论工程，墨菲的理论建构还存在着一些薄弱环节，她确实谈论和涉及了各个重要的领域和命题，但在其中一些重要的问题上也存在着不足，亟待墨菲或其他学者的继续思考和建构，墨菲理论的这些成就和不足，有助于我们分析和展望墨菲左翼民粹主义霸权策略的现实影响及其未来前景。

## 第三节　墨菲左翼民粹主义霸权策略的影响及前景

民粹主义时代的来临是西方社会政治经济极化的产物，也是新自由主义霸权长期统治带来的后果，这都使得“人民”与“寡头”之间的矛盾在短时间内难以消解，因而西方各种政治势力都试图将民粹主义力量纳入麾下。尽管应对新冠疫情的失败及选举落败成为包括特朗普在内的右翼民粹主义势力的重大挫折，但特朗普的强大政治影响力和民意支持仍然不可消失，除非西方社会的各种社会问题和危机得到有效治理，特朗普主义的幽灵迟早会重新降临，并对于国际政治产生深刻影响。这种高度的不确定性对于各国政策形成重大风险。民粹主义的当下态势及其未来演进对西方政治发展的深刻塑造，使得左翼民粹主义策略的运用更具有现实意义。

鉴于民粹主义仍将在较长一段时间内主导西方政治思潮和政治实践,左翼对民粹主义的关注和引导就越来越成为不可或缺的左翼政治维度。墨菲的左翼民粹主义策略已经对于西方左翼政治产生了重要的影响,并成为一些左翼民粹主义政党的重要理论支撑,但这一策略所蕴含的某些政治风险也引起左翼的争议和批评,后疫情时代对于左翼民粹主义运动的发展构成新的挑战和机遇,墨菲左翼民粹主义仍然是西方左翼重新建构霸权的有用策略,但一种合理的策略本身并不会自动带来左翼政治的巨大飞跃,这一策略的前景仍有待西方左翼在现实政治竞争的具体操作和运用。

## 一、墨菲理论的现实影响

墨菲一贯强调介入现实政治的必要性,并试图以自己的政治理论来影响现实,为左翼力量与民粹主义话语的链接提供理论智慧。随着墨菲左翼民粹主义策略的逐渐成熟,其思想的现实影响也在不断扩大,墨菲也不断与欧洲一些有影响力的左翼政治人物对话,并开始对于西方左翼政治产生可见的推动,“墨菲被广泛地认为是欧洲一些最令人振奋的政治进步背后的思想领袖”①,对包括西班牙、希腊、法国等国的左翼民粹主义运动有重要影响。

这种左翼政治的复兴态势对于西方处于困境中的弱势群体展现出了某种希望,传统左翼政党的政治关注点越来越集中于身份政治、环保和非法移民等问题,而对于那些由于制造业流失而失去人生希望的劳工阶级而言,他们传统上信赖的左翼政党和政客不再能够代表他们的利益和诉求,社会的不平等和阶级矛盾问题,被视为早已得到解决的过去式,很难再得到“主流”媒体的关注和青睐,西方“主流”媒体还沉浸在以中产阶级为主体的社会结构神话之中,殊不知西方社会已经发生悄然改变,经济不平等和阶级矛盾逐渐回归,并逐渐采取了右翼民粹主义的斗争形式。墨菲正是在这样的时代背景中,提出了左翼如何正视及引导民粹主义的问题,实质上是想要解决欧美社会在一定程度上已经“拉美化”的问题。

---

① Waleed Shahid, America in Populist Times: An Interview with Chantal Mouffe, https://www.thenation.com/article/archive/america-in-populist-times-an-interview-with-chantal-mouffe/.

“拉美化”在南欧地区的表现尤其明显，这使得墨菲的理论在南欧产生了较大的影响。左翼民粹主义政党在南部欧洲已经取得很大进展，因为对于在欧盟内部处于弱势地位的南欧国家而言，主权国家及其人民与欧盟所代表的新自由主义金融巨头之间的分野和对立，“这种政治对抗边界在今天处于半殖民地地位的南欧国家中最贴近民众心理”。①这种“半殖民地”的术语的使用在某种意义上道出了南欧国家的地位，面对着德国、法国等欧盟内部强国的压制，诸如西班牙、希腊等国家面临着资本和人才双外流的境遇，而且难以诉诸国家主权来维护本国的利益，这就决定了欧盟内部不同地位的国家之间的矛盾。左翼民粹主义势力的崛起在希腊的表现是激进左翼联盟（Syriza）的兴起，并在2015—2019年上台执政，Syriza在希腊语中的本意的“来自草根”（from the roots），事实上，该党的几个重要成员，包括曾任希腊财政部长的亚尼斯·瓦罗法基斯（Yanis Varoufakis）和首都雅典所在的阿提卡大区的州长的雷娜·杜鲁（Rena Dourou）等，都是墨菲和拉克劳曾经任教的埃塞克斯大学的学生，因此，“Syriza与拉克劳、墨菲的后马克思主义理论的关联显而易见”。②而西班牙“我们能”党的高层也受到墨菲、拉克劳的后马克思主义霸权理论的重要印象，这从与墨菲在《以人民的名义》中对话的埃雷洪的理论背景被可以看出。墨菲对于南欧的左翼民粹主义运动表示同情，将他们的很多诉求视为欧盟内部矛盾的合理回应，是对于新自由主义霸权的合理抗争，她认为像希腊的激进左翼联盟这样的左翼民粹主义党被“主流”媒体妖魔化为脱欧派，“据我观察存在着这样一种倾向，总是将对新自由主义欧洲的批判当做是反对欧洲”。③

作为一个出生于比利时法语区的左翼政治思想家，墨菲与法国的左翼政治有着某种天然的亲近性，她对法国左翼民粹主义运动的影响值得关注。法国左翼民粹主义运动的领导人是让-吕克·梅朗雄（Jean-Luc

---

① Inigo Errejon, Chantal Mouffe, *Podemos: In the Name of the People*, Lawrence & Wishart, 2016, p.129.

② David Howarth, The Success of Syriza in Greece Has Been Driven by Marxism, Populism and Yes—Essex University, https://www.independent.co.uk/voices/comment/success-syriza-greece-has-been-driven-marxism-populism-and-yes-essex-university-10010806.html.

③ Chantal Mouffe, Populism Is a Necessity, https://www.theeuropean-magazine.com/chantal-mouffe-4/8420-why-the-eu-needs-populism.

Mélenchon)，墨菲和拉克劳对他有很大的影响，自从拉克劳在 2014 年去世之后，“梅朗雄与墨菲仍交往密切，后者被发现与前者在一些最重要的集会和游行中共同露面”。①梅朗雄的崛起是法国左翼民粹主义运动的象征，他在 2012 年和 2017 年的法国总统大选第一轮中都排名得票率第四，其中在 2017 年的大选中得票率接近 19.2%，并不比后来当选总统的马克龙的得票率 23.9%低多少。正是在这个意义上，墨菲对于梅朗雄的政治成就给予好评，认为他至少代表了一种与玛丽娜·勒庞的右翼民粹主义争夺劳工大众选民的努力，而不是彻底放任这些人成为右翼民粹主义的坚实拥趸。墨菲认为，梅朗雄这种左翼政党或政客受到“主流”左翼的排斥，被后者冠以民粹主义者的标签，“这与其说是一种批评，不如说表现了一种美德”②，因为这一努力代表了法国左翼争取劳工阶级的成就。

以法国 50 年来规模最大的群众运动，并一度蔓延到西方大部分国家的黄马甲运动为例，很多研究者以墨菲的左翼民粹主义理论来审视这场运动。黄马甲运动被视为继“占领运动”之后的又一次大规模的左翼民粹主义运动，运动的起因是对经济不满，下层劳工阶层对于增加税收的不满，并使得各种反政府的力量团结在“黄马甲”的旗下，但这场运动的走向却不是预定的，而是来自各种政治力量或政客的引导，所以玛丽娜·勒庞在运动中表现得很活跃，试图将运动的方向纳入右翼民粹主义的旗下，从而主导运动的走势。同时梅朗雄也代表左翼站在了试图介入和引导该运动走向的前沿。

对于一些研究者而言，黄马甲运动的起源及演进本身，就是墨菲的左翼民粹主义霸权策略的一次重要验证。墨菲认为，鉴于民粹主义话语的影响及其力量的客观存在，左翼不能袖手旁观，而是要采取介入的态度，积极地引导这场民粹主义运动，使得运动成为一场以新自由主义为斗争目标:并在制度层面实现某些有利于弱势群体利益的改良。因而，有研究者也指出，“黄背心运动之所以成为一个特别引人入胜的研究案例，是因为它出现在欧洲的法语区国家，这一地区内包括墨菲在内的话语理论家

① Giorgos Katsambekis, Alexandros Kioupkiolis ed., *The Populist Radical Left in Europe*, Routledge, 2019, p.100.

② Chantal Mouffe, *Agonistic: Thinking the World Politically*, Verso, 2013, p.123.

们不遗余力地捍卫'进步民粹主义'。"①

墨菲指出，民粹主义建构霸权的第一个层面是某个特殊性得以成功代表普遍性，关键一环是某个漂浮能指或空的能指最终成为一场大规模民粹主义运动的标识或象征。黄马甲这个能指就是这场关涉数百万人的社会运动的象征和标志。黄马甲作为一种制服本来是有特定内涵的，它是法国卡车司机在车祸之后穿上的黄绿色反光马甲（实际上更偏绿色），从而起到交通提醒作用。黄马甲这个能指在本来意义上对应的所指只有卡车司机，也就是当我们说起黄马甲或看到一件黄马甲的时候，脑海里浮现的对应物是一个抽象的卡车司机形象。黄马甲运动最初起源于法国卡车司机针对燃油税上涨的抗议活动，黄马甲就成了卡车司机抗争的象征，这个能指随之发生了某种错位，即从指代一般的卡车司机转变为指代卡车司机针对燃油税上涨的反抗运动，我们提起黄马甲时脑子里浮现的是一群集体抗争的卡车司机的形象。但随着抗争运动从卡车司机蔓延到全社会，黄马甲这个能指变成一种漂浮能指，能够"漂浮"到所有不满的人群，能够被用于指代所有的反建制的愤怒群众。运动的标识也变成"我们都是黄马甲"，黄马甲转而成为一个空的能指，能够指代抗争中的形形色色的异质性群体，其原初指代的卡车司机的特定符号功能已经被蛀空，而成了反建制、反精英的人民的象征，即穿着黄马甲和同情黄马甲的就是人民。可以说，黄马甲这个漂浮能指的形成是这场声势浩大的运动的基本条件。按照墨菲对民粹主义策略的理解，霸权的形成就在于漂浮能指的形成，而何种特定能指能够脱颖而出则带有很大的偶然性。

事实上，就在黄马甲运动大规模爆发之后不久，法国学者费利克斯·博吉奥·埃旺杰-埃佩（Félix Boggio Éwanjé-Épée）就在《不合时宜》杂志上发表文章《黄马甲：一个漂浮能指》，运用墨菲和拉克劳的霸权理论来解读"黄马甲运动"，埃佩认为，黄马甲这个符号的特殊性使其得以成为法国大众运动的象征，因为这个符号与特定的民族性、种族性、阶级性或世代等都没有必然的联系，从而能够成为一个跨阶级、跨世代的大规模运动的象征，但正是因为黄马甲成了空的能指或漂浮能指，就使得各种异质性的群体和诉求集结在黄马甲的旗下，尽管他们所共同反抗的目标是当权精

① J. Jetten, F. Mols, & H. P. Selvanathan, How Economic Inequality Fuels the Rise and Persistence of the Yellow Vest Movement, *International Review of Social Psychology*, 33(1), 2, 2020.

英，但他们之中既有对于新自由主义不满的经济诉求，也有针对穆斯林移民的排外主义诉求等，这就使得黄马甲运动本身的意义也是漂浮的，斗争的对象和斗争的目标本身是能够被引导的，从而使得运动本身成了霸权斗争的场所，进步力量必须防止极右翼势力对于运动的主导，并且将黄马甲的斗争目标引导为左翼进步价值，因此埃佩认为，“讽刺的是，由于法国抗争运动内部的纷争，拉克劳和墨菲所提出的民粹主义理论并没有以左翼方案或领导人的形式道成肉身，而是在一场空前的社会运动中呈现出来”。①另外，墨菲的理论也深刻验证了黄马甲运动的失败原因，它始终停留于一种街头泄愤运动，而没有将运动本身转型为建制内的抗争，或者说没有将纵向的建制内的斗争与横向的建制外斗争有效结合。

## 二、墨菲理论所引发的争议

墨菲链接左翼与民粹主义的努力是对于传统左翼政治的重大突破，其中也所蕴含的政治风险也引起了一些争议，当然这种风险和争议也是当下某种不良的时代氛围所造成的。由于民粹主义成了污蔑和贬低竞争对手的通行词汇，导致了将很多现代政治中常见的政治动员方式、概念等归类为民粹主义，继而将这些合理的东西污名化，从而导致现代政治的自我限制及其困境，“主流”政治的保守僵化进一步导致了众多选民的不满，而民粹主义越来越成为不满的选民所信奉或拥护的替代性选择，并导致民粹主义进一步走向激进和极端，从而造成“主流”政治与民粹主义之间的分化和对立，双方越来越难以交流和沟通的局面就表现为西方社会的两极化政治态势，某种意义上，民粹主义这个政治对手是西方“主流”政治所召唤出来的“幽灵”，“主流”政党将某些政治风气和诉求妖魔化，进一步将选民推向自己的对立面，导致更多的民众选择与“幽灵”共舞。

面对着“幽灵”势力的壮大，西方学术界和政治界感到担忧，就如何防范化解“幽灵”的风险就产生了两种思考。“主流”政党和媒体将“幽灵”视为非理性邪恶势力的反扑，拒绝承认其生成的社会危机及自身的责任，并认为“幽灵”是特朗普等邪恶分子出于个人野心而召唤出来的。墨菲则认为，重要的是与“幽灵”对话，并将幽灵转化为促使社会进步的政治动力。民粹主义幽灵正是“主流”政治的僵化和不作为导致的，应该正视幽灵产

① Félix Boggio Éwanjé-Épée, The Yellow Vest: A Floating Signifier, https://www.versobooks.com/blogs/4157-the-yellow-vest-a-floating-signifier.

生的社会背景。扬·米勒等研究者也这么认为,"幽灵"被"主流"政治和媒体贬低为魔鬼,并将其非理性极大地夸张。这反映了西方民主制度已经面临困境,倾向于将任何实质性的批判意见污名化。某种意义上,墨菲将民粹主义这个"幽灵"视为西方民主政治的重病征候,希望对症下药以毒攻毒。民粹主义是一种能够对西方民主政治对症治疗的猛药,这一剂猛药也可能导致了问题的激化,在治病的时候会给身体造成严重的风险。因而很多学者对于左翼引导民粹主义势力的可能性存在怀疑,例如齐泽克指出,"'民粹主义'并不是一种中性的形式……存在着某种滑向粗俗的简单化和针对个人的攻击性的民粹主义的自然倾向"①,这种粗俗性在疫情后也体现得更为充分。

如果说民粹主义的兴起源自一系列复杂的时代原因,使得"人民"对民粹主义政治的需求被激发,那么西方民主政治的内在矛盾和张力也促进了这种政治氛围的形成,从而持续供给了民粹主义政治的有生力量。由于西方社会的自我反思和批判精神的衰败,需求侧的原因分析总是被有意无意地遮蔽,供给侧角度的分析成为当下西方解释民粹主义兴起的主导解释,特别是倾向于将之归咎为某些个人的因素。认为全媒体时代的来临为民粹主义政客崛起提供了机缘,从而成为当下人类社会进入民粹主义时代的重要动因。但这种简单粗暴的浅层解释模式进一步刺激了民粹主义情绪,被认为是当权者拒绝正视社会问题和逃避执政责任的行为。这在此次西方社会对疫情的糟糕应对中表现得尤其明显,尽管特朗普在疫情防控中确实存在着一些明显的失误,但主流媒体却将疫情失控的原因完全归结为特朗普的个人失误,几乎鲜有任何声音质疑美国制度存在问题的可能性,对于民粹主义政客的指责成为论证美国制度完美性的最好解毒剂。可以说,从供给侧的角度,民粹主义的兴起表面上是全媒体时代个别政客的煽动和演技,其实更深层次源于西方社会的治理危机。

当然,民粹主义这种政治动员模式本身的风险也不容忽视,墨菲对于民粹主义策略的论述内在包含着反思及化解民粹主义风险的维度。作为一种大众政治动员模式,民粹主义话语体系通常需要诉诸比较简单而易理解的道德化体系,特别是在社会的危机时刻,在社会大众普遍带有怨愤情绪,希望揪出极少数"人民公敌"以快刀斩乱麻地解决社会问题的时候,

---

① [斯]斯拉沃热·齐泽克:《民粹主义的诱惑》,选自[德]海因里希·盖瑟尔伯格编:《我们时代的精神状况》,孙柏等译,上海人民出版社2018年版,第294页。

怎样在理解民众的急切心理基础上给出解决问题的希望，就成为左翼民粹主义者的重要课题，这一政治任务学者在书斋中当然不可能给出标准答案，而是来自政治实践中形成的政治责任、敏锐感知力、政治智慧等，这也是一个能够推动社会加速进步的民粹主义领袖的必备素质。特别是围绕着新媒体革命及其带来的传播剧变，民粹主义政治本身也经历了演进升级，并构成带有很多新特征的民粹主义意识形态传播机理。这成为进一步梳理和构建民粹主义意识形态理论的重要方向，也是墨菲左翼民粹主义策略深入发展和完善的着眼点。

正如墨菲所说的，学术界对于大众动员感到难以适应，包括对于政治激情与群众运动的排斥，“在政治学领域，我们遭遇的是团体和群体性身份而非孤立的个人，政治学动力不能被简单理解为个人的算计”①，而“主流”左翼将激情视为一种非理性情绪，认为好的民主应该是一种去除激情的理性主义。他们对于人民这一主体总是感到恐惧，“他们将基于等同链条而建构的人民这一范畴批判为同质化，及某种单一的总体意志的体现，从而使得多元性的空间被完全剥离了”②，因而关键是统一性(unity)不同于同一性(identity)，其中能够包含对多样性和差异性的尊重，这意味着政治主体是被建构出来的。另外，魅力型领袖的问题对于“主流”左翼来说始终是一个理论禁区。一些左翼学者对于墨菲的魅力型领袖的论述感到质疑，指责墨菲的阐释过于乐观，“这一观点忽略了众多历史案例的教训，正是霸权阻碍了大众的‘自我解放’，侵蚀了民主平等主义的精神。”③

一些学者对于墨菲的左翼民粹主义霸权策略的质疑或反对具有代表性。例如作为民粹主义问题著名研究者的米勒的批判为学术界所关注。作为施密特研究专家，米勒对于墨菲为施密特“恢复名誉”的举动做出了尖锐的评价，他认为后马克思主义者重拾施密特来批判自由主义，“表明了左派在何种程度上已经穷尽了自己的概念资源……左派简直就没有理

---

① [英]尚塔尔·墨菲:《政治的回归》，王恒、臧佩洪译，江苏人民出版社 2005 年版，第 189 页。

② Chantal Mouffe, *Agonistic: Thinking the World Politically*, Verso, 2013, p.74.

③ Giorgos Katsambekis, Alexandros Kioupkiolis ed., *The Populist Radical Left in Europe*, Routledge, 2019, p.6.

论语言可以提出某种可替代社会现实的模式”。①这种“左派自身概念资源穷尽”的批判逻辑，也被米勒延伸到对墨菲、拉克劳左翼民粹主义的批判。米勒与墨菲的思想交锋从双方对施密特的不同研究路径已经开始，他将墨菲视为当下试图复兴施密特思想的代表性学者，认为诸如墨菲这样的后结构主义政治思想家从施密特的思想碎片中汲取灵感并不令人惊讶，墨菲引用施密特的原因是试图批判新自由主义正在扼杀真正的多元主义，但墨菲的问题在于，她“所渴望的‘政治的回归’将带来什么后果常常是含糊不清的”②，援引施密特对自由主义的批判是一个危险的方向，很难导向一种成功医治自由主义弊病的光明前景。随着两人几乎在同时介入民粹主义问题，墨菲的“政治的回归”通向了提倡左翼民粹主义策略，而米勒则认为（左翼）民粹主义没有什么前景，他指出，“对左翼阵营选择性地利用民粹主义者所塑造出的形象来反对新自由主义霸权的策略，也需要一定程度上存疑……要么是多余的，要么则是危险的”。③他认为民粹主义在左翼重建霸权所起到的作用值得怀疑，反而有可能陷入民粹主义政治通常所伴随的潜在风险。应该说，墨菲的左翼民粹主义霸权策略确实从反面体现出西方左翼的话语资源的枯竭，从而不得不选择一条相对而言具有更大风险的道路。

当然，有关墨菲的争议还在于其对于大众的影响力有限，与当下西方马克思主义学者相类似的是，墨菲的论述局限性也是很明显的。作为激进左翼的西方马克思主义者往往从高度抽象的哲学讨论和一些佶屈聱牙的哲学术语来讨论现实的政治问题，这本身构成一种悖论，一方面，他们往往秉持马克思的“改变世界”的格言，从而希望在理论与政治之间嫁接桥梁，或者基于他们的话语理论，哲学作为一种话语本身就是一种政治介入，也渴望能够介入现实政治；另一方面，他们抽象的哲学论证在现实的介入问题上是极其无力的，除了停留于一些左翼论坛支配的狭小圈子，或者少数知识分子的分析讨论，这些学术行话基本上没有，甚至也不可能对于大众政治产生真正的影响。

---

① ［德］扬-维尔纳·米勒：《危险的心灵：战后欧洲思潮中的卡尔·施密特》，张龑、邓晓菁译，新星出版社 2006 年版，第 318 页。

② 同上书，第 15 页。

③ ［德］扬-维尔纳·米勒：《什么是民粹主义》，钱静远译，译林出版社 2020 年版，第 126 页。

对于这个问题，关键不在于对他们的理论的抽象和空洞的揭露，即批判这些以“改变世界”为己任或高扬现实的哲学，本身的论述风格却是高度的非现实性，而是探求他们为什么会诉诸这种抽象的表达？这绝非仅仅是个人气质或学术风格的问题，主要还是在于左翼话语总体衰败之下的一种无力感。由于20世纪的某些灾难性的实践，解放政治背负了沉重的历史包袱。在程序民主或代议制民主被认为是一种“别无选择”之下，在一种批判程序民主就容易被指责为极权主义的舆论氛围之后，对于这种肤浅的“政治正确”的批判需要面临巨大的压力，在此之下，诉诸一种高度学术化和抽象化的讨论是一种自我保护，也是一种策略性的选择。它使得一种批判性的力量还能够保留一定的空间，并为将来可能的共产主义的某种复兴保存和积蓄理论资源。这些左翼看似激进的论述和态度其实是一种彻底处于守势局面的象征。某种意义上，他们的这些对于主导意识形态的合理质疑和批评被当做激进的象征，本身是保守化的西方社会的一种印证。

## 三、墨菲论左翼民粹主义发展趋势

新冠疫情暴发以来，关于民粹主义政治前景的讨论也成为学术界关注的热点。一些研究者认为新冠疫情有可能成为民粹主义政治的滑铁卢，因为疫情的应对和治理高度依赖公共卫生专家的意见及其管理，而民粹主义的反精英倾向使得他们往往很难与专家合作。应该说，它确实指出了一部分现实，特朗普的疫情应对失策确实与此相关。另一些研究者则认为民粹主义有可能借此机会进一步崛起，他们认为民粹主义话语的反精英特点并不必然导向反精英的政策，这种分析夸大了民粹主义的某个侧面，但执政的民粹主义政党或政客并不必然是反对专业治理的，而是完全有可能避免这一失误，因而疫情也可能为民粹主义政治提供了机会，如果民粹主义者避免了一些显而易见的失误，那么后疫情时代有可能见证民粹主义政治的新一轮爆发，“民粹主义者常常虚构危机来制造冲突氛围，现在执政的民粹主义者面临着真实的危机，这有助于验证他们所宣称的政治决断在社会改良和进步中扮演的关键角色”①，从而为民粹主义者

① Jan-Werner Müller, Populists Are Likely to Benefit from the Coronavirus Pandemic, https://www.iwm.at/always-active/corona-focus/jan-werner-mullerhow-populists-will-leverage-the-coronavirus-pandemic/.

进一步集权打开方便之门，也有利于民粹主义领袖在应对危机中进一步塑造个人的良好形象从而强化自身权威。

或许后一种观点更符合民粹主义政治的走向和趋势，这也是墨菲所持的立场。最重要的原因在于，导致民粹主义时代来临的那些因素不仅没有得到治理，反而在疫情之后全面恶化。包括社会两极分化的加剧、精英统治更加明显、主权债务危机和福利国家制度的破坏、同时欧盟与其成员国家之间的矛盾等等。正如英国《金融时报》的一篇题为《正如金融危机一样，疫情也是民粹主义者的礼物》的文章所指出的，“如果弱势群体成为疫情的主要受害者，那么特朗普主义有可能掀起第二次风暴”①，这种情况显然正在发生，疫情以来西方社会的经济不平等问题以前所未有的形势恶化。

因此，墨菲在《新冠疫情之后的政治走向》等文章中对于左翼民粹主义的前景做出了分析，认为疫情应对的危机代表了西方左翼运动的重要转折点，例如以齐泽克为代表的左翼学者认为疫情引发的危机是对于资本主义的最后一击，从而揭示出对于“新型共产主义”(reinvented communism)的需要。也有学者则认为疫情危机给右翼政治带来了机遇，墨菲则对于左翼民粹主义策略的前景表示乐观，认为新冠疫情已经造成新自由主义的组织性危机，“在当下的情势下，左翼民粹主义策略比以往任何时候都更适用。”②2008 年全球金融危机是西方左翼民粹主义兴起的一个重要节点，它标志着新自由主义统治危机的爆发及反抗运动的高涨，而种种迹象表明，新冠疫情构成比金融危机更大的挑战，从而有可能对左翼民粹主义运动产生更大的影响。那么后疫情时代的民粹主义政治将具有哪些新的特点？

首先，“疫情危机恶化了社会的不平等，更为确证了新自由主义模式的枯竭。”③对于新自由主义霸权而言，新冠疫情造成的危机要远远超过 2008 年全球金融危机，2008 年全球金融危机只是使得新自由主义模式的

---

① Philip Stephens, Like the Financial Crisis, Covid is a Gift to Populists, *Financial Times*, December 11, 2020.

② Chantal Mouffe, A Left Populist Strategy for Post-Covid-19, https://braveneweurope.com/chantal-mouffe-a-left-populist-strategy-for-post-covid-19.

③ Chantal Mouffe, After Covid-19, What Next?, https://www.republic-of-letters.eu/after-covid-19-what-next/.

矛盾被揭示出来，全球左翼运动开始在一定程度上复兴，但并没有真正撼动新自由主义霸权，而新冠疫情则使得新自由主义霸权在世界治理中的困境充分暴露，并进一步引发民粹主义势力对当权精英的不满和反抗，当然，新冠疫情危机也并不会导致新自由主义自动退出历史舞台，新自由主义的统治模式也会不断地调整和演进。

正如葛兰西指出的，无产阶级政党斗争的关键问题在于，“何时才能说唤醒和组织民族-人民的集体意志的条件已经存在？”①新冠疫情所造成的西方经济衰退已经超过1929年的经济大萧条，成为资本主义发展史上的重大危机，并对于资本主义自由民主的善治神话构成严峻挑战。民粹主义崛起是西方社会诸方面危机的产物，而在遇到社会重大危机的关头，对于力挽狂澜的英雄的大众心理期待总是会出现，在国家遇到危难的时候，国家领袖的民众支持率总是会上升，即使他并没有做出什么惊人的业绩。2020年的世界疫情无疑是近几十年罕见的全球治理危机，各国政治家表现的差异，再次证明政治领袖在危机关头所能发挥的作用。美国主流媒体对于特朗普政府的尖锐批评，甚至将特朗普视为美国疫情应对失败的罪魁祸首，这其实证明了政治学理论领域中领袖的作用问题不容忽视。当权的政治家对于撕裂的社会的整合，对于社会行动力量的动员，对于治理能力的提升，以及对于国家形象或影响力的提升或伤害等等，都能发挥举足轻重的作用。西方式民主常常被认为是一种规范化的管理，领袖的角色被有意识地忽视，从而被视为西方高度制度化的民主治理中的一颗随时能被替换的螺丝钉，这也成为西方民主论证自身合理性的重要依据。而新冠疫情的糟糕治理无疑显示出所谓“一条狗都能治理”的西方民主神话的破灭。正如墨菲所指出，“集体意志的建构离不开将共同情感凝聚为某种结晶形式，而围绕着某个克里斯马领袖而结成的情感纽带在这一过程中能扮演重要角色”②，它意味着新自由主义所宣扬的西方自由民主神话的破灭。

其次，疫情治理危机是对于新自由主义反国家修辞的冲击，要求国家干预力量的增强和介入，预示着资本不受制约的时代的终结。因而国家政权力量就成为各种政治势力争夺的对象，这一霸权实践的领域将取决

---

① ［意］安东尼奥·葛兰西：《狱中札记》，曹雷宇等译，中国社会科学出版社2000年版，第93页。

② Chantal Mouffe, *For a Left Populism*, Verso, 2018, p.70.

于左翼与右翼的斗争策略，“这一场景可能预示着右翼民粹主义势力的胜利或者新自由主义模式挣扎求生的最后一搏，也可能成为左翼民粹主义策略深化民主及重塑社会经济秩序的机遇”。①

疫情对于人们的安全、收入、就业、心理等构成全方位冲击，在这种严重动荡和集体恐慌情绪下，“对于社会保护的需要就成为核心诉求，民众将会追随那些他们相信最能够提供保护的政治力量”②，这就是不同霸权争夺的空间，在这种特殊情况下，对于主权国家的干预和保护力量的需要就会迅速兴起，对于共同体的认同感在社会面临灾难的时候总是会高涨。这同时也是左翼民粹主义策略的目标，即如何围绕着这些需求来打造人民。“对于国家权力的作用范围，保护主义的实施模式，社会保护这一范畴如何界定等，可以从不同的方式来设想。这些范畴的内涵总是取决于话语的建构，依赖于如何清晰明确地表达它们”。③危机时期总是国家权力得以扩张的重要节点，不同的政治力量会将自身的价值观和诉求注入这些保护手段，这是左翼与右翼争夺霸权的领域。一些左翼力量总是持有一种道德化的修辞和姿态，轻率地以非理性的标签来界定这些范畴，似乎只要是涉及国家、主权等就会径直通向极端民族主义，从而束缚了自身的政治纲领的丰富性和政治选择的多样性，这种爱惜羽毛式的政治姿态将导致右翼民粹主义更为极端地滥用民族认同与爱国主义情感，需要左翼慎重对待和善于运用这类话语体系。

最后，新冠疫情证明了新自由主义价值观的失败。西方国家在疫情应对中的各种困难，包括在“封城”问题上的重重阻碍，将个人自由与公共善对立起来，使得戴口罩和隔离等都成为限制个人自由的根本政治原则问题。这些问题其实都暴露出新自由主义意识形态长期统治的后果，它将这种只顾个人任性自由而无视社会责任的维度发挥到了极致，并在很大程度上塑造了西方社会的常识，成为国家在对抗社会危机时难以团结一致的严重挑战。为了实现公共善往往需要特定形势下个人权利的妥协，而新自由主义认为个人权利具有相对于公共善的优先性，这种妥协容易被自由主义视为对于至高无上的个人自由的牺牲。

---

① Chantal Mouffe, The Controversy over Left-wing Populism, https://monde-diplo.com/2020/05/14populism.

②③ Chantal Mouffe, After Covid-19, What Next?, https://www.republic-of-letters.eu/after-covid-19-what-next/.

墨菲认为,新自由主义意识形态也可能出现某些演进和调适,以缓解自身的意识形态危机,甚至将国家干预力量的扩大化解为自身牟利的工具。面对着反精英反建制的民粹主义势力的抗争,新自由主义模式也可能运用国家力量来重整旗鼓。"当下的政治体系可能会朝向'国家新自由主义'形式演进"①,这种形式同时也体现为一种"新自由主义版本的技术-威权主义模式",虽然新自由主义是通过对反国家监管的话语体系而兴起,将国家权力视为自由的障碍,但金融资本寡头也很善于运用国家干预的力量来实现自身的诉求,它结合了技术的力量,特别是社交媒体巨头所拥有的准国家权力,这种网络巨头支撑的技术性统治能够对民主程序免疫。疫情期间新自由主义成功地扩张了自己的势力,贫富差距的悬殊进一步拉大,金融寡头总是能够成为政府的救济方案的最大获益者,美国政府多次给民众发放数额不等的救济金,这些救济金很快便以各种途径被金融寡头所收割。新自由主义寡头也试图运用和操纵民粹主义话语,打着为人民的旗号而实施各种看似公平的救济方案。

民粹主义崛起在未来一段时间仍将是西方政治的重要特征,这为墨菲左翼民粹主义策略的运用及影响提供了基本的政治背景。民粹主义者的声音常常反映了真实存在的社会问题,但常常提出简单粗暴的解决方案会带来巨大危险,因而随着全媒体时代的赋权,他们越来越开始主导社会政治议程设置,但上台执政的右翼民粹主义者通过迎合人性中的一些急功近利的心理,以社会或国家长远利益的损害为代价,换取民众对于政党或政客的拥护支持。随着近些年民粹主义风险的急剧升温,如何防范和化解这些风险就成为人类社会的共同命题,也是墨菲建构左翼民粹主义霸权策略所需要应对的难题。左翼如何更好地运用和引导民粹主义话语,将是左翼在接下来较长一段时间的重要理论和现实命题,而墨菲思想的现实影响和未来前景,在很大程度上也取决于西方左翼民粹主义运动的走势。

① Chantal Mouffe, A Left Populist Strategy for Post-Covid-19. https://brave-neweurope.com/chantal-mouffe-a-left-populist-strategy-for-post-covid-19.

# 结　语

## 当代马克思主义如何审视和引导左翼民粹主义

也许我们可以模仿《共产党宣言》来阐述民粹主义时代的来临，“一个幽灵，民粹主义的幽灵，在西方世界游荡，民粹主义已经被西方的一切势力公认为一种势力”。如果说民粹主义仍将在未来一段时间成为世界上相当一部分地区时代主轴，那么如何审视和引导民粹主义就成了当代马克思主义的重要理论课题。早在民粹主义刚刚产生的19世纪下半叶，马克思恩格斯就与俄国民粹主义展开过长期的论争，墨菲对左翼政治与民粹主义话语的链接的尝试，在某种意义上也是马克思主义与民粹主义百年论争在今天的延续。

马克思指出：“进行革命的阶级，仅就他对抗另一个阶级而言，从一开始就不是作为一个阶级，而是作为全社会的代表出现的，它以社会全体群众的姿态反对唯一的统治阶级。”①马克思的这一论断也适用于墨菲的思想，左翼民粹主义霸权的建构首先要指认一个共同对抗的对象来引导大众，并在对抗新自由主义资本寡头的斗争中“作为全社会的代表出现”，进而通过各种手段确立自身的霸权地位。墨菲的左翼民粹主义霸权策略是马克思主义与民粹主义在当下理论对话的重要体现，一方面墨菲希望从后马克思主义霸权理论的角度出发；来理解和引导当下的民粹主义力量，从而推动左翼政治议程的实现；另一方面，西方马克思主义学者也围绕着墨菲的理论展开了针锋相对的争论，他们普遍认为民粹主义的产生与当下的新自由主义霸权下的社会危机有关，但对于民粹主义是否有可能被左翼引导而展开了激烈论争，为思考当代马克思主义如何引导民粹主义成为改变世界的积极力量奠定了理论支撑。

---

① 《马克思恩格斯文集》第1卷，人民出版社2009年版，第552页。

## 第一节　马克思主义与民粹主义的最初交锋

作为两种相关联而又有区分的社会思潮及政治动员模式，在俄国民粹派刚刚生成的19世纪70年代，马克思、恩格斯就与俄国民粹派的代表人物进行了持续的沟通和交流。1881年马克思给查苏利奇的回信及其四份草稿，《共产党宣言》的1882年的俄文版序言等，都是马克思临去世之前的重要文本，马克思提出了对于俄国民粹派路线的重要判断，并成为马克思主义东方社会理论的重要文本。马克思主义为什么能够与民粹主义对话，为什么需要与民粹主义对话？这是我们理解这两种思潮之间百年思想关系的重要切入点。在一定程度上，共同的反资本主义立场是两者沟通和对话的基本原因，而对于如何超越资本主义的不同方案则是两者持续论辩的重要分歧点。当代西方左翼民粹主义产生的重要时代背景，也是2008年全球金融危机之后新自由主义霸权之下阶级矛盾的激化，这也成为墨菲试图将马克思主义与民粹主义进行某种链接的基本出发点。

民粹主义思潮的产生从一开始就是反资本主义浪潮的产物。19世纪晚期兴起的俄国和美国的民粹主义被认为是第一波民粹主义浪潮，他们都代表了资本主义现代化高歌猛进阶段，受到严重冲击的农民群体对于资本的反抗。在工业革命之初，随着资本主义的发展和工人阶级的壮大，工人阶级作为独立的政治力量开始登上历史舞台。但在相当长的时间内，农民仍然占据了一个国家人口的大多数，例如在工业革命方兴未艾的19世纪50年代初期，尽管城市里资产阶级和无产阶级的斗争决定了国家未来的走势，但除了英国工人阶级占人口比例较高之外①，即使在法国、美国等最先进的资本主义国家之中，农民都仍然是占人口大多数的阶级或群体，因而在当时农民阶级最有资格将自己称为人民大众。而在各种反资本主义的运动中，那些诉诸“人民”话语来实现政治动员的就表现为（农民）民粹主义，在这个意义上，马克思主义指导下的工人阶级运动与

① 可以从城市化率来作为参考指标，19世纪中叶，率先完成工业革命使得英国成为历史上第一个城市化率超过50%的国家，当然除了工业无产阶级，城市中的主要人口也包括小资产阶级和流氓无产阶级等。

民粹主义形成分野。19世纪90年代兴起的美国的人民党运动后来被冠以民粹主义者的称号，它代表了农场主阶层对于大资本家的反抗。在人民党运动兴起之初，美国的农场主阶层，特别是在工业化程度较低的南部和中西部的农场主，有充分的理由相信自己代表了美国人口的大多数，自食其力勤劳肯干的农场主自认为代表了美国最普通人的形象。

在前工业社会或工业化早期阶段，农民往往自认为就是“人民”，他们认为农民是这个国家中最普通的老百姓，而当他们受到资本主义生产方式冲击的时候，就很容易形成一种资本精英欺负人民大众的意识，并将社会区分为官商勾结的精英阶层对于勤劳肯干的高尚人民之间的对立，从而就形成一种反对资本主义的民粹主义情绪。因为民粹主义情感或对于人民这一身份的认同的成因在于，参与运动的主体能够自然而然地将自身认同为普通的、占社会主体的草根阶层，这要求他们是或者自认为是这个社会中占主导地位的劳动者，才会形成我们就是人民（we the people）的心理倾向。因而，在农业社会向工业社会转型期间，受到冲击和压迫的农民就容易表现出民粹主义的倾向，而占人口少数的、主要集聚在几个大城市的工人阶级，尽管代表了先进生产力和先进文化的前进方向，则更多会选择阶级斗争的话语或认同，而很难选择将自身界定为“人民”的方式来进行政治动员。马克思在《路易·波拿巴的雾月十八日》等著作中，对于农民阶级在法国总统大选中的这种决定性作用进行了分析。

随着工业化的迅猛推进和城市化率的迅速提升，已经占人口多数的工业无产阶级也有可能倾向于民粹主义（特别是在阶级斗争话语陷入低潮或被污名化的时期）。这在阿根廷的庇隆主义运动中表现得很明显，民粹主义运动与工人阶级运动相互交杂，或者说工人阶级反对资本主义的斗争，以民粹主义运动的形式表现出来，而在以中产阶级为主体的橄榄型社会，民粹主义的主体则有可能更多体现为中产阶级或所谓的小资产阶级，例如美国的民粹主义者之中，特朗普的支持者并非美国最底层，主要是作为社会中层和中下层的白人，这些中下层中产阶级被特朗普的民粹主义话语所俘获。

因此，民粹主义政治的主体及反资本主义诉求随着时代的变迁而不断演进，这就使得马克思主义与民粹主义的对话在不同时代围绕着不同的命题，呈现出不同的特点。而在马克思恩格斯晚年，由于对如何超越资本主义制度的不同看法，马克思主义与民粹主义两种思潮的第一次对话，就围绕着资本主义生产方式的历史进步性这一轴心而展开。因而，马克思主义视域下的民粹主义理论问题，在一开始就被当做是跨越卡夫丁峡谷的问题，即俄国的农村公社是否能够作为共产主义生产方式的起点。1875年，“恩格斯的《论俄国的社会问题》是马克思主义的经典论据与俄国民粹主义的第一次公开碰撞”①，恩格斯试图在科学社会主义规律的普遍性视域下解释俄国社会发展的“特殊性”。这成为马克思主义视域下的对民粹主义命题论述的开始，也是马克思恩格斯晚年所反复谈论的重要命题。与俄国民粹派的理论论争在列宁早期著作中占了相当的比重，列宁指出，民粹主义产生之初是一种进步现象，“因为它第一次提出了资本主义问题，而现在则成为一种反动的和有害的理论”②，因为它要求阻止和遏制资本主义和生产力发展而带有反动性质。

这就涉及如何看到农民及其生产方式。由于农民阶级的分散性及其在社会资源、知识视野、声誉影响等方面的欠缺，农民总是需要有某些知识和经济精英来“代表”自身，正如马克思对于法国小农阶级的批判性分析，小农阶级就像是被装在袋子里的一个个分散的马铃薯，他们由于共同的经济条件等而构成一个阶级，但自给自足的、分散的小农家庭却不具备一个有行动能力的群体所应有的团结性和合作性，“他们的利益一致性并不使他们彼此间形成共同关系……他们不能以自己的名义来保护自己的阶级利益……他们不能代表自己，一定要别人来代表他们”。③这导致资本主义社会小农阶级的抗争表现为两个特征：一方面，他们常常并不是以阶级的名义，而是以人民的名义来呈现自身的存在并表达自身的诉求；另一方面，他们的抗争基本上需要某些上层精英来引导和动员。美国农民民粹主义的前台人物主要是一些有经济实力和政治视野的上层农场主，而俄国的农民民粹主义则主要是由一批自认为代表农民阶级的知识分子群体组成，尽管他们在俄国农民群体中的影响力很有限。早期民粹主义的这些特征或缺陷，成为马克思主义批判民粹主义模式的重要出发点。

可以说，马克思主义与民粹主义的对话和纷争大体上围绕着两个维度来展开。

一方面是反对资本主义经济剥削和压迫的维度。由于民粹主义包含

---

① 周凡：《在马克思主义与民粹主义之间——对恩格斯与特卡乔夫论战的反思(下)》，《学术研究》2015年第4期。

② 《列宁选集》第1卷，人民出版社2012年版，第120页。

③ 《马克思恩格斯文集》第2卷，人民出版社2009年版，第567页。

对于资本主义的抗争的一面，就成为马克思主义与民粹主义始终能够对话的桥梁。对资本主义的批判和超越，一百多年来始终是马克思主义运动的斗争目标，历次重要的民粹主义浪潮的主体有很大的变化。基于资本主义意识形态在当代始终占霸权地位，民粹主义对于精英的界定和反抗，或多或少地包含有反资本主义的因素，无论是反对资本家本身还是反对资本与权力的勾结，资本家在民粹主义政治话语中总是一个被批判的潜在对象。对于墨菲而言，左翼与民粹主义的链接的重要基础就在于这一政治思潮包含的反资本主义基因。左翼希望引导民粹主义为左翼的平等议程服务，因而资本主义寡头始终是左翼民粹主义的斗争对象，其最新的体现是对国际金融寡头的抗争。

另一方面是反对西方资本主义虚假民主制度的维度。民粹主义意识形态的成功或许也来自对马克思主义某些批判视角的采纳，对于资产阶级民主的虚假性的质疑一直是马克思主义国家理论的重要内容，马克思主义将资本主义代议制批判为资产阶级的清谈馆，认为这些所谓“民意机构”并没有实质的参与政策制定的权力。这种对代议制民主的批判某种程度上也被民粹主义所发挥。民粹主义对于资本主义精英民主的批判贯穿始终，而希望建构一种能够真正反映草根-大众声音的民主制度。马克思主义对资本主义意识形态国家机器理论的批判，在当代的民粹主义理论家之间也得到发扬，近些年西方盛行的对深层政府(deep state)的讨论便是重要体现。深层政府理论表面上是一个似乎带有阴谋论特征的政治话语，深层政府没有公开的政治职务，但被认为掌握了一个国家的最高权力或政治方向，而使得那些前台露脸的政客自愿或被迫作为其代言人和傀儡，这一理论又并非完全空穴来风，美国社会中有关“军工利益集团”的讨论就属于这一领域。美国右翼民粹主义者班农近些年成功地将这个早已有之的概念炒作为一个流行术语，成为包括特朗普和土耳其的埃尔多安等政界人士的民粹主义政治动员策略中的重要组成部分，也成为特朗普用来指代反特朗普的精英势力的重要政治话术，这种似有似无若隐若现的存在最有利于煽动民粹主义情绪和愤怒。

## 第二节　西方马克思主义围绕左翼民粹主义的论争

马克思主义的产生在某种程度上源自资产阶级革命的理想与现实的

落差，在《论犹太人问题》中，马克思集中阐述了资本主义社会中自由、民主、人权等理念的异化，为所有人争取自由通向了任性资本的自由，而人权理念则主要体现为对于资产阶级的财产权的保护。正是因为资产阶级革命由一种曾经代表被压迫民众的普遍利益的政治运动，蜕变为代表少数精英利益的宗派活动，才使得马克思提出了超越资产阶级民主的诉求。从这个意义上，围绕着民主的理念与现实之间的落差，在 19 世纪中叶到 20 世纪末，主要体现为以阶级话语为主导的国际共产主义运动，苏东剧变标志着共产主义运动的严重挫折，以及左翼的阶级斗争话语在西方世界的污名化。阶级话语的衰落与人民话语的崛起并不是偶然的。在这个意义上，20 世纪 90 年代之后兴起的右翼民粹主义运动，由于其批判和反对的精英主要是新自由主义霸权下的国际资本巨头，从一开始就带有反对资本主义的诉求和内容，只是这种诉求被某些右翼政治引导为带有强烈的排外和反全球化倾向。

面对民粹主义时代的来临，开始关注或担忧民粹主义的左翼学者也越来越多，围绕着民粹主义的问题越来越成为当下西方马克思主义学界的热点论争。关于左翼对于民粹主义的认识，某种意义上可以分为三类：第一类是将民粹主义彻底地污名化，从而拒绝任何与民粹主义者对话和协商的可能性；第二类观点的代表是著名研究者米勒，其著名论断是“与民粹主义者对话，而不是像民粹主义者一样讲话”①，即通过对话深入理解民粹主义的成因，了解民粹主义者的诉求，推动民粹主义者的某些合理诉求上升为政治议题，然后推动政治的改良在某种程度上回应其合理诉求；第三类则是以墨菲左翼民粹主义策略为代表，她认为左翼与右翼民粹主义的对立越来越成为西方政治对抗的主要模式，米勒式的观点仍然表现出主流政治精英的傲慢和自大，实质上仍将民粹主义视为一种自身并不认同，但又不得不试图了解的边缘性力量，有可能进一步导致民粹主义势力形成被精英所蔑视和压迫的怨恨情绪。墨菲的观点可以归纳为，仅仅与民粹主义对话是不够的，还需要吸收民粹主义者的话语和动员模式，将它们纳入左翼斗争的武器库。

某种意义上，西方马克思主义围绕着左翼民粹主义的论争可以分为三个方面。

---

① [德]扬-维尔纳·米勒：《什么是民粹主义》，钱静远译，译林出版社 2020 年版，第 109 页，译文有改动。

首先，相当一部分西方马克思主义学者开始正视民粹主义兴起背后反映出的西方社会危机。尽管他们对于右翼民粹主义的批判态度非常激烈，但也逐渐开始指出其某些合理的需求。以哈贝马斯为例，作为一个与“主流”媒介沟通频繁的学者，常常对欧洲事务做出评论，近些年也多次对于右翼民粹主义的兴起做解释和分析，综合哈贝马斯近些年的相关阐释，他对于欧美右翼民粹主义的兴起有以下几点看法：1.右翼民粹主义的产生有一定的社会背景，是弱势群体长期受到压制的结果，“欧洲左派应该反省，何以右翼民粹政党能够以……错误路线成功赢得受压迫的、弱势群体的信任”①；2.右翼民粹主义导致一定政治风险，但其对于“主流”政治的威胁被严重地夸大，在很大程度上是主流政党出于各种需要所塑造出来的敌人，通过渲染一些右翼民粹党人的极端言论，主流政党就能够获得更大的言论及决策空间，推行一些相对而言不那么极端的政策；3.欧盟的治理失序是民粹主义生成的重要外部因素，哈贝马斯将民粹主义视为欧洲的重要危险，他认为，“左翼和右翼民粹主义运动所传播的反欧情绪，并不只是目前的仇外民族主义的结果。这些欧洲怀疑论者的影响和态度有着不同的根源，其根源在于欧洲一体化进程本身的失败”②，民粹主义及其对欧盟的批判与欧盟治理危机有很大的关系，而不只是“主流”媒体所渲染的极右翼对移民不满的煽动，因而欧盟内部的进一步整合是应对民粹主义威胁的重要举措，包括扩大欧盟议会的权力、建立欧洲统一军队等等。哈贝马斯的认识代表了相当一部分西方马克思主义者的看法。

其次，大部分西方马克思主义学者并不认同左翼民粹主义策略。以齐泽克为例，尽管他承认民粹主义的兴起是对于资本主义霸权的抗争，但他认为民粹主义的政治方案是改良性质的，只是希望获得一种更人性化的资本主义，而并不指向推翻或超越资本主义。因而，这种改良资本主义并不属于马克思主义解放政治。这一判断就构成齐泽克对于拉克劳、墨菲的左翼民粹主义批判的出发点。不过，尽管齐泽克在 2006、2017、2018 年三次撰写了“抵制民粹主义诱惑”的文章，但其中也发生了某些微妙的变化，齐泽克对于民粹主义的态度从绝对的排斥转为有限度的理解，他在一定程度上承认民粹主义政治的可塑性。

---

① 宋奇光编译：《哈贝马斯谈如何对右翼民粹主义釜底抽薪》，《文汇报》2016 年 12 月 9 日。

② Jürgen Habermas, New Perspectives for Europe, *Esprit*, Issue 5, 2019.

齐泽克在与墨菲的论辩中也阐释了民粹主义兴起的时代背景，他提出了某种类似于亨廷顿曾经提出的“达沃斯人”的国际精英概念。亨廷顿将“达沃斯文化”称为一种伪普适文明的代名词，这些精英都是英文流利、在类似的国际化教育背景之下成长的、具有共同的世界主义理念的人，达沃斯人“一般具有对个人主义、市场经济和政治民主的共同信念……实际上控制了所有的国际机构，许多世界管理机构，以及大量的世界政治和经济职位，达沃斯文化因此极为重要”①。但这些人其实在他们所处的社会和国家的根基极浅，他们由于对“主流”传媒的垄断而显得具有巨大的话语权，但他们其实与其所在国“人民”之间存在着巨大的分野和对立。而齐泽克称他们为“由经理人和精英学者组成的普适阶级”②，这些在各个国家都是占人口少数的精英，他们的需要与困惑与其所处国家的大多数人有巨大的隔阂，从而很容易形成一种傲慢的精英与无权的人民之间的自然心理对立。对这些掌握着政治经济和话语权力的国际精英的不满和怨恨，构成当下民粹主义兴起的重要动机，并有可能成为推进左翼进步议程实现的动力。齐泽克的论述意味着一部分西方马克思主义者也开始认识到化解或引导民粹主义力量的必要性，他们对于如何引导民粹主义并没有成熟的设想，但并不认同左翼与民粹主义链接的策略。

最后，少数学者开始认同并探索左翼与民粹主义话语链接的可能性。这就涉及对于民粹主义话语体系内部一系列概念和话语资源的重新审视，包括人民主体、政治激情、民族认同、魅力型领袖等理论维度，这些概念和理论资源都是“主流”左翼长期以来质疑或排斥的，而这种排斥就导致这些理论资源成为右翼政治的禁脔，实际上也成为左翼政治持续衰败的重要原因。以魅力型领袖这一理论维度为例，在早期西方马克思主义者葛兰西、胡克等人的论述中，这一理论维度是革命政治中不可或缺的，但几乎鲜有人继承了他们的理论主题。因此，基于对马克思主义经典作家的相关理论维度的发挥，墨菲认为领袖的作用问题始终是政治理论中不可或缺的元素，而又往往是西方政治学不愿意触碰的领域。墨菲当然不可能马上推出一种完善的领袖理论体系，她当下所能做的更多的是破

① ［美］塞缪尔·亨廷顿：《文明的冲突与世界秩序的重建》，周琪等译，新华出版社1998年版，第45页。

② ［斯］斯拉沃热·齐泽克：《民粹主义的诱惑》，选自［德］海因里希·盖瑟尔伯格编：《我们时代的精神状况》，孙柏等译，上海人民出版社2018年版，第297页。

除这个问题的敏感性，从而进一步拓展马克思主义政治学的讨论范围，并对于左翼运动提出某些指导性的宏观原则。

总之，西方马克思主义者围绕着民粹主义的论争大致产生了以下共识，他们认为民粹主义的兴起与新自由资本主义霸权有密切关系，但率先崛起的右翼民粹主义构成左翼政治的重大威胁，它偷走了本该属于左翼的反资本主义的政治主题，因而大部分人表示左翼的重要政治任务是与右翼民粹主义进行坚决的斗争。而包括墨菲在内的部分人开始认识到，民粹主义在当下或许是左翼不得不介入甚至借用的理论政治资源，“与狼共舞”并驯狼为狗，或许是左翼在当下不得不采取的政治策略，特别是在一些国家的左翼民粹主义政党已经取得明显的选举胜利之后。

## 第三节　引导左翼民粹主义成为改变世界的积极力量

近年以来，民族民粹主义思潮及逆全球化浪潮仍然呈现升温态势，为了转移矛盾和缓解国内风险，政客又进一步推动民粹主义情绪的升级，对于美国等国家的社会内部分裂和国际关系的毒化将产生长期影响，中国也不断受到西方新一轮排外民粹主义的负面影响。思考如何防范和化解世界民粹主义浪潮的潜在风险和危害，是当下需要做出持续关注和研究的主题。当代中国马克思主义也可以从墨菲左翼民粹主义策略吸取理论资源，思考如何化解民粹主义风险。

或许我们可以借助马克思主义对于流氓无产者作用的分析来审视民粹主义力量。如果一定要在政治主体之间进行类比，民粹主义者在某种程度上与马克思主义描绘的流氓无产者有相似之处。马克思指出，流氓无产阶级极易受人影响，“能够做出轰轰烈烈的英雄业绩和狂热的自我牺牲，也能干出最卑鄙的强盗行径和最龌龊的卖身勾当”①，因而历史上的无产阶级运动总是离不开对于流氓无产者作用的引导和发挥。而且，在一场无产阶级革命斗争中，流氓无产者远远不是唯一需要双方争取的流动分子，哪怕是工人或资本家本身都有可能被争取进入对方的阵营战斗。

① 《马克思恩格斯文集》第2卷，人民出版社2009年版，第95页。

在一场无产阶级革命中，资产阶级政权总是希望分化瓦解工人队伍，他们试图以民族、宗教等其他身份来吸引工人的支持，这样将工人与资本家相区分的政治话语总是受到其他话语的影响，资产阶级政府的一个重要手法就是通过煽动民族主义情绪，通过制造国际冲突来强化民族身份，从而使得民族身份的矛盾压过阶级身份的矛盾，这种转移矛盾的伎俩是右翼资产阶级政府的惯用手法，而且这种手法在历史上屡屡得手。

特朗普主义的兴起在很大程度上是美国蓝领工人阶级愤怒的结果，特朗普的当选也使得美国学术界和媒体开始关注美国工人阶级的生存状况。2016 年以来，开始涌现出大量刻画“铁锈地带”失业工人阶级悲惨的著作，集中阐释美国制造业空心化的危害。工人阶级失去了稳定的工作，部分人转移到了收入更低、更不稳定、地位更低的服务业，部分人则已经放弃重新开始的决心，这些人中很多人变得意志消沉，依靠酒精和毒品来舒缓人生的失败和麻痹自身，传统的制造业工人的社区和价值观也在崩解。雪上加霜的是，他们的命运几乎得不到媒体的关注，他们原来自视为这个国家的中坚，现在却成为被遗忘的人群，当他们开始发出愤怒和不满的时候，却被“主流”媒体刻画为野蛮粗俗、种族主义、排外主义的一箩筐烂人。另外，他们的民主权利也逐渐受到侵蚀，随着美国人口结构的变化，他们的选票也越来越难以在总统选举中发挥作用。这些人是马克思主义视域下的最典型的无产阶级，但困境中的他们没有选择左翼的阶级政治，而是选择了右翼的民粹主义，他们的失望和不满最终在 2016 年的美国大选中得到总爆发，将特朗普选上总统宝座。到了 2020 年，特朗普仍然获得了他们的强有力支持。评论者纷纷指出，特朗普再次竞选的失败不代表特朗普主义的失败，这些问题并没有解决，还有可能继续恶化，特朗普本人或者“另一个”特朗普很可能在 2024 年卷土重来。

英国社会学家迈克尔·扬在对精英制度的揭露和批判中，将那些被时代抛弃的人群（the left-behind group）称为民粹主义者，批判精英将当下的经济政治制度视为一种能力导向的公平制度，而将那些失败者的原因归咎为他们自身的文化观念、能力素质或勤劳程度，但却完全看不见既有的制度对于某些人群的偏好及对某些人群的不公。这是对于当下的新自由主义霸权的写照，美国的阶层流动正在被阻塞，美国梦越来越像是一个可望不可及的梦想。这一论述成为揭示美国民粹主义兴起的有力解释。关键是 the left-behind 为什么成了民粹主义者而非工人阶级斗士？

在马克思的笔下，无产阶级也是被抛弃的人，他们是“市民社会的非市民阶级”，马克思指出，在工人运动兴起之前的自由资本主义时期，资产阶级社会财富的巨大增长的同时是无产阶级的绝对贫困，无产阶级的苦难是社会灾难的集中体现，“社会解体的这个结果，就是无产阶级这个特殊阶级”。①某种意义上，美国资本主义的弊端越来越集中于没有本科学历的“红脖子”这个群体，而美国的“主流”媒体也基本上不关注他们的命运，他们的悲惨生活被归咎为个人因素，他们的不满和恐惧只能表现为美国的总统选举，最终汇聚为拥护特朗普的“红色浪潮”。特朗普如何吸引或煽动这些无产阶级成为左翼需要做出解释的问题。

可以借助马克思主义意识形态理论来做出解释，马克思曾指出，人们的观念是对于现实社会的生产生活和政治生活的表述，但这种表述有可能是虚幻的，是对于现实的一种颠倒。特朗普正是借助自媒体时代的技术赋权而崛起，并在很大程度上对于美国无产阶级的不满提出了“合理”的解释，为他们提供了一个能够表述其困惑和愤怒的话语体系，并将他们的愤怒引导为极端排外的民粹主义。因而，墨菲强调了民粹主义霸权在很大程度上体现为意识形态的争夺。新自由主义霸权依赖于其意识形态霸权，而左翼民粹主义也需要通过艰苦的阵地战来争夺意识形态阵地。自媒体的崛起为当下数字民粹主义提供了良机，成为民粹主义时代来临的重要偶然因素。由于民粹主义运动相对而言更依赖于领袖魅力的元素，新的传播媒体常常能为政治领袖权威的塑造提供条件，每一次的信息传播平台的更新都会冲击政治动员的模式，而那些能够敏锐地抓住的政治势力，就能够很快地在政治竞争中占据上风，但一般而言，占据统治地位的势力对于新技术的接受总是相对缓慢的，只有那些挣扎在边缘的势力才更容易接受新的平台而博取空间。作为一种反精英的边缘力量，民粹主义者就常常填补了空白，哪个政党或政客能够把握住新技术的赋能是其成功的重要因素。

另外，正如墨菲所说，爱国主义情感是民粹主义意识形态战场的重要元素，左翼民粹主义策略离不开对这一元素的介入和把握，马克思主义也需要思考如何运用和构建一种进步理性的爱国主义。墨菲强调，“这一意识形态阵地已经被右翼民粹主义者主导的事实，并不应该成为左翼蔑视

---

① 《马克思恩格斯文集》第1卷，人民出版社2009年版，第17页。

主权范畴的原因”①，如何有效吸取右翼民粹主义的成功经验和失败教训也是左翼建构霸权的重要环节，上台执政的右翼民粹主义者常常导致已经高度分化的民众进一步分化，他们通过宣扬民族的自豪感和优越感来打造人民的团结，但在诸如英国这种民族构成复杂的国家，民族主义的兴起构成严重的意识形态风险。正如吉登斯所说，“英国想通过脱欧来重新确立英国的身份，实际上，这很可能会打破英国赖以存在的内部联合。”②英国脱欧的重要目的是通过摆脱含糊的欧洲认同而构造一种英国认同，这种英格兰认同的构造却在一定程度上是以掩盖或牺牲苏格兰认同为前提的，确立英格兰身份认同刺激或诱发了苏格兰认同，成为英国在未来很长一段时间的重要风险。

右翼民粹主义的这一缺陷也被研究者指出，排外、种族主义等都是西方社会非主体的、不正确的公共言论或行为，尽管右翼民粹主义者都会在表面上避免与种族主义的形象现身，但他们往往很难摆脱种族主义或极端民族主义的指责。反精英或反金融寡头的动员模式是普遍适用，也是容易博得同情和理解的；但排外性质的动员则很危险，任何想要依赖于此的政客都是危险的，这可能刺激更多本来不愿意投票的左翼站出来投票；同时也激起那些摇摆选民对他们的警惕和反感。一个包括 15 个国家的网上调查得出了结论，“反精英的动员模式才是有效的，而排外的动员模式则具有负面效果”。③国民认同和爱国主义的维度是左翼不得不触碰的领域，不能认为爱国主义情感就必然通向一种排外的极端民族主义，一种被合理理解的爱国主义对于当下的霸权政治是必需的，左翼民粹主义完全有可能形成一条区别于右翼的理性爱国主义话语，完全抛弃这一领域和阵地是一种不负责任的逃避心理。

当然，面对世界民粹主义浪潮不断升温，中国在民粹主义时代也难以彻底摆脱其影响，民粹主义风险也不同程度地在中国存在，特别是以仇官

---

① Chantal Mouffe, After Covid-19, What Next?, https://www.republic-of-letters.eu/after-covid-19-what-next/.

② 徐悦东：《安东尼·吉登斯：权力集团在全球关键时刻发生变化》（专访），《新京报》2020 年 1 月 10 日。

③ Linda Bos, The Effect of Populism as a Social Identity Frame on Persuasion and Mobilisation: Evidence from a 15-country Experiment, *European Journal of Political Research*, Volume 59, February 2020.

仇富为代表的网络民粹主义时有出现，构成了对主流意识形态的挑战。网络民粹主义情绪的生成反映了部分群体的某种不满和诉求，对于相关领域的社会治理既带来了外部压力也形成了改进动力，如何使得这种情绪成为政府感知社会问题和大众心理变迁的晴雨表，同时又制约民粹主义话语的极端化及其广泛蔓延，成为防范化解民粹主义风险的基本要求。总体而言，积极面对和引导民粹主义情绪，成为中国改革开放进程得以平稳推进的重要前提，中国在这一领域的成功经验有待正视和发掘，成为当代马克思主义如何引导民粹主义力量的重要案例，也构成了世界如何应对民粹主义风险挑战的重要经验。

# 参 考 文 献

## 一、中 文 文 献

1. [德]马克思、恩格斯:《马克思恩格斯全集》第 4 卷,人民出版社 1958 年版。

2. [德]马克思、恩格斯:《马克思恩格斯文集》第 1—10 卷,人民出版社 2009 年版。

3. [苏]列宁:《列宁选集》第 1—4 卷,人民出版社 2012 年版。

4. 毛泽东:《毛泽东选集》第一卷,人民出版社 1991 年版。

5. 习近平:《决胜全面建成小康社会　夺取新时代中国特色社会主义伟大胜利——在中国共产党第十九次全国代表大会上的报告》,《人民日报》2017 年 10 月 28 日。

6. 习近平:《在纪念马克思诞辰 200 周年大会上的讲话》,《人民日报》2018 年 5 月 5 日。

7. 习近平:《推动媒体融合向纵深发展　巩固全党全国人民共同思想基础》,《人民日报》2019 年 1 月 26 日。

8. [德]埃克・瓦格纳:《走向一种争议式的激进民主——对话查特尔・墨菲》,孙亮译,《国外理论动态》2015 年第 4 期。

9. [英]安东尼・吉登斯:《第三条道路:社会民主主义的复兴》,郑戈译,北京大学出版社 2000 年版。

10. [意]安东尼奥・葛兰西:《狱中札记》,曹雷宇等译,中国社会科学出版社 2000 年版。

11. [美]安妮・凯斯、安格斯・迪顿:《美国怎么了:绝望的死亡与资本主义的未来》,杨静娴译,中信出版社 2020 年版。

12. [英]保罗・塔格特:《民粹主义》,袁明旭译,吉林人民出版社 2005 年版。

13. [澳]本杰明・莫菲特、西蒙・托米:《对民粹主义的再思考:政治,媒介化和政治风格》,宋阳旨译,《国外理论动态》2016 年第 10 期。

14. 毕芙蓉:《霸权、话语与政治——论拉克劳、墨菲的后马克思主义》,《哲学研究》2019 年第 5 期。

15. 柴尚金:《民粹主义崛起挤压世界左翼力量空间》,《世界社会主义研究》2019 年第 11 期。

16. 褚当阳:《话语哲学与霸权政治——拉克劳、墨菲的后马克思主义民主政治规划研究》,吉林大学 2013 年博士学位论文。

17. 丛日云:《民粹主义还是保守主义——西方知识界解释特朗普现象的误区》,《探索与争鸣》2020 年第 1 期。

18. [美]大卫·哈维:《新自由主义简史》,王钦译,上海译文出版社 2010 年版。

19. [英]戴维·麦克莱伦:《马克思以后的马克思主义》,李智译,中国人民大学出版社 2016 年版。

20. 邓云斐:《民粹主义视角下的缅甸民主转型:基于综合调查数据的分析》,《南亚研究》2017 年第 1 期。

21. 董山民:《从结构决定到话语生成:拉克劳-墨菲革命主体理论批判》,《福建论坛》(人文社会科学版)2018 年第 7 期。

22. [英]恩斯特·拉克劳:《我们时代革命的新反思》,孔明安、刘振怡译,黑龙江人民出版社 2006 年版。

23. [英]恩斯特·拉克劳、尚塔尔·墨菲:《领导权与社会主义策略——走向一种激进民主政治》,尹树广译,黑龙江人民出版社 2003 年版。

24. 费海汀:《民粹主义研究:困境与出路》,《欧洲研究》2017 年第 3 期。

25. 冯燕芳:《从卢森堡的自发性到拉克劳和墨菲的领导权》,《广西社会科学》2019 年第 6 期。

26. [英]弗兰克·富里迪:《恐惧的政治》,方军、吕静莲译,江苏人民出版社 2007 年版。

27. 高锦:《欧元区核心国与边缘国分化及对我国"一带一路"战略的启示》,《现代经济探讨》2015 年第 4 期。

28. [匈]格奥尔格·卢卡奇:《历史与阶级意识》,杜章智等译,商务印书馆 1992 年版。

29. 郭正林:《当代世界的民粹主义:四种主要类型》,《政治评论》2016 年第 5 期。

30. 郭中军:《价值观与经验现象民粹主义概念的尴尬及其重构》,《复旦学报》(社会科学版)2019 年第 1 期。

31. [德]海因里希·盖瑟尔伯格编:《我们时代的精神状况》,孙柏等译,上海人民出版社 2018 年版。

32. 胡绳:《毛泽东的〈新民主主义论〉再评论》,《中国社会科学》1999 年第 3 期。

33. 黄岭峻主编:《多元社会背景下意识形态传播与治理研究》,湖北人民出版社 2015 年版。

34. [英]吉姆·麦克盖根:《文化民粹主义》,桂万先译,南京大学出版社 2001 年版。

35. 金晓文:《拉美反建制主义的周期性探析》,《国际政治科学》2018 年第 3 期。

36. 孔明安:《现代政治的霸权运作及其批判——拉克劳的霸权逻辑到齐泽克的否定性基础上的批判》,《教学与研究》2013 年第 1 期。

37. 李淑梅、莫雷:《社会认同观的转变与激进的民主政治——拉克劳、墨菲的政治哲学思想研究》,《哲学研究》2017 年第 10 期。

38. 李西祥:《拉克劳的后马克思主义政治谋划论析》,《教学与研究》2017 年第 5 期。

39. 梁茂信:《都市化时代——20 世纪美国人口流动与城市社会问题》,东北师范大学出版社 2002 年版。

40. 林红:《民粹主义——概念、理论与论证》,中央编译出版社 2007 年版。

41. 林红:《民粹主义全球性再现的根源:民众与政党的双重维度》,《当代世界与社会主义》2017 年第 2 期。

42. 林红:《西方民粹主义的话语政治及面临的批判》,《政治学研究》2018 年第 4 期。

43. 刘益梅:《欧洲一体化进程中的民粹主义及其影响》,《新疆大学学报》(哲学·人文社会科学版)2020 年第 3 期。

44. 刘作奎:《在大众政治和精英政治之间:希腊政党政治的发展轨迹与前景》,《当代世界》2019 年第 11 期。

45. [法]路易·阿尔都塞:《论再生产》,吴子枫译,西北大学出版社 2019 年版。

46. 马立诚:《当代中国八种社会思潮》,社会科学文献出版社 2011 年版。

47. [英]玛格丽特·卡农范:《相信人民!民粹主义与民主的两个面向》,郭中军译,《国外社会科学前沿》2019 年第 5 期。

48. 茅根红、李勤莲:《政治多元主义:竞争民主的类型学》,《云南大学学报》(社会科学版)2013 年第 4 期。

49. [英]欧内斯托·拉克劳:《为什么建构人民是激进政治的主要任务》,《马克思主义与现实》2014 年第 1 期。

50. 彭枭:《当代欧洲民粹政党的兴起:基于"供需机制"的解释》,《国际观察》2019 年第 6 期。

51. 彭玉峰、汪行福:《从〈霸权与社会主义战略〉到〈民粹主义理性〉——论拉克劳思想的民粹主义转向及其理论逻辑》,《马克思主义与现实》2017 年第 2 期。

52. 祁涛:《论结构的历史与情势的历史——〈路易·波拿巴的雾月十八日〉的历史线索及其哲学遗产》,《哲学研究》2018 年第 3 期。

53. [智]塞巴斯蒂安·爱德华兹:《掉队的拉美:民粹主义的致命诱惑》,郭金兴译,中信出版社 2019 年版。

54. [美]塞缪尔·亨廷顿:《文明的冲突与世界秩序的重建》,周琪等译,新华出版社 1998 年版。

55. [英]尚塔尔·墨菲:《链接权力关系——马库思·米尔森与尚塔尔·墨菲的对话》,茅根红译,《现代哲学》2018 年第 5 期。

56. [英]尚塔尔·墨菲:《论政治的本性》,周凡译,江苏人民出版社 2016 年版。

57. [英]尚塔尔·墨菲:《政治的回归》,王恒译,江苏人民出版社 2005 年版。

58. 沈潜:《人民力量的回归——第三波民粹主义再评价》,《浙江大学学报》(人文社会科学版)2018 年第 3 期。

59. [美]史蒂芬·霍尔姆斯:《反自由主义剖析》,曦中等译,中国社会科学文献出版社 2002 年版。

60. [斯洛文尼亚]斯·齐泽克:《抵御民粹主义诱惑》,查日新译,《国外理论动态》2007 年第 9—10 期。

61. [英]斯图亚特·西姆:《后马克思主义思想史》,吕增奎等译,江苏人民出版社 2011 年版。

62. 宋奇光编译:《哈贝马斯谈如何对右翼民粹主义釜底抽薪》,《文汇报》2016 年 12 月 9 日。

63. 孙亮:《从“敌对”走向“争胜”:查特尔·墨菲对“理性共识”民主模式的批判》,《福建论坛》(人文社会科学版)2016年第7期。

64. [英]特里·伊格尔顿:《理论之后》,商正译,商务印书馆2009年版。

65. 田野、李存娜:《全球化冲击、互联网民主与混合民粹主义的生成——解释意大利五星运动的兴起》,《欧洲研究》2019年第1期。

66. 汪行福等:《意识形态星丛:西方马克思主义的意识形态理论及其最新发展态势》,人民出版社2017年版。

67. 王玉鹏:《论后马克思主义的主要理论主张及其内在矛盾》,《国外社会科学》2018年第5期。

68. 武宏阳:《民主的批判与政治的回归——尚塔尔·墨菲政治哲学研究》,人民出版社2015年版。

69. 肖河:《美国反建制主义与特朗普政策》,《国际政治科学》2017年第2期。

70. 徐德林:《制造“真正的”差异:文化研究与后马克思主义的“接合”》,《外国文学评论》2018年第3期。

71. 徐刚:《中东欧社会转型中的新民粹主义探析》,《欧洲研究》2011年第3期。

72. 徐桂权、陈一鸣:《后马克思主义视野下的媒介话语分析:拉克劳与墨菲话语理论的传播适用性》,《新闻与传播研究》2020年第2期。

73. 徐悦东:《安东尼·吉登斯:权力集团在全球关键时刻发生变化》(专访),《新京报》2020年1月10日。

74. [德]扬-维尔纳·米勒:《什么是民粹主义》,钱静远译,译林出版社2020年版。

75. [德]扬-维尔纳·米勒:《危险的心灵:战后欧洲思潮中的卡尔·施密特》,张龑、邓晓菁译,新星出版社2006年版。

76. 杨植迪:《从阶级主体到多元主体身份——拉克劳与墨菲的主体身份思想研究》,《河南师范大学学报》(哲学社会科学版)2018年第5期。

77. 杨植迪:《拉克劳与墨菲的认同政治思想及其局限》,《国外社会科学》2019年第2期。

78. 张剑:《异质性与民粹主义的后马克思主义探讨——兼论拉克劳与齐泽克的思想差异》,《马克思主义与现实》2012年第3期。

79. 张景全:《民粹主义思潮下的特朗普政府内政与外交》,《人民论坛·学术前沿》2018 年第 22 期。

80. 张炯:《等同链条、内在分野与大众认同——拉克劳论“民粹主义”的三个结构性维度》,《现代哲学》2018 年第 1 期。

81. 张浚:《欧洲的国家转型及其政治图景——从欧洲民粹主义谈起》,《欧洲研究》2018 年第 3 期。

82. 张莉:《民族主义与民粹主义:意识形态的构建还是政治策略的选择——以匈牙利民族民粹主义政党尤比克党为例》,《国外社会科学》2018 年第 2 期。

83. 张莉:《正在崩塌的“自由主义共识”海市蜃楼——西方民族民粹主义与“非自由主义”兴起》,《国外社会科学》2020 年第 1 期。

84. 张力伟:《在对抗与冲突中重建政治——评尚塔尔·墨菲的多元主义政治概念》,《北华大学学报》(社会科学版)2018 年第 5 期。

85. 张式奇:《分裂的欧洲:民粹主义的幽灵重生》,《文化纵横》2019 年第 6 期。

86. 赵聚军:《福利民粹主义的生成逻辑及其政策实施——基于拉美地区和泰国的经验》,《政治学研究》2015 年第 6 期。

87. 郑春荣:《欧洲民粹主义政党崛起的影响》,《山东大学学报》(哲学社会科学版)2018 年第 5 期。

88. 郑端:《从概念到命名:论拉克劳对辩证法及物化理论的批判》,《宁夏社会科学》2018 年第 4 期。

89. 周凡、李惠斌编:《后马克思主义》,中央编译出版社 2007 年版。

90. 周凡编:《后马克思主义:批判与辩护》,中央编译出版社 2007 年版。

91. 周凡:《后马克思主义导论》,中央编译出版社 2010 年版。

92. 周凡:《在马克思主义与民粹主义之间——对恩格斯与特卡乔夫论战的反思》(上下),《学术研究》2015 年第 4 期、第 6 期。

93. 周琪、付随鑫:《从桑德斯现象看美国左翼民粹主义运动》,《学习时报》2016 年 5 月 16 日。

94. 周琪、付随鑫:《美国政治中的民粹主义传统及其功能》,《当代世界与社会主义》2017 年第 2 期。

95. 朱彦明:《驯服激情:墨菲关于理性主义民主政治的反思》,《中国社会科学报》2015 年 6 月 12 日。

## 二、外 文 文 献

1. Anibal F. Gauna, Explaining Populism Beyond Laclau: A Historical-Comparative Assessment of on Populist Reason, *Thesis Eleven*, 2017, Vol.140(1).

2. Aurelien Mondon, Limiting Democratic Horizons to a Nationalist Reaction: Populism, the Radical Right and the Working Class, *Javnost—The Public*, 24(1), July, 2017.

3. Ben Stanley, The Thin Ideology of Populism, *Journal of Political Ideologies*, 2008(13).

4. Cas Mudde, Cristobal Kaltwasser, *Populism: A Very Short Introduction*, Oxford University Press, 2017.

5. Cas Mudde, The Populist Zeitgeist, *Government & Opposition*, Volume 39, Issue 4, Fall, 2004.

6. Cas Mudde, "The problem with populism", *The Guardian* (2015), http://works.bepress.com/cas_mudde/108/.

7. Chantal Mouffe, A Left Populist Strategy for Post-Covid-19, https://braveneweurope.com/chantal-mouffe-a-left-populist-strategy-for-post-covid-19.

8. Chantal Mouffe, After Covid-19, What Next?, https://www.republic-of-letters.eu/after-covid-19-what-next/.

9. Chantal Mouffe, *Agonistic: Thinking the World Politically*, Verso, 2013.

10. Chantal Mouffe, *For a Left Populism*, Verso, 2018.

11. Chantal Mouffe, Populism Is a Necessity, https://www.theeuropean-magazine.com/chantal-mouffe-4/8420-why-the-eu-needs-populism.

12. Chantal Mouffe, Review Article: Rorty's Pragmatist Politics, *Economy and Society*, Volume 29, Number 3, August 2000.

13. Chantal Mouffe, The Controversy over Left-wing Populism, https://mondediplo.com/2020/05/14populism.

14. Chantal Mouffe, *The Paradox of Democracy*, Verso, 2000.

15. Corina Lacatus, Populism and the 2016 American Election, *Po-*

*litical Science & Politics*, April, 2019.

16. Dacid Howarth ed., *Ernesto Laclau: Post-Marxism, Populism and Critique*, Routledge, 2015.

17. Danial Trottier ed., *Social Media Politics and the State*, Routledge, 2015.

18. Ernest Laclau, *Emancipation(s)*, Verso, 1996.

19. Ernest Laclau, *On Populist Reason*, Verso, 2005.

20. Ernest Laclau, *Politics and Ideology in Marxist Theory: Capitalism, Fascism, Populism*, New Left Books, 1977.

21. Ernesto Laclau, Chantal Mouffe, *Hegemony and Socialist Strategy—Towards a Radical Democratic Politics*, Verso, 2001.

22. Eugene Goodheart, Trump's Cultural Populism, *Society*, 2018 (55).

23. Eugenio Levi & Fabrizio Patriarca, An Exploratory Study of Populism: the Municipality-Level Predictors of Electoral Outcomes in Italy, *GLO Discussion Paper Series 430*, Global Labor Organization (GLO), 2019.

24. Félix Boggio Éwanjé-Épée, The Yellow Vest: A Floating Signifier, https://www.versobooks.com/blogs/4157-the-yellow-vest-a-floating-signifier.

25. Francis Fukuyama, *Identity: The Demand for Dignity and the Politics of Resentment*, New York, Farrar, Straus and Giroux, 2018.

26. Francisco Panizza ed., *Populism and the Mirror of Democracy*, Verso, 2005.

27. Giorgos Katsambekis & Alexandros Kioupkiolis ed., *The Populist Radical Left in Europe*, Routledge, 2019.

28. Héctor Sierra, Is Left Populism a Viable Strategy?, http://socialistreview.org.uk/441/left-populism-viable-strategy.

29. Inigo Errejon, Chantal Mouffe, *Podemos: In the Name of the People*, Lawrence & Wishart, 2016.

30. Ivan Krastev, The Age of Populism: Reflections on the Self-enmity of Democracy, *European View*, Volume 10, 2011.

31. J. Jetten, F. Mols, & H. P. Selvanathan, How Economic Inequality Fuels the Rise and Persistence of the Yellow Vest Movement, *International Review of Social Psychology*, 33(1), 2, 2020.

32. Jacob Hamburger, Can There Be a Left Populism, 2018, https://www.jacobinmag.com/2018/03/left-populism-mouffe-fassin-france-insoumise.

33. Jan-Werner Muller, "The People Must Be Extracted from within the People": Reflections on Populism, *Constellations*, Volume 21, No.4, 2014.

34. Joseph Stiglitz, of the 1%, by the 1%, for the 1%, *Vanity Fair*, May 2011.

35. Jürgen Habermas, New Perspectives for Europe, *Esprit*, Issue 5, 2019.

36. Karl Schmitt, *The Crisis of Parliamentary Democracy*, The MIT Press, 1988.

37. Linda Bos, The Effect of Populism as a Social Identity Frame on Persuasion and Mobilisation: Evidence from a 15-country Experiment, *European Journal of Political Research*, Volume 59, February 2020.

38. Manuel Anselmi, *Populism: An Introduction*, Routledge, 2018.

39. Melissa Zimdars, Kembrew McLeod ed., *Fake News: Understanding Media and Misinformation in the Digital Age*, The MIT Press, 2020.

40. Noah Barkin, What Merkel Really Thinks about China and the World, *Foreign Policy*, 2013.12.31.

41. Oliver Marchart, In the Name of the People: Populist Reason and the Subject of the Political, *Diacritics*, Volume 35, Number 3, Fall 2005.

42. Panagiotis Sotiris, Is a "Left Populism" Possible?, *Historical Materialism*, 8 Jul. 2019.

43. Paul Bowman, *Post-Marxism versus Cultural Studies: Theory, Politics and Intervention*, Edinburgh University Press, 2007.

44. Philip Stephens, Like the Financial Crisis, Covid is a Gift to

Populists, *Financial Times*, December 11, 2020.

45. Pierre-André Taguieff, Political Science Confronts Populism: From a Conceptual Mirage to a Real Problem, *Telos*, 1995, Vol.103.

46. Raphael Samuel ed., *People's History and Socialist Theory*, Routledge, 1981.

47. Stuart Hall, *The Hard Road to Renewal: Thatcherism and the Crisis of the Left*, Verso, 1988, p.281.

48. Sutherland Megan and Brian Price, "Not a Ground but a Horizon: An Interview with Ernesto Laclau", *World Picture 2*, Fall 2008.

49. Thomas Decreus and Matthias Lievens, "Hegemony and the Radicalization of Democracy. An Interview with Chantal Mouffe", *Tijdschrift voor Filosofie* 73.4(2011).

50. Waleed Shahid, America in Populist Times: An Interview with Chantal Mouffe, 2016, https://www. thenation. com/article/america-in-populist-times-an-interview-with-chantal-mouffe/.

# 后　　记

本书是在我的博士论文的基础上修改而成。从论文完成到今天，西方民粹主义浪潮仍在不断升温，在美国，特朗普的民意支持率居高不下，重新问鼎白宫有不小的概率；在欧洲，荷兰自由党、奥地利自由党、爱尔兰新芬党等老牌民粹主义政党成为议会第一大党，而西班牙呼声党、葡萄牙够了党等新兴右翼民粹主义政党则在短时间内崛起为重要政党。可以说，在未来可预见的一段时间内，民粹主义政治的挑战始终是西方社会所面临的重要难题，从而成为我们观察和分析当代世界政治格局的重要出发点。

如何回应民粹主义的挑战是当下西方左翼学者的重要理论命题，西方马克思主义学者没有回避这一理论使命，就左翼如何直面民粹主义的挑战展开了论争，这也就构成了本书的主题。后马克思主义代表人物墨菲提出了左翼民粹主义霸权策略，她主张民粹主义是一种重要的政治动员模式，左翼应该借助人民话语介入当下西方政治，以人民的名义来代表和捍卫西方弱势群体的利益，反抗新自由主义精英寡头的压迫，否则就可能导致极右翼垄断这一话语，从而煽动非理性的、排外的右翼民粹主义政治。

墨菲倡导左翼政治与民粹主义话语之间的链接，要求以左翼的平等和进步理念来引导民粹主义政治，并尽可能消除民粹主义话语中潜藏的非理性因素。这一主张也引发了西方马克思主义学者的激烈争论，相当一部分研究者对于墨菲的主张并不完全认可，也提出了一些合理的质疑。本书对于墨菲的某些理论阐释也并不认同，但左翼民粹主义的兴起确实是不可回避的主题，也成为当代国外马克思主义研究的重要论题之一。通过对墨菲所提出的左翼民粹主义霸权策略的研究，梳理该理论所产生的背景、主要内容及其影响，有助于追踪和深化对当代西方马克思主义的前沿研究，了解和把握当代西方左翼运动的最新动态。

本书的主题围绕墨菲，同时，本书的出版是为了献给墨霏。在写作博士论文期间，我的儿子出生了，为了纪念这段难忘的学术生涯，我跟爱人决定将儿子取名为墨霏。可以说，墨霏是我在构思墨菲论文的胎教下不断孕育成长，或许墨菲是儿子从娘胎开始听到最多的中文词语，而这个名字也将一直伴随着他。墨霏，不仅承载着我学术生涯的印记，更蕴含着一个母亲对儿子深沉的爱，将来儿子在每一次介绍自己名字来历的时候，他的名字就是对我的博士论文还有这本书的一次无形的广告。岁月如歌，墨菲与墨霏，都将成为我生命中不可磨灭的记忆。墨菲，是我对学术的执著追求；墨霏，是我对家庭的深情厚意。他们共同见证了我的成长，也将继续陪伴我走过未来的每一个阶段。

最后，我还要特别感谢一下长期以来对我的学业上给予支持和帮助的爱人以及家人。他们在我的毕业论文写作期间，无怨无悔地照顾我帮助我舒缓紧张的压力，作为我论文的第一读者提出了许多宝贵的意见，正是有他们的支持和付出才使我能够潜心写作，促使我不断锐意进取，精益求精，从而使得我能够给读者呈上我的第一本专著。

**孙月冲**

**2024 年 5 月 6 日**

**图书在版编目(CIP)数据**

民粹主义挑战下西方左翼的突围：尚塔尔·墨菲左翼民粹主义霸权策略理论研究/孙月冲著.—上海：上海人民出版社，2024
ISBN 978-7-208-18883-9

Ⅰ.①民… Ⅱ.①孙… Ⅲ.①民粹派-研究-西方国家 Ⅳ.①D095

中国国家版本馆CIP数据核字(2024)第086447号

**责任编辑** 徐晓明
**封面设计** 周剑峰

**民粹主义挑战下西方左翼的突围**
——尚塔尔·墨菲左翼民粹主义霸权策略理论研究
孙月冲 著

**出　　版** 上海人民出版社
（201101　上海市闵行区号景路159弄C座）
**发　　行** 上海人民出版社发行中心
**印　　刷** 江阴市机关印刷服务有限公司
**开　　本** 635×965　1/16
**印　　张** 15.5
**插　　页** 2
**字　　数** 245,000
**版　　次** 2024年6月第1版
**印　　次** 2024年6月第1次印刷
ISBN 978-7-208-18883-9/D·4312
**定　　价** 65.00元